Auschwitz war nur ein Wort

Die Herausgeberin:
Dr. Beate Kosmala, Historikerin, Übersetzerin, bis 2015 wissenschaftliche Mitarbeiterin der Gedenkstätte Stille Helden in der Stiftung Gedenkstätte Deutscher Widerstand.

Inge Deutschkron

Auschwitz war nur ein Wort

Berichte über den Frankfurter Auschwitz-Prozess 1963–1965

Aus dem Englischen übertragen und herausgegeben
von Beate Kosmala

M | METROPOL

Gefördert durch:

Die Beauftragte der Bundesregierung
für Kultur und Medien

Umschlagabbildung:
© Inge Deutschkron Stiftung

ISBN: 978-3-86331-417-0

Ansbacher Str. 70
D–10777 Berlin
www.metropol-verlag.de

Druck: buchdruckerei.de, Berlin

Inhalt

Zum Geleit

„Der Auschwitz-Prozess veränderte die deutsche Gesellschaft nachhaltig und schuf die Voraussetzungen für die Wahrnehmung der nationalsozialistischen Gewaltverbrechen als ‚Menschheitsverbrechen' (Karl Jaspers). Sie sollten nicht politisch genutzt werden, sondern von dem unbestreitbaren und nun tagtäglich zu beobachtenden Verlust humaner Maßstäbe zeugen. Für Relativierung der Vergangenheit war nach dem Frankfurter Auschwitz-Prozess, der vor mehr als fünfzig Jahren begann, zunehmend weniger Raum. Die Realität des Völkermords, die Vernichtung der Schuld- und Wehrlosen, war nun nicht mehr zu bestreiten oder ‚in Meinung aufzulösen' (Hannah Arendt)."

So urteilte der Historiker Peter Steinbach in seinem großen Essay „Nach Auschwitz. Die Konfrontation der Deutschen mit der Judenvernichtung" 2015. Für die Wahrnehmung in der deutschen Öffentlichkeit war die Berichterstattung in der Presse maßgeblich, so etwa in den Zeitungsartikeln von Bernd Naumann oder Peter Jochen Winters. Inge Deutschkron, deren Reportagen und Berichte in diesem Band versammelt sind, hat nicht für das deutsche Publikum geschrieben. Sie stand vor der schwierigen und fast unlösbaren Aufgabe, das Grauen von Auschwitz und die Versuche, diesem Grauen mit juristischen Mitteln zu begegnen, den Überlebenden, die jetzt in Israel eine neue Heimat gefunden hatten, nahezubringen. Sie kam dazu in ein Deutschland zurück, das sich seiner nationalsozialistischen

Vergangenheit nicht stellen wollte, in dem der Völkermord an den Juden Europas nicht als Teil der eigenen Geschichte thematisiert wurde und in dem ehemalige Nationalsozialisten hohe Posten in Politik und Verwaltung einnahmen. Inge Deutschkron kam in ein Deutschland zurück, das gegenüber seiner eigenen nationalsozialistischen Vergangenheit ignorant und verstockt war. Sie berichtete aus einem Land, in dem sie zwar in der „Illegalität" überlebt hatte, viele ihrer Verwandten und Freunde aber dem nationalsozialistischen Massenmord zum Opfer gefallen waren.

Wir können auch nach vielen Gesprächen mit Inge Deutschkron nur annähernd nachempfinden, wie sehr sie diese Situation belastet haben muss. Jeder Tag bedeutete eine neue Konfrontation mit den Mördern des Vernichtungslagers Auschwitz-Birkenau. Dies waren keine normalen Gerichtsreportagen, hier wurde auch darüber verhandelt, wie mit dem gigantischen Staatsverbrechen in der postdiktatorischen Gesellschaft umgegangen wurde und ob – und wie – der neue deutsche Rechtsstaat diese Aufgabe bewältigte. Inge Deutschkrons Reportagen und Berichte geben auch hierüber Auskunft. Sie legen ebenso Zeugnis darüber ab, wie sich Angeklagte und Zeugen, Richter und Verteidiger in diesem bis dahin präzedenzlosen Verfahren verhielten.

In der Festschrift für Inge Deutschkron, die wir vor fünf Jahren gemeinsam zu ihrem 90. Geburtstag herausgegeben haben, schrieb der damalige Regierende Bürgermeister Klaus Wowereit: „Eine leidenschaftliche Aufklärerin wie Inge Deutschkron wurde von der deutschen Nachkriegsgesellschaft nicht eben mit offenen Armen empfangen. Entsprechend groß waren die Rückschläge und persönlichen Enttäuschungen, die sie erfahren musste."

Die Berichte und Reportagen Inge Deutschkrons aus dem Frankfurter Auschwitz-Prozess lassen diese „leidenschaftlichen

Aufklärerin“ zu Wort kommen. Sie führen nicht nur die Massenverbrechen von Auschwitz vor Augen, sondern lassen auch die beklemmende Atmosphäre dieses Verfahrens erahnen.

Die Stiftung Gedenkstätte Deutscher Widerstand und der Förderverein Blindes Vertrauen des Museums Blindenwerkstatt Otto Weidt danken Inge Deutschkron, dass sie jetzt noch einmal diese eindrucksvollen Arbeiten der Öffentlichkeit und der Wissenschaft zur Verfügung gestellt hat. Gemeinsam mit der Berliner Historikerin und langjährigen Mitarbeiterin der Gedenkstätte Stille Helden in der Stiftung Gedenkstätte Deutscher Widerstand Beate Kosmala hat sie eine Auswahl aus dem reichhaltigen Material getroffen. Beate Kosmala gilt unser umfassender und herzlicher Dank für die einleitenden und einordnenden Worte, für eine ebenso präzise wie einfühlsame Redaktion, für die Übersetzung vieler Texte und für ihr nie nachlassendes Engagement für dieses Projekt.

Berlin, im August 2018
Prof. Dr. Johannes Tuchel, Stiftung Gedenkstätte Deutscher Widerstand
André Schmitz, Vorsitzender des Fördervereins Blindes Vertrauen e. V.

Einführung

von Beate Kosmala

In den vergangenen Jahrzehnten wurde die Journalistin und Schriftstellerin Inge Deutschkron einem breiteren Publikum vor allem als Protagonistin des Theaterstücks „Ab heute heißt du Sara“ bekannt. Das Berliner Grips-Theater brachte 1988 ihre Verfolgungs- und Überlebensgeschichte auf der Grundlage ihrer eigenen Veröffentlichungen auf die Bühne.[1] Zahlreiche weitere Aufführungen an verschiedenen deutschen Theatern folgten. Mit der Entstehung des Museums Blindenwerkstatt Otto Weidt in Berlin, das dank Inge Deutschkrons Engagement seit 2002 an diesen ungewöhnlichen Mann, einen „Gerechten unter den Völkern“, erinnert, rückte sie noch mehr ins öffentliche Bewusstsein. Darüber hinaus ist sie die Initiatorin der „Gedenkstätte Stille Helden“, in der heute zahlreiche Geschichten untergetauchter Jüdinnen und Juden und ihrer nichtjüdischen Helferinnen und Helfer der Öffentlichkeit zugänglich gemacht werden.

Einem interessierten Leserkreis sind durch ihre biografischen Texte und Sachbücher auch Inge Deutschkrons bedeutende journalistische Leistungen bekannt geworden.[2] Doch erst beim Sichten

1 V. a. Inge Deutschkron, Ich trug den gelben Stern (1978).

2 Inge Deutschkron, Israel und die Deutschen (1970); dies., Mein Leben nach dem Überleben. Die Fortsetzung von „Ich trug den gelben Stern“ (1983); dies., Israel und die Deutschen. Das schwierige Verhältnis, Köln 1983; erw. Neuauflage 1991.

ihres Privatarchivs, das Ende 2016 dem Archiv der Akademie der Künste in Berlin übergeben wurde, wird deutlich, mit welcher Unermüdlichkeit und Intensität die Journalistin seit 1958 als Deutschlandkorrespondentin der israelischen Tageszeitung Maariv über ein weit gespanntes Themenspektrum aus Bonn nach Tel Aviv berichtet hat. Neben der Wiedergutmachungsproblematik, dem deutsch-israelischen und dem deutsch-arabischen Verhältnis, Antisemitismus in der Bundesrepublik sowie wirtschaftlichen Fragen bis hin zum Israel-Stand bei der Grünen Woche gehörte auch die Berichterstattung über verschiedene NS-Prozesse, insbesondere über den ersten Frankfurter Auschwitz-Prozess, zu ihren Aufgaben. Die Unterlagen, die im Archiv schlummern, spiegeln diese immense Lebensleistung wider.

Biografische Anmerkungen

1922 in Finsterwalde als einziges Kind ihrer Eltern geboren, wächst die Autorin seit 1928 in Berlin auf, wohin ihr Vater als Oberstudienrat versetzt wird. Dr. Martin Deutschkron (1893–1982), 1933 als Sozialdemokrat und Jude aus dem staatlichen Schuldienst entlassen, entkommt noch im April 1939 nach England, kann aber seine Frau Ella (1892–1971) und die Tochter nicht mehr nachholen, da mit Beginn des Zweiten Weltkriegs am 1. September 1939 die Ausreise ins feindliche Ausland verboten ist. Bald danach müssen die beiden Frauen Zwangsarbeit leisten. In dieser Phase erlebt Inge Deutschkron, die selbst von Otto Weidt in seiner Blindenwerkstatt beschäftigt wird, seine Fürsorge für seine überwiegend blinden jüdischen Arbeiterinnen und Arbeiter und seine Rettungsversuche. Die Zeit von November 1942 bis Mai 1945 überleben Inge und Ella Deutschkron auf der

Flucht vor der drohenden Deportation mithilfe couragierter Berliner Freunde in verschiedenen Verstecken. 1946 gelingt ihnen mit Mühe die Ausreise nach England.

Trotz des Glücks, dass die ganze Familie überlebt und nach dem Krieg wieder zueinandergefunden hat, und trotz der interessanten Aufgabe, die Inge Deutschkron von 1950 bis 1954 in London als Sekretärin des Generalsekretärs der Sozialistischen Internationale ausübt, fühlt sich die junge Frau in England nur als geduldete Ausländerin, als Bürgerin zweiter Klasse. Eine Rückkehr nach Deutschland zeichnet sich als Alternative ab. Zunächst nimmt sie aber die Einladung indischer Sozialisten an, deren Land und politische Arbeit kennenzulernen. 1954 tritt die mutige Frau eine mehrere Monate dauernde Reise in das nachkoloniale Indien an, in eine fremde Welt, wo sie sich mit „schreiendem Elend“ konfrontiert sieht. Die indischen Erfahrungen führen sie zu ihrem künftigen Beruf als Journalistin. 1955, im Alter von 33 Jahren, kehrt sie nach Deutschland zurück, jedoch nicht nach Berlin, sondern in die damalige Bundeshauptstadt Bonn. Sie kommt nicht zuletzt in der Hoffnung, am Aufbau eines neuen Deutschland mitwirken zu können.

Die Anfänge sind schwer, in Aussicht gestellte Hilfestellungen bleiben meist aus. Sie schlägt sich als freie Journalistin durch, liefert Beiträge für indische Zeitungen und berichtet in deutschen Medien über Indien, Burma und Nepal, aber auch über Israel, das sie ebenfalls 1954 zum ersten Mal bereist. Weitere Besuche dort schließen sich an. 1958 erhält Inge Deutschkron bei der israelischen Tageszeitung Maariv (Tel Aviv) als Korrespondentin in Bonn eine Festanstellung mit geregeltem Einkommen. Aufreibende Jahre stehen ihr bevor. Zu den wohl schwersten Aufgaben für die Journalistin, deren Verwandte fast alle in Auschwitz ermordet worden sind und die selbst diesem Schicksal nur knapp entkommen ist, gehört die Berichterstattung über den ersten Auschwitz-Prozess 1963–1965, der zu einem Meilenstein der deutschen Justizgeschichte werden sollte.

Der Prozess

Als Inge Deutschkron Mitte der 1950er-Jahre nach Bonn übersiedelt, ist das Interesse in der Bundesrepublik an einer Auseinandersetzung mit der NS-Vergangenheit gering. Forderungen nach einem „Schlussstrich" sind verbreitet, und viele Deutsche sehen sich als Opfer des NS-Regimes. Die strafrechtliche Aufarbeitung der NS-Vergangenheit durch bundesdeutsche Gerichte beginnt – abgesehen von einigen Ausnahmen und nur zögerlich – erst Ende der 1950er-Jahre, als die Verjährung von Tötungsdelikten droht. Parallel zu den ersten Verjährungsdebatten im Frühjahr 1960 kommt es zu einer Serie von antisemitischen Straftaten, allen voran die Hakenkreuzschmierereien an der erst kurz zuvor wiedereröffneten Synagoge in Köln, die alle im Kontext zahlreicher weiterer antisemitischer Anschläge stehen. Über diese Geschehnisse berichtet Inge Deutschkron nach Tel Aviv.

Im Vergleich zur unmittelbaren Nachkriegszeit und zu den 1970er- und späteren Jahren waren die 1950er-Jahre, was die NS-Vergangenheit angeht, eine „Ära konservativer Zurückhaltung".[3]

1958 fand dann der Ulmer Einsatzgruppen-Prozess, über den Inge Deutschkron ebenfalls für Maariv schrieb, ein starkes Echo in den deutschen Medien. Er war das erste Verfahren vor einem deutschen Schwurgericht, in dem Massenmorde von Einsatzgruppen der SS und des SD verhandelt wurden. Angeklagt waren zehn ehemalige

3 Devin O. Pendas, Der Auschwitz-Prozess. Völkermord vor Gericht, München 2013, S. 21.

Angehörige der „Einsatzgruppe A", die seit den ersten Tagen des Krieges gegen die Sowjetunion an Massenerschießungen von Juden und Kommunisten bzw. von als solchen Verdächtigten in Litauen beteiligt gewesen waren.

Der Auschwitz-Prozess war also keineswegs der erste, aber zweifellos der historisch-politisch bedeutsamste Versuch, „dem verbrecherischen Geschehen im größten der deutschen Konzentrations- und Vernichtungslager mit den Mitteln des Strafrechts beizukommen".[4]

Da sich im Vorfeld des Verfahrens gezeigt hat, wie unsystematisch die Aufarbeitung der NS-Verbrechen bisher war, wurde nun die Errichtung einer zentralen Ermittlungsbehörde gefordert.[5] Ende 1958 nahm die „Zentrale Stelle der Landesjustizverwaltungen zur Aufklärung nationalsozialistischer Verbrechen" ihre Arbeit in Ludwigsburg auf.[6] Der Ulmer Einsatzgruppen-Prozess hatte den ersten großen Anstoß zu ihrer Einrichtung gegeben, zugleich stand die Gründung der „Zentralen Stelle" im Zusammenhang mit der Frage der drohenden Verjährung von Totschlag und Mord (1960 bzw. 1965). (Erst 1979 beschloss der Bundestag, die Verjährung von Mord und Völkermord ganz abzuschaffen.)

In diese Zeit fielen die durch eine Reihe von Zufällen in Gang gekommenen ersten Ermittlungen zu Verbrechen in Auschwitz. Anfang 1959 übernahm die neu gegründete Zentrale Stelle die Ermittlungen gegen Wilhelm Boger u. a. von der Stuttgarter Staats-

4 Norbert Frei, Der Frankfurter Auschwitz-Prozeß und die deutsche Zeitgeschichtsforschung, in: Fritz Bauer Institut (Hrsg.), Auschwitz. Geschichte, Rezeption und Wirkung, Frankfurt a. M./New York 1996, S. 123–139, hier S. 123.

5 Zu dieser Entwicklung siehe auch Hans-Christian Jasch/Wolf Kaiser, Der Holocaust vor deutschen Gerichten. Amnestieren, Verdrängen, Bestrafen, Stuttgart 2017, S. 105 ff.

6 Ebenda, S. 111–119.

anwaltschaft, die offiziellen Vorermittlungen weiteten sich schnell aus. Eine intensive Zusammenarbeit entstand mit Hermann Langbein (1912–1995) aus Wien, einem ehemaligen Häftling des KZ Auschwitz und inzwischen Generalsekretär des Internationalen Auschwitz-Komitees. Damit begann eine neue Phase der bundesdeutschen NS-Prozesse, in der jedoch auch Zufall und Glück eine Rolle spielten. Deutlich beschleunigt wurde die Prozessvorbereitung, als dem hessischen Generalstaatsanwalt Fritz Bauer (1903–1968) im Januar 1959 wichtige Dokumente aus Auschwitz übergeben wurden. Bauers singulärem Engagement war es zu verdanken, „wenn die Kontinuität justiziellen Ahndungswillens in der sogenannten Stille der fünfziger Jahre nicht ganz und gar erstorben ist".[7]

Die Auschwitz-Dokumente waren Anfang Mai 1945 aus dem belagerten Breslau nach Hessen gelangt. Auf der Basis dieser Dokumente erhielt die Frankfurter Generalstaatsanwaltschaft beim Bundesgerichtshof im April 1959 die juristische Zuständigkeit des Landgerichts Frankfurt am Main für alle in Auschwitz verübten Verbrechen.[8] Die Zentrale Stelle übergab der Frankfurter Staatsanwaltschaft das bisher zusammengetragene Aktenmaterial. Im Verlauf der Ermittlungen führten die von Fritz Bauer eingesetzten Staatsanwälte Hunderte von Zeugenvernehmungen durch. Dass es im Fall von Auschwitz nicht zu einer jahrelangen Verschleppung oder gar Versandung des Verfahrens kam, war dem Engagement von Fritz Bauer zu verdanken. Ihm ging es um eine aufklärerische, weit über die reine Sühneabsicht hinausgehende „Bewältigung der Vergangenheit". Mit seinem Namen verbindet sich der Frankfurter Auschwitz-Prozess, der vom 20. Dezember 1963 bis zum 25. August 1965 stattfand. Es war das

7 Frei, Auschwitz-Prozeß, S. 127.
8 Zu den Details siehe Pendas, Der Ausschwitz-Prozess, S. 49 ff.

erste von insgesamt drei Verfahren gegen Angehörige des Personals des Konzentrations- und Vernichtungslagers Auschwitz unter der amtlichen Bezeichnung „Strafsache gegen Mulka und andere".

Die gesamten Prozessunterlagen umfassen 456 Aktenbände und werden im Hessischen Hauptstaatsarchiv aufbewahrt. Als Besonderheit gelten die 103 Tonbänder, die Mitschnitte der Aussagen von 319 Zeugen aus der Hauptverhandlung enthalten. Heute können wir die Protokolle der Zeugenaussagen im Internet im Wortlaut nachlesen. Inzwischen liegen zudem umfangreiche Werke des Fritz-Bauer-Instituts vor. Anlässlich der Ausstellung „Auschwitz-Prozeß 4 Ks 2/63 Frankfurt am Main" im Frühjahr 2004 erschien der gleichnamige Band mit umfangreichen Materialien und der Dokumentation von Zeugenaussagen.[9] 2013, zum 50. Jahrestag des Frankfurter Auschwitz-Prozesses, legten Raphael Gross und Werner Renz eine profunde Quellenedition vor, die es sich zur Aufgabe macht, Nichtjuristen die spezifische Quellengattung Gerichtsakten auf der Basis des neuesten Forschungsstandes verständlich zu machen und die Arbeit von Staatsanwaltschaft und Landgericht zu würdigen.[10] 2017 wies die UNESCO die Akten und Tonbandaufnahmen des ersten Frankfurter Auschwitz-Prozesses als „Weltdokumentenerbe" aus, wodurch die einzigartige historische und gesellschaftliche Bedeutung der Prozess-Unterlagen für die deutsche Nachkriegsgeschichte und Erinnerungskultur anerkannt wird.

9 Irmtrud Wojak (Hrsg.), Auschwitz-Prozeß 4 Ks 2/63 Frankfurt am Main. Erschienen anlässlich der gleichnamigen Ausstellung 2004 im Haus Gallus in Frankfurt am Main, Köln 2004.

10 Raphael Gross/Werner Renz (Hrsg.), Der Frankfurter Auschwitz-Prozess (1963–1965). Kommentierte Quellenedition. 2 Teilbde. Mit Abhandlungen von Sybille Steinbacher und Devin O. Pendas. Mit historischen Anmerkungen von Werner Renz und juristischen Erläuterungen von Johannes Schmidt (Wissenschaftliche Reihe des Fritz Bauer Instituts), Frankfurt a. M./New York 2013.

Anfang der 1960er-Jahren jedoch bestand die besondere Herausforderung nicht nur für die Prozessführung, sondern auch für die Berichterstatter darin, dass bis dato noch kaum eine zeitgeschichtliche Konzentrationslagerforschung existierte.[11] Weder die Geschichtswissenschaft noch die Ermittler, Anwälte und Richter (geschweige denn die Öffentlichkeit) hatten klare Vorstellungen von der Multi-Dimensionalität des NS-Lagersystems insgesamt und speziell dem Lager-Komplex Auschwitz, der aus dem „normalen" Konzentrationslager Auschwitz I, dem Vernichtungslager Birkenau (Auschwitz II), Monowitz (Auschwitz III) sowie 38 Außenlagern bestand – das signifikanteste Beispiel für die Verknüpfung von Vernichtungsabsicht und industriellen Ausbeutungsinteressen.[12] Auch die Zahl der zwischen 1940 und 1945 in Auschwitz Ermordeten lag noch im Dunkeln. Heute geht die Forschung von mindestens 1,1 Millionen Menschen aus – die meisten von ihnen Juden aus ganz Europa. Diese Unsicherheiten in einzelnen Fragen ebenso wie das unzureichende Wissen insgesamt spiegeln sich auch in der zeitgenössischen Berichterstattung wider.

Inge Deutschkron im Auschwitz-Prozess

Die Erwartung der Tageszeitung Maariv an ihre Korrespondentin in Deutschland ist groß, der Auschwitz-Prozess wird in Israel mit besonderem Interesse verfolgt, „ja eigentlich mit angehaltenem Atem", wie Inge Deutschkron in ihren Erinnerungen schreibt.[13] Als Bericht-

11 Frei, Auschwitz-Prozeß, S. 128.
12 Ebenda, S. 131.
13 Inge Deutschkron, Ich trug den gelben Stern, und was kam danach? Aktualisierte und überarbeitete Neuausgabe, München 2009, S. 339.

erstatterin für eine israelische Leserschaft sah sie sich vor besondere Herausforderungen gestellt, wie sie zwei Jahrzehnte später reflektiert: „Die Geschehnisse von Auschwitz einer israelischen Leserschaft zu schildern, wie es meine Aufgabe war, ist in einer Hinsicht leichter gewesen – zahllose meiner Laser hatten sie selbst durchleben müssen. Andererseits mußte ich versuchen, sie einer jungen Generation vor Augen zu führen, so zu vergegenwärtigen, daß sie begreifen konnte, warum ihre Vorfahren und Angehörigen auf europäischem Boden sich nicht auflehnten, warum sie starben, einfach starben, wie das Gesetz jener Tage es befahl. Ich bin mir nicht darüber im klaren, ob mir das gelang, ob ich dazu beitragen konnte, daß Scham und auch Verachtung, wie sie vielfach unter jungen Israelis anzutreffen sind, wenn man auf jenes furchtbare Schicksal ihrer Väter zu sprechen kommt, sich in Verständnis und Mitgefühl wandeln. Ist es doch fast aussichtslos, Situationen zu begreifen und zu schildern, für die der Wortschatz eigentlich in keiner Sprache ausreicht.“[14]

Wie zahlreiche andere Journalisten reiste Inge Deutschkron nicht nur zur Eröffnung des Prozesses im Dezember 1963, zum Ortstermin (in Auschwitz) im Dezember 1964 und zur Urteilsverkündung an, sondern nahm zumindest im Jahr 1964 als ständige Korrespondentin kontinuierlich am Prozessgeschehen teil.[15]

Was sie sich während vieler Monate an den einzelnen Verhandlungstagen anhören musste, war psychisch nur schwer oder gar nicht zu verkraften. Hinzu kam, dass die Arbeitsbedingungen der Jour-

14 Inge Deutschkron, … denn ihrer war die Hölle. Kinder in Gettos und Lagern, Vorwort zur Neuauflage, Köln 1985, S. 9 f. (zuerst 1965).

15 Sie nimmt auch am parallel zum Auschwitz-Prozess in Frankfurt laufenden Verfahren gegen Hermann Krumrey und Heinrich Otto Hunsche teil, beide Mitarbeiter von Adolf Eichmann. Ihre Berichte darüber werden hier nicht berücksichtigt.

nalisten in Frankfurt wie damals generell nach heutigen Maßstäben bescheiden waren. Solange die Verhandlungen im Römer stattfanden, hatte die Post im Keller der Paulskirche für die Presseleute eine Telefonanlage und Fernschreiber installiert; nach dem Umzug in das Bürgerhaus Gallus am 3. April 1964 stand unmittelbar neben der Pressetribüne ein spartanischer „Nachrichtenraum" mit Telefon und Fernschreiber zur Verfügung.[16]

Die spezifischen Bedingungen, unter denen Inge Deutschkron berichtete, waren zusätzlich aufreibend: Sie stenografierte, was sie tagtäglich in gespannter Aufmerksamkeit hörte, beobachtete und erlebte. Am Abend nach den Verhandlungen, oft noch aufgewühlt, manchmal voller Aggression,[17] formulierte sie aus ihrer Mitschrift Texte in englischer Sprache, tippte sie in ihre Schreibmaschine und telegrafierte sie möglichst umgehend nach Tel Aviv, immer unter Zeitdruck und stets in Sorge, dass es bei der Übermittlung zu technischen Pannen kommen könnte. In der Redaktion von Maariv wurden dann Artikel auf Hebräisch formuliert, die zeitnah unter ihrem Namen erschienen. Anders ging es auch gar nicht, denn zu diesem Zeitpunkt war Inge Deutschkron des Hebräischen noch nicht mächtig. Oft verfasste sie ihre Berichte in Frankfurt, wo sie im Hotel übernachtete, oder sie kehrte noch am Abend nach Bonn zurück, arbeitete während der Bahnfahrt und sandte die Texte dann von dort nach Tel Aviv.

Der überwiegende Teil dieses Buches enthält die ins Deutsche übertragenen englischen Telex-Texte von Inge Deutschkron. Sie bestehen weniger aus Reflexionen oder Überblicken zu einzelnen Prozess-

16 Marcel Atze, Der Auschwitz-Prozeß in der Literatur, Philosophie und in der Publizistik, in: Wojak (Hrsg.), Auschwitz-Prozeß 4 Ks 2/63 Frankfurt am Main, S. 636–807, hier S. 743 f.

17 So beschreibt sie es im Gespräch im Februar 2017.

problematiken, wie die Autorin sie später publiziert hat,[18] sondern dokumentieren ausschnitthaft das Prozessgeschehen – und vermitteln zugleich einen Einblick in die tägliche belastende Arbeit der Korrespondentin. Im Archivbestand befinden sich darüber hinaus einige ausgearbeitete Artikel zu einzelnen Problematiken des Prozesses, die sie für die deutschsprachige israelische Zeitung Jedioth Chadashot verfasst hat.[19] Drei dieser Artikel sind in die chronologische Abfolge der Gerichtsreportage eingefügt.

Um die Atmosphäre im Gerichtssaal möglichst authentisch und eindrücklich zu vermitteln, greift die Autorin oft auf szenische Darstellungsformen zurück, gibt die Aussagen der Zeugen in wörtlicher Rede wieder oder blendet Dialoge ein, die nicht immer vollständig dem tatsächlichen Wortlaut entsprechen, zumal sie in Eile notiert und auf Englisch ausformuliert wurden. Dies birgt einige Schwierigkeiten für die Übertragung. In der deutschen Übersetzung sind daher die auf Englisch verfassten Dialoge und Zitate häufig in indirekter Rede wiedergegeben, nur zum Teil wird die direkte Rede entsprechend der Vorlage beibehalten. Eine weitere Herausforderung bestand darin, dass die englischen Texte in einer Telex-Kürzel-Sprache verfasst sind, die aufzulösen war. Da sie undatiert und in Durchschrift überliefert sind, mussten sie den einzelnen Verhandlungstagen erst zugeordnet werden.

18 Inge Deutschkron, Ich trug den gelben Stern, und was kam danach?, Kapitel 27 („Ach, wär ich doch kein Deutscher!"), S. 339–354. Hier gibt die Autorin eine Zusammenfassung ihrer Einblicke zum ersten Auschwitz-Prozess.

19 Eine 1935 gegründete deutschsprachige Tageszeitung, die bis 1973 unter dem Namen *Jedioth Chadashot* (oder *Yediot Hadashot*) bzw. „Neuste Nachrichten" in Tel Aviv erschien, ab 1974 unter dem Namen *Chadashot Israel* bzw. „Israel Nachrichten". 2011 wurde ihr Erscheinen eingestellt.

Die vorliegende Publikation ist keine historisch-kritische Bearbeitung der Berichte in Gegenüberstellung mit den Prozess-Protokollen. Ihr Anliegen ist es vielmehr, durch eine eng an die englische Vorlage angelehnte Übertragung Inge Deutschkrons Prozess-Berichte als bedeutende Zeitdokumente zugänglich zu machen und zugleich ihre mühevolle und schmerzhafte Arbeit als Korrespondentin zu würdigen. Ihre Texte legen Zeugnis davon ab, wie die Autorin den Auschwitz-Prozess erlebte. Als professionell tätige Journalistin und Überlebende der nationalsozialistischen Judenverfolgung setzte sie große Hoffnungen in das Bemühen um eine ernsthafte juristische Aufarbeitung der in Auschwitz begangenen Verbrechen und eine Strafverfolgung der Täter.

Ihre Berichte spiegeln aber ebenso wider, wie die Schatten des Kalten Krieges auch in den Gerichtssaal fielen. Ein Teil der Verteidiger, allen voran Hans Laternser, den die Autorin unverblümt als „Nazi-Verteidiger", „Nazi-Anwalt" oder „Nazi-Juristen" bezeichnet, versuchte, die Zeugen, die aus dem damaligen „Ostblock" nach Frankfurt kamen, mit propagandistischen Instrumenten aus der Asservatenkammer des Kalten Krieges zu diffamieren. So stellte Hans Laternser Menschen, die oft nur durch Zufall dem Tod entkommen waren und unter größter psychischer Anspannung von den in Auschwitz selbst erlittenen und den beobachteten Grausamkeiten berichteten, unter den Generalverdacht, ideologisch beeinflusst zu sein und sich abgesprochen zu haben. Allen jüdischen Zeugen unterstellte er „Hass". Inge Deutschkron zeigt sich angewidert von den Strategien einiger Verteidiger, differenziert dann aber ihren Gesamteindruck und sieht bei anderen im Laufe des Verfahrens einen Entwicklungsprozess.

In den Monaten, in denen sie vor Ort tätig ist, findet Inge Deutschkron Verständnis und kollegialen Austausch besonders bei Axel Eggebrecht (1899–1991), dem bekannten linksliberalen Radiojournalisten,

Inge Deutschkron und Axel Eggebrecht
im Presseraum des Hauses Gallus

der als Korrespondent des Norddeutschen Rundfunks wie sie fast täglich im Gerichtssaal sitzt. Er hat seit 1945 die Aufklärung über den Nationalsozialismus und dessen Verbrechen zum zentralen Anliegen seiner Arbeiten gemacht.[20] Eggebrecht fühlte sich wie viele andere Journalisten der großen Printmedien in besonderer Weise dem Ansatz verpflichtet, den auch der hessische Generalstaatsanwalt Fritz Bauer mit dem Prozess verband: den Deutschen, vor allem aber der deutschen Jugend, möglichst viel Wissen über Auschwitz zu vermitteln.

Auffällig ist, dass die im Frankfurter Römer und im Haus Gallus während des Prozesses verlesenen historischen Gutachten der Sachverständigen, die „zu dem Besten gehören, was die deutsche Zeitgeschichtsforschung in den sechziger Jahren zu den nationalsozialistischen Verbrechen an Juden, Zigeunern und den Völkern Osteuropas zuwege gebracht hat",[21] in Inge Deutschkrons Berichten keine herausgehobene Würdigung erfahren. Offenbar geht es ihr ähnlich wie Axel Eggebrecht, der die Gutachten der Historiker in ihrem Duktus wohl als zu wissenschaftlich und ermüdend empfunden hat.[22] Das Thema „Befehlsnotstand", zu dem Hans Buchheim spricht, hält aber auch Inge Deutschkron für zentral.[23] Und wie Eggebrecht betont auch sie die Notwendigkeit, sich mit dem Komplex „IG-Farben und Auschwitz" auseinanderzusetzen. Über die Aussagen des Gutachters Martin Broszat bringt sie deutlich ihre Unzufriedenheit zum Ausdruck,

20 Inge Marszolek, NS-Verbrechen im Radio. Axel Eggebrechts Berichte über den Bergen-Belsen-Prozess 1945 und den Auschwitz-Prozess 1963–1965, in: Frank Bösch/Constantin Goschler (Hrsg.), Public History. Öffentliche Darstellungen des Nationalsozialismus jenseits der Geschichtswissenschaft, Frankfurt a. M./New York 2009, S. 79–104.

21 Frei, Auschwitz-Prozeß, S. 130.

22 Marszolek, NS-Verbrechen im Radio, S. 100.

23 Hans Buchheim/Martin Broszat/Hans-Adolf Jacobsen/Helmut Krausnick (Hrsg.), Anatomie des SS-Staates, Bd. I und II, Olten/Freiburg 1965.

da er ihrer Auffassung nach viel zu wenig auf den Aspekt der Ausbeutung der Häftlingsarbeit und der Kooperation von Häftlingen mit der SS eingeht. Sie steht aber auch der polemischen Position des SED-Anwalts Friedrich Karl Kaul und dessen Gutachter Jürgen Kuczynski kritisch gegenüber, da sie eine politische Instrumentalisierung der Problematik sieht.

Inge Deutschkrons ganze Empathie gehört den Überlebenden. Sie will vor allem den Opfern, die als Zeugen auch für die Ermordeten sprechen, eine Stimme geben, ihre unfassbaren Leiden, die noch immer nicht vergangen waren und aus denen es keinen Ausweg gab, vergegenwärtigen. Sie beschreibt Traumata der Zeugen, die sie ein Leben lang begleiten, achtet sensibel auf ihre Körpersprache und Sprechweise. Sie verweist auf problematische Situationen, wenn Aussagen unklar übersetzt werden oder die Zeugen sich den Richtern und Staatsanwälten nicht verständlich machen können. Ob es sich um überlebende jüdische Opfer oder um polnische, tschechische, deutsche oder andere nichtjüdische KZ-Häftlinge handelt, die aus Ost- und Westeuropa, Israel, Übersee oder aus deutschen Städten angereist sind – sie ist bestrebt, vor den Augen des Lesers von jedem Einzelnen ein Bild entstehen zu lassen und die emotionale und physische Verfassung des Zeugen zu vermitteln. Empört beobachtet sie, dass von den Angeklagten oft weniger an Gedächtnisleistung verlangt wird als von deren ehemaligen Opfern, die für ihre Aussagen vor Gericht mit den damit einhergehenden psychischen und körperlichen Torturen einen hohen Preis zahlen müssen. Die Lektüre ihrer fortlaufenden Berichte führte ihrer damaligen Leserschaft in Israel die monströsen Ausmaße der Verbrechen und die unfassbaren Qualen, die die Täter ihren Opfern am Ort des Terrors bereitet haben, vor Augen, und dies gilt auch noch nach so vielen Jahrzehnten nicht weniger für die heutigen Leserinnen und Leser in Deutschland.

Am schwierigsten zu ertragen war für die Journalistin der tagtägliche Anblick der Angeklagten, dem auch die einstigen Opfer ausgesetzt waren. Voller Abscheu beschreibt sie die Grimassen der Täter und kommentiert polemisch deren Auftreten. Immer wieder hebt sie ihre Arroganz und Ungerührtheit hervor, ihr dreistes und auftrumpfendes Verhalten, ihr zur Schau getragenes Selbstbewusstsein, das nicht die geringsten Anzeichen von Reue erkennen lässt.

Zum Urteil

Enttäuschung und Desillusionierung sind vorprogrammiert, was die Urteilsfindung in diesem Mammutprozess betrifft. Immer wieder verweist die Autorin in einzelnen Berichten auf die grundsätzliche Problematik, dass die bundesdeutsche Justiz die Auschwitz-Täter auf der Basis des Strafgesetzbuches von 1871 zu belangen versucht, das aber auf „gewöhnliche" Verbrechen ausgerichtet ist, begangen von Einzeltätern oder kleineren Gruppen aus persönlichen Motiven. Der Strafprozessordnung gemäß mussten die Richter den Tatbeitrag und die Schuld Einzelner feststellen. Dies konnte der Tatsache, dass das Morden in Auschwitz arbeitsteilig, kollektiv, kontinuierlich, routiniert und industriell organisiert war, nicht gerecht werden. Recht und Justiz stießen an die Grenzen ihrer Möglichkeiten, Auschwitz zu sühnen.[24]

Die zentralen Quellen dieses Verfahrens überliefern einerseits die Anstrengungen der Strafjustiz, „das deutsche Verbrechen an der Menschheit justiziabel zu machen", aber auch das Versagen der

24 Jasch/Kaiser, Der Holocaust vor deutschen Gerichten, S. 150 f.; Pendas, Auschwitz-Prozess, S. 10.

Politik, „die kein Recht schuf, um die kriminelle Schuld der Täter des ‚Verbrecherstaats' angemessen zu ahnden".[25]

Abgesehen davon, dass die verhängten Strafen für die Angeklagten in keiner Weise eine Sühne für ihre Verbrechen darstellen (können), kommt Inge Deutschkron zu der bitteren Schlussfolgerung, dass die „Krügers, Oberländers und Globkes", Männer, die den Morden ihren intellektuellen Rückhalt gaben, nicht zur Verantwortung gezogen werden konnten.

Immer wieder fragt die kritische Journalistin auch nach der Verantwortung der deutschen Bevölkerung insgesamt für die nationalsozialistischen Verbrechen und hofft auf eine aufklärerische Wirkung der Prozesse. Wiederholt vermerkt sie, wenn im Publikum Emotionen entstanden und es im Gerichtssaal Zeichen von Mitgefühl gab. Doch wie ein roter Faden zieht sich durch ihre Berichte die Befürchtung, der Auschwitz-Prozess mache trotz ausgezeichneter Berichterstattung der großen Printmedien, die aber nur einen kleinen Teil der Deutschen erreichte, wenig Eindruck auf die breite Masse der Bevölkerung. Sie befürchtet, dass die Mehrheit den Auschwitz-Prozess nicht zur Kenntnis nimmt oder ablehnt. Skepsis und Enttäuschung klingen an, wenn sie den Widerstand gegen „alte Nazis" vermisst. Ihre große Sorge ist, dass die deutsche Jugend der 1960er-Jahre durch das Wirtschaftswunder korrumpiert werde, die Demokratie noch nicht wirklich Fuß gefasst habe in Deutschland. Andererseits erkennt sie an, dass durch die Zeugen im Frankfurter Auschwitz-Prozess der deutschen Gesellschaft der Spiegel vorgehalten wurde, was sie in einer neuen Weise mit den Verbrechen konfrontierte.[26]

25 Raphael Gross/Werner Renz, Vorwort, in: dies., Der Frankfurter Auschwitz-Prozeß, S. 12.

26 Zu ihren Einsichten im ersten Auschwitz-Prozess siehe auch: Deutschkron, Ich trug den gelben Stern, und was kam danach?, Kapitel 27, S. 339–354.

Wie weiter?

Was die Journalistin Inge Deutschkron während des Prozesses über unfassbare Grausamkeiten gehört und was sie an Unerträglichem erfahren hatte, veranlasste sie 1965, dem Schicksal von Kindern in Ghettos und Lagern ein Buch zu widmen. In dem bereits zitierten Vorwort zu dessen Neuauflage versucht sie in Worte zu fassen, was die Teilnahme am Auschwitz-Prozess für sie und andere bedeutet hat: „Keiner von uns Journalisten, der über einen längeren Zeitraum hinweg im Gerichtssaal von Frankfurt zugegen war, dürfte am Ende dieses Prozesses der gleiche Mensch geblieben, dürfte mit den gleichen Empfindungen [...] in den Alltag zurückgekehrt sein. Wer miterlebt hat, wie immer wieder ein Zeuge oder eine Zeugin unter der Last der Erinnerung zusammenbrach – der Erinnerung an Geschehnisse, die ein menschliches Gehirn kaum auszudenken vermag und die in Worte zu kleiden nur unzulänglich möglich ist – der hat vielleicht zum ersten Mal erkannt, wie über alle Maßen schwer die Bürde des Erlebten und der Erinnerung sein kann, die mancher mit sich durchs Leben zu tragen hat. Ich weiß, wie viele meiner Kollegen auf der Pressetribüne unter dem Eindruck des Gehörten litten, wie unzulänglich ihnen ihr Wortschatz und ihre Gestaltungskraft erschienen, das wiederzugeben, was sich vor ihnen in diesem Gerichtssaal zutrug.“[27]

Dennoch – die kleinen Fortschritte, die das Land machte, konnten die Sorgen der Journalistin, die politische Entwicklungen wie ein Seismograf wahrnahm, nicht beschwichtigen. Sie sah, dass noch immer zahlreiche (Ex-)Nazis in Amt und Würden waren, dass Antisemitismus in der bundesdeutschen Gesellschaft weiter fortlebte, dass noch immer nur einem kleinen Teil der Bevölkerung an einer

27 Deutschkron, ... denn ihrer war die Hölle, Vorwort zur Neuauflage, S. 9 f.

ehrlichen Auseinandersetzung mit der Vergangenheit gelegen war. Besonders enttäuscht war sie, dass Teile der Studentenbewegung von 1968 feindliche Positionen gegenüber Israel einnahmen. 1972 entschloss sich Inge Deutschkron, nach Tel Aviv umzusiedeln, um in der Redaktion von Maariv zu arbeiten. Nun lernte sie auch Hebräisch.

Dann aber, seit der Uraufführung des eingangs erwähnten Theaterstücks „Ab heute heißt du Sara", begann sich ihr Leben mehr und mehr zwischen Tel Aviv und Berlin abzuspielen. Schließlich verlagerte sich ihr Lebensmittelpunkt erneut in die inzwischen wiedervereinte deutsche Hauptstadt, wo sie einst als Jüdin verfolgt worden war und nun Zuspruch und Respekt erfuhr – für sie war es eine Rückkehr. Doch mit der Welle rechtsextremistischer Gewalttaten Anfang der 1990er-Jahre wurde ihr wieder einmal klar, wie brüchig und fragil alles Erreichte doch war, und sie zog in Erwägung, Berlin erneut – und dieses Mal endgültig – den Rücken kehren. Als die Presse ihre Absichten publik machte, hielt eine Flut von Zuschriften, insbesondere von Kindern, sie davon ab, und fast schon trotzig entschied sie zu bleiben.

In den nächsten Jahren folgte Inge Deutschkron mit großem Elan den zahlreichen Einladungen zu Gesprächen in Schulen oder bei öffentlichen Veranstaltungen und empfing unermüdlich Besuchergruppen aus Berlin und von außerhalb im Museum Blindenwerkstatt Otto Weidt. Wie stets lag ihr besonders der Kontakt zu Kindern und Jugendlichen am Herzen. Durch ihren energischen und unermüdlichen Einsatz für die Erinnerung an die „Stillen Helden", jene Deutschen, die während des Zweiten Weltkriegs Juden vor der Deportation in den Tod gerettet hatten, hat sie einen unschätzbaren Beitrag zur Gedenkkultur von Berlin und Deutschland geleistet. An dieser Stelle soll auch an Inge Deutschkrons bewegende und kritische Rede erinnert werden, die sie am 30. Januar 2013 im Alter von 90 Jahren im Deutschen Bundestag zum Tag des Gedenkens an die Opfer des Nationalsozialismus hielt, der alljährlich anlässlich des Jahrestags der Befreiung des deutschen Konzentrations- und Vernichtungslagers Auschwitz begangen wird.

Im Juni 2018 wurde Inge Deutschkron im 96. Lebensjahr als Ehrenbürgerin der Stadt Berlin für ihre beeindruckende Lebensleistung, in der die Berichterstattung über den Auschwitz-Prozess zweifellos einen wichtigen Platz einnimmt, ausgezeichnet.

Unser Dank gilt Maren Horn vom Archiv der Akademie der Künste Berlin für die Bereitstellung der Materialien aus dem Bestand Inge Deutschkron Archiv.

ap/dpa/picture alliance/Süddeutsche Zeitung Photo

Eröffnung des Auschwitz-Prozesses im Frankfurter Römer, 20. Dezember 1963

dpa/Süddeutsche Zeitung Photo

Medienvertreter fotografieren die Angeklagten,
20. Dezember 1963

picture-alliance / dpa, Fotograf:Heinz-Jürgen Göttert

Fortsetzung des Auschwitz-Prozesses im Bürgerhaus Gallus,
3. April 1964. Hier fanden bis zu 600 Personen Platz.

picture-alliance / dpa

Justizbeamte mit Lageplänen des Konzentrationslagers Auschwitz
vor dem Frankfurter Schwurgericht

Inge Deutschkron

Berichte über den Frankfurter Auschwitz-Prozess 1963–1965

Auschwitz war auch nur ein Wort

Vorwort

„Wo?“ ist ein Wort – ein Wort, das auf einen Ort verweist und seine Bestimmung. Doch das Wort erklärt den Ort nicht, nicht seine Bedeutung, nicht seine Geschichte, nicht seiner Bürger Welt. Auschwitz war auch nur ein Wort.

Aber wer wollte damals, in den 1960er-Jahren, schon mehr über diesen Ort wissen, damals, zwei Jahrzehnte nach dem 8. Mai 1945, als die Deutschen ihre Fahnen mit dem Symbol, das so viel Unheil in die Welt getragen hatte, einzogen?

So scheint es mir auch noch heute; immer nur Namen von Orten, die keine Antwort geben können; als ob sie sich noch immer schämten, und als ob auch sie zu Tätern wurden.

Er war wohl nicht älter als 18 oder 19 Jahre. Frisch von der Schulbank also. Er trug die Uniform des deutschen Soldaten. Schick war sie, sie stand ihm, wie für ihn geschneidert. In seinen Armen hielt er einem Baby gleich einen eisernen Riegel. Prüfend hielt er ihn an die Türen der Waggons mit der menschlichen Ladung. Kein Fehler, er passte. Befriedigt zog der junge Soldat von dannen. Er hatte seine Pflicht getan. Seine Augen blickten starr vor sich hin, als er durch die Reihen seiner Kameraden zu seiner Kompanie zurückkehrte. Täuschte er sich nicht? Folgten ihm nicht die bewundernden Blicke der Kameraden? Gewiss, er war dafür ausgewählt worden, die Waggons mit den vielen Tausenden Juden auf ihrer Fahrt „gen Osten“

zu sichern und jeden Fluchtversuch zu verhindern. Und das war ihm auch gelungen.

Nein, er wusste nicht, was das Ziel der Deportationen dieser Menschen war. Das war ihm eigentlich auch egal. Die Regierung hatte es so beschlossen.

„Wohin fährt man uns?“ Diese Frage kam auf unter den Insassen des Deportationszuges. Zuerst waren sie mit den Aufregungen der Abfahrt, dem Kampf um Platz, um etwas Essbares beschäftigt. „Man braucht uns doch hier“, warf eine Frau mit schriller Stimme in die der Frage folgenden Diskussion ein. „Wir stellten für die deutsche Industrie eine bedeutende Arbeitskraft dar. Wir produzierten ihre Waffen und anderes Kriegsmaterial. Warum setzt man uns dann in einen Zug mit unbekanntem Ziel?“ Es war auch die Frage eines älteren Herrn, die er schließlich sehr sachlich selbst beantwortete: „Sie wollen uns töten.“ Ein entsetzter Aufschrei von den vielen in dem Waggon zusammengepferchten Menschen war die Folge. Sie schrien durcheinander, empörten sich. Schwerstarbeit, das wäre als Möglichkeit zu erwarten. Mit allen Unannehmlichkeiten des Lebens. In primitiven Lagern. Das waren sie bereits gewohnt.

Die Lokomotive wurde langsamer. Ein Zeichen, dass man sich einem Bahnhof näherte. Ein letzter Blick auf die Landschaft, dann nur noch Gebrüll, Geschrei, Befehle zum Aussteigen, Anordnungen, das Gepäck im Wagen zu lassen, sich in Reih und Glied aufzustellen. Alles Denken versiegte.

„Das versteh’ ich nicht, ich ein Jude, verwandt mit dem Angeklagten? Er ist ein Volksdeutscher, ich bin ein Jude“, antwortete David Schmidt, der als Zeuge der Anklage im ersten Auschwitz-Prozess geladen war. Auf die stereotype Frage des Gerichtsvorsitzenden, ob er mit dem Angeklagten verwandt oder verschwägert sei, reagierte Schmidt in höchstem Maße verwundert. Diese Frage des Richters und viele folgenden bewiesen, wie untauglich die in Deutschland angewandte Strafprozessordnung für diese Art der Verbrechen war.

Sie sieht nämlich vor, dass dem Angeklagten die Schuld nachzuweisen ist. Die Todeslager waren aber so konstruiert, dass Gefangene nur durch Zufall überlebten. Die Zahl der Zeugen war entsprechend gering, viel zu gering, um den Regeln dieses Strafrechts zu genügen. Ein präzises Bild von dem Ablauf auch nur eines einzigen Mordes war nur selten nachzuzeichnen. In diesen Todeslagern aber, die zu nichts anderem bestimmt waren als zur Vernichtung von Menschen, musste jeder schuldig werden, der dort Dienst tat. Das beweist, wie ungenügend das damals in Deutschland praktizierte Strafrecht war. Nur ein Strafrecht, nach dem jene, die in Massenvernichtungslagern „Dienst" getan hatten, ihre Unschuld nachzuweisen hätten, hätte die Schuldigen einer gerechten Strafe zuführen können.

Der Richter überhörte die Bemerkung des David Schmidt und belehrte ihn, dass er vor Gericht die Wahrheit, die reine Wahrheit und nichts als die Wahrheit sagen müsse. „Was kann ich hier Falsches aussagen", wunderte sich Schmidt. Der Richter bat ihn zu berichten, aus welchem Grunde er nach Auschwitz gekommen war. „Warum sind alle Juden verhaftet worden. Waren sie schuldig?"

„Hier komme ich wieder her, aber mit meiner 14-jährigen Tochter", versprach der Anwalt des Angeklagten Oswald Kaduk im Dezember 1964 beim Ortstermin des Frankfurter Gerichts auf dem Gelände des ehemaligen Konzentrations- und Vernichtungslagers Auschwitz. „Sie muss sehen, wohin dieser Irrsinn geführt hat." Keiner aus der deutschen Reisegruppe wagte es, sich der Aufforderung, das Museum in Auschwitz und den Film über die Befreiung des Lagers anzusehen, zu widersetzen. Und hier geschah es. Der Anblick der Kinderschuhe, des Frauenhaars, der Krücken, die – mit Namen und Adressen versehenen – zurückgelassenen Koffer riss denen die

Maske herunter, die wie verbissen nicht hatten glauben wollen, was Auschwitz, Majdanek oder Treblinka bedeutet hatten. Es zerbrach die anderen, die es geahnt oder auch gewusst hatten. Die Anonymität des Mordes war dahin. Der Koffer der Clara Sara Nadelmann aus Berlin W 15, Xantener Straße 2, ließ keine Spekulation mehr zu über das Schicksal eines Menschen, der Auschwitz erreichte. Der Anwalt von Oswald Kaduk weinte wie ein Kind.

Inge Deutschkron April 2018

Berichte von Oktober 1963 bis Januar 1964

Bericht über den 15. Oktober 1963

Der Frankfurter Landgerichtspräsident Dr. Greiff hat den Beginn des Auschwitz-Prozesses auf den 20. Dezember 1963 festgelegt. Dieser Prozess dürfte das größte Verfahren in Nachkriegsdeutschland werden, da 23 Angeklagte mit 18 Verteidigern und 250 Zeugen gehört werden müssen. Er soll sechs bis acht Monate dauern. Greiff, der den Richter Hans Forester[1] zum Vorsitzenden des Prozesses berufen hat, kündigte an, dass seiner Auffassung nach die Vorbereitungen für diesen Massenmordprozess zum angegebenen Datum abgeschlossen sein werden. Obwohl der Prozess schon kurz nach seinem Auftakt wegen der Weihnachtsfeiertage unterbrochen werden muss, hat sich Greiff für dieses Datum entschieden, denn hätte er versäumt, das Verfahren noch in diesem Jahr zu eröffnen, wäre 1964 ein anderer Schwurgerichtsprozess an der Reihe gewesen, was eine weitere Verzögerung nach sich gezogen hätte.

Zuerst wurde Senatspräsident Dr. Forester gemäß dem Geschäftsverteilungsplan mit dem Vorsitz betraut. Andere Gründe spielten keine Rolle. Aber nach tagelangen Diskussionen lehnte er es ab, diese

1 Laut Geschäftsverteilungsplan für das Jahr 1963 war Senatspräsident Hans Forester zum Vorsitzenden der 3. Schwurgerichts-Tagung bestellt.

Aufgabe zu übernehmen, und übergab sie an Landgerichtsdirektor Dr. Hans Hofmeyer.[2] Forester, der selbst ein Opfer des Faschismus war, glaubte, die Angeklagten könnten sich deshalb seiner Prozessführung widersetzen. Bis 1933 war Forester Richter in Berlin gewesen und dann wegen seiner jüdischen Herkunft von Hitler entlassen worden. Während des Krieges lebte er in England, von wo er 1945 nach Deutschland zurückkehrte. Mehrere seiner Verwandten wurden in Konzentrationslagern ermordet.

Genau wie Forester versicherte auch Hofmeyer, er wolle alles in seiner Macht Stehende tun, damit der Prozess am 20. Dezember beginnen könne. Nach Aussagen des Sprechers des Justizministeriums in Frankfurt scheint es für die Prozesseröffnung an diesem Tag kein Hindernis mehr zu geben.

Der frühe Eröffnungstermin bedeutet allerdings auch, dass der Um- und Ausbau des für den Prozess vorgesehenen Gebäudes nicht beendet ist; es wird daher nicht zur Verfügung stehen.[3] Mit seiner Fertigstellung wird nicht vor Anfang 1964 gerechnet. Es sieht ganz danach aus, dass das Gericht erst zu einem späteren Zeitpunkt in dieses Gebäude, für das Generalstaatsanwalt Fritz Bauer 90 000 DM bereitgestellt hat, umziehen wird.

Der Beginn des Prozesses wird also im alten Rathaus von Frankfurt stattfinden, wo kaum hundert Zuhörer Platz finden.[4] Jedoch ist geplant, Fernsehkameras zu installieren und den Prozessverlauf in

2 Hans Hofmeyer (1904–1992) leitete als Vorsitzender Richter das Verfahren „Strafsache gegen Mulka und andere" (Aktenzeichen 4 Ks 2/63), auch als Erster Auschwitz-Prozess bezeichnet. Während des Prozesses wurde er zum Senatspräsidenten am Oberlandesgericht Frankfurt am Main ernannt.

3 Erst Ostern 1964 wurde das Haus Gallus in der Frankenallee fertiggestellt, das für kulturelle Veranstaltungen dieses Stadtbezirks gedacht war.

4 Die Prozesseröffnung fand im Plenarsaal des Frankfurter Rathauses Römer statt.

andere Säle des Gebäudes zu übertragen, weil auch mehr als hundert aus dem Ausland kommen werden.

Nur elf der 23 Angeklagten wird Massenmord vorgeworfen, wie der Frankfurter Oberstaatsanwalt Rahn ankündigte.[5] Die anderen zwölf werden nur wegen Beihilfe zum Massenmord angeklagt. Nur elf der 23 Angeklagten befinden sich zurzeit in Untersuchungshaft.

Zu ihnen gehören:

SS-Oberscharführer Wilhelm Boger, ehemals Angehöriger der Politischen Abteilung der Gestapo in Auschwitz. Der 56-jährige Boger war verantwortlich für Ermittlungen im Konzentrationslager. Als Boger 1959 in Baden-Württemberg verhaftet wurde, hielt es die Staatsanwaltschaft in Stuttgart für unmöglich, diesen Fall zu verhandeln, ohne Kenntnisse über das gesamte Lagergeschehen zu besitzen. Boger befindet sich seit 1959 in Untersuchungshaft. Von ihm weiß man, dass er mehrere Morde begangen hat. Nach ihm wurde die sogenannte Boger-Schaukel benannt, eine Konstruktion, an die Häftlinge mit Händen und Füßen festgebunden wurden, während sie verschiedene schreckliche Folterungen über sich ergehen lassen mussten. Zu Bogers Verbrechen gehörten auch Erschießungen in Auschwitz an der sogenannten Schwarzen Wand und die Ermordung von Menschen, denen ihr Kopf unter Wasser gedrückt wurde, bis sie tot waren.

SS-Unterscharführer Oswald Kaduk, 57 Jahre alt, von Beruf Metzger und Angehöriger der Politischen Abteilung in Auschwitz, ist zahlreicher Morde angeklagt. Er wandte eine spezielle Methode an, um Menschen zu erdrosseln. Erst schlug er sie, dann nahm er seinen Spazierstock, legte den Handgriff um den Nacken des Opfers und trat dann auf den Stock. Kaduk war bereits nach Kriegsende von

5 Oberstaatsanwalt Dr. Dieter Rahn.

den Russen gefangen genommen und zum Tode verurteilt worden. 1956 wurde er nach Ostdeutschland abgeschoben und kam erneut ins Gefängnis. Später wurde er nach West-Berlin entlassen, wo er als Krankenpfleger arbeitete.

SS-Hauptsturmführer Franz Hofmann, 57 Jahre alt, hatte der Wachmannschaft des Lagers angehört. Für zwei im Konzentrationslager Dachau begangene Morde war er bereits zu einer lebenslänglichen Haftstrafe verurteilt worden. Auf seiner Verbrechensliste [in Auschwitz] stehen der Mord an einer Jüdin, die sich widersetzt hatte, als sie in die Gaskammer gebracht werden sollte, der Mord an einem Juden, dem er eine Flasche über den Kopf geschlagen hatte, und der Mord an sowjetischen Kriegsgefangenen, die er im Winter bis zum Tod durch Erfrieren nackt im Freien hatte stehen lassen.

Der SS-Sturmbannführer und Lagerapotheker Dr. Victor Capesius, heute 56 Jahre alt, hatte die Zyklon-B-Bestände in Auschwitz verwaltet, die für die Gaskammern benutzt wurden.

Als einziger Häftling des Konzentrationslagers Auschwitz wurde der frühere Kapo [Funktionshäftling] Emil Bednarek, 56 Jahre alt, angeklagt. Des Weiteren befinden sich SS-Sturmmann Stefan Baretzki, SS-Oberscharführer Herbert Scherpe, SS-Oberscharführer Josef Klehr, SS-Rottenführer Emil Hantl, SS-Unterscharführer Hans Nierzwicki und SS-Oberscharführer Hans Stark in Untersuchungshaft; ihnen werden verschiedene Verbrechen vorgeworfen.

Der frühere SS-Hauptsturmführer Robert Mulka sowie SS-Obersturmführer Karl Höcker, früherer Adjutant von Richard Baer, dem letzten Lagerkommandanten von Auschwitz, sind bisher weder in Haft, noch wurde ihre Bewegungsfreiheit eingeschränkt. Beide versicherten bei den Ermittlungen, sie hätten weder mit Mord zu tun gehabt noch hätten sie überhaupt etwas von Morden in Auschwitz gewusst. Darüber hinaus befinden sich folgende Kriminelle auf freiem Fuß, müssen aber vor Gericht erscheinen: SS-Oberscharführer Klaus Dylewski, ehemaliger Angehöriger der Politischen Abteilung, SS-Rottenführer Pery Broad, SS-Unterscharführer Johann Schoberth, SS-Unterscharführer Heinrich Bischoff und SS-Rottenführer Arthur Breitwieser. Die früheren Lagerärzte SS-Obersturmführer Dr. Franz Lucas und SS-Hauptsturmführer Dr. Willy Frank sind beide immer noch Mitglieder der deutschen Ärztekammer. Der Zahnarzt Dr. Willi Schatz, früherer Untersturmführer, der Unterscharführer Bruno Schlage und SS-Unterscharführer Gerhard Neubert müssen sich ebenfalls wegen Beteiligung am [Massen-]Mord vor dem Gericht verantworten.

Oswald Kaduk und Wilhelm Boger werden im Prozess die Hauptangeklagten sein, da Richard Baer, der letzte Kommandant von Auschwitz, in Untersuchungshaft an einem Herzanfall starb. Auch Dr. Josef Mengele,[6] der sich in Südamerika versteckt hält, und Dr. Horst Schumann,[7] medizinischer Berater der Regierung von Ghana, werden im Prozess nicht zur Verfügung stehen. Beide Ärzte waren verantwortlich für Selektionen in die Gaskammern.

6 Der Mediziner und Anthropologe Josef Mengele (1911–1979), seit 1940 freiwillig in der Waffen-SS, war von Mai 1943 bis Januar 1945 als Lagerarzt im Konzentrations- und Vernichtungslager Auschwitz eingesetzt. Dort führte er Selektionen durch, überwachte die Vergasung der Opfer und unterzog Häftlinge grausamen medizinischen Versuchen. Nach dem Zweiten Weltkrieg wurde er als Kriegsverbrecher gesucht, aber nie festgenommen. Er starb in Brasilien.

7 Horst Schumann (1906–1983) war als Arzt an der Aktion T4 und der Aktion 14f13 sowie im KZ Auschwitz bei Menschenversuchen zur Sterilisierung durch Röntgenstrahlen beteiligt. Um seiner Verhaftung zu entgehen, floh Schumann 1951 ins Ausland. Nachdem er 1962 in Ghana entdeckt worden war, wurde er 1966 an die Bundesrepublik Deutschland ausgeliefert. Im September 1970 begann ein Prozess gegen ihn vor dem Landgericht Frankfurt am Main, der jedoch wegen angeblicher Verhandlungsunfähigkeit 1971 eingestellt wurde.

Bericht über den 10. Dezember 1963

„Strafverfahren gegen Baer u. a. (Komplex Auschwitz), Aktenzeichen 4 Ks 2/63" – lautet die Bezeichnung des am 20. Dezember 1963 beginnenden Auschwitz-Prozesses, die unter den Frankfurter Juristen ebenfalls geläufig ist. Es ist das größte Strafverfahren in Deutschland nach dem Krieg. Richard Baer, letzter Kommandant von Auschwitz, sollte der Hauptangeklagte dieses Prozesses sein. Er starb jedoch im Juni dieses Jahres an einem Herzinfarkt in der Untersuchungshaft, wo er sich seit 1960 befunden hatte.[8] Baer, der an der Planung und Durchführung der Todesmärsche beteiligt gewesen war, als sich die Russen Auschwitz näherten, war angeklagt, mehrere Morde begangen zu haben. Bis zu seiner Festnahme hatte er in der Nähe von Hamburg unter dem Namen Karl Neumann als Waldarbeiter versteckt gelebt. Durch seinen Tod reduziert sich die Zahl der Männer, die ab dem 20. Dezember für voraussichtlich sechs bis acht Monate auf der Anklagebank sitzen werden, auf 23. Bei Beginn des Vorverfahrens waren es noch 29 Angeklagte gewesen. Vier Männer wurden aus Mangel an Beweisen freigelassen, zwei sind inzwischen gestorben. Aber nach den letzten Informationen werden zwei weitere Angeklagte aus gesundheitlichen Gründen nicht am Prozess teilnehmen: der Rentner Heinrich Bischoff wegen einer Herzerkrankung und der Angestellte Hans Nierzwicki wegen Tuberkulose. Nierzwicki war als Sanitätsdienstgrad in Auschwitz eingesetzt. Ihm wird vorgeworfen, er habe mehreren Personen Phenolinjektionen verabreicht und außerdem an Selektionen für die Gaskammern teilgenommen. Bischoff hatte

8 Richard Baer (1912–1963). Ende 1960 machten die Frankfurter Staatsanwälte den letzten Kommandanten von Auschwitz ausfindig. Nach einer bundesweiten Fahndung wurde er festgenommen. Zwei Monate nach der Anklageerhebung starb er im Juni 1963 in Untersuchungshaft.

zuerst der Wachmannschaft angehört und war dann zum Blockführer in Auschwitz und den Nebenlagern Schwientochlowitz[9] und Jawischowitz[10] aufgestiegen. Die Anklage gegen ihn lautet, er habe mehrere Häftlinge erschossen und einige getötet, indem er sie mit Stiefeln trat und erdrosselte.

Aber die 21 Angeklagten, die mit aller Wahrscheinlichkeit in Frankfurt vor Gericht stehen werden, sind nicht die Letzten der tausend Täter, die jahrelang das Vernichtungslager durchliefen und sich der schlimmsten Verbrechen gegen die Menschlichkeit schuldig machten. Wie Staatsanwalt Großmann[11] bekanntgab, wird es zusätzlich zu dem am 20. Dezember beginnenden Verfahren mindestens zwei weitere sogenannte Auschwitz-Prozesse geben. Einer wird gegen die Angeklagten Wilhelm Burger[12] und Josef Erber[13] geführt werden. Der Letztere, SS-Oberscharführer und Chef der Politischen Abteilung in Birkenau sowie Angehöriger der Politischen Abteilung des

9 Von Mai 1943 bis Ende Januar 1945 existierte im oberschlesischen Schwientochlowitz (poln. Świętochłowice) bei Kattowitz ein Nebenlager des KZ Auschwitz-Birkenau neben der Rüstungsfabrik „Eintrachtshütte".

10 Das KZ Jawischowitz war ein Außenlager des KZ Auschwitz. Von August 1942 bis 19. Januar 1945 wurden Häftlinge im dortigen Bergwerk bei der Kohleförderung und bei Bauarbeiten über Tage eingesetzt.

11 Erster Staatsanwalt Hanns Großmann.

12 Wilhelm Burger wurde im zweiten Auschwitzprozess (Verfahren „4 Ks 3/63 gegen Burger u. a.", Dezember 1965 bis September 1966) vor dem Landgericht Frankfurt am Main wegen der Beschaffung von Zyklon B zur Vergasung von Häftlingen im KZ Auschwitz zu acht Jahren Zuchthaus verurteilt. Da ihm die Untersuchungshaft und eine in Polen verbüßte Haftstrafe angerechnet wurden, kam er aber frei.

13 Josef Erber wurde im zweiten Auschwitzprozess (Verfahren „4 Ks 3/63 gegen Burger u. a.", Dezember 1965 bis September 1966) vor dem Landgericht Frankfurt am Main wegen gemeinschaftlichen Mordes in 70 Fällen zu lebenslangem Zuchthaus verurteilt. 1986 wurde er entlassen und verstarb ein Jahr später im Alter von 90 Jahren.

gesamten Lagerkomplexes von Auschwitz, ist ebenfalls des Mordes an einer Anzahl von Auschwitz-Häftlingen angeklagt. Da Erber und Burger erst im vergangenen Jahr verhaftet wurden, stehen sie jetzt noch nicht vor Gericht; die Ermittlungen gegen sie sind noch nicht abgeschlossen. Die Justizbehörden hielten es nicht für angemessen, die anderen 21 Angeklagten noch länger auf ihren Prozess warten zu lassen, da die meisten von ihnen schon einige Jahre in Haft verbracht haben. Hinzu kommt, dass Vorermittlungen gegen Auschwitz-Täter noch fortgesetzt werden. Einige Haftbefehle sind noch nicht vollstreckt, und die Hoffnung, dass die beiden Ärzte in Auschwitz, Josef Mengele und Horst Schumann (Mengele zuständig für Selektionen) doch noch in die Hände der Justiz fallen, wurde in Frankfurt noch nicht aufgegeben. Es ist daher unmöglich zu sagen, wann der gesamte Auschwitzkomplex bewältigt sein wird. Aber der Prozess, der am 20. Dezember beginnen soll, wird zweifellos der größte bleiben.

Der Vorsitzende Richter Dr. Hofmeyer, der kurzfristig die Aufgabe von Hans Forester übernommen hat, wird von zwei weiteren Richtern unterstützt, von Landgerichtsrat Perseke und Gerichtsrat Hotz.[14] Forester, der jüdischer Herkunft ist und Verwandte in Auschwitz verloren hatte, befürchtete, man würde ihn nicht für objektiv halten. Hofmeyer, von dem das Gerücht umgeht, er habe während des Krieges als Kriegsgerichtsrat fungiert, hat den „furchtbaren und riesigen Prozess" (riesig bezüglich der umfangreichen Dokumente) so vorbereitet, dass möglichst keine Zeit verloren geht. Daher wird beispielsweise jeder Angeklagte von zwei Anwälten verteidigt (einige von ihnen vertreten mehrere Angeklagte), damit für den Fall, dass einer von ihnen erkrankt, der Prozess nicht unterbrochen werden muss. Unter den Verteidigern gibt es Personen mit zweifelhafter

14 Beisitzende Richter wurden Josef Perseke und Walter Hotz.

Reputation wie beispielsweise Dr. Aschenauer[15] und Dr. Laternser,[16] die in den vergangenen Jahren mit „seltener Vehemenz" prominente Nazis verteidigt haben. Ersatz steht auch bereit, falls einer der sechs Schöffen – drei Frauen und drei Männer, davon zwei Arbeiter und ein Angestellter – ausfällt. Bis jetzt hat Dr. Hofmeyer den Prozess erst bis April geplant. Bis zu diesem Datum hat er auch Zeugen vorgeladen, aber bis jetzt noch keinen der zehn Israelis (unter ihnen Dr. Bejlin aus Tel Aviv, Dr. Berner aus Jerusalem, Josef Glück aus Haifa, Heinz Hermann aus Haifa, Abraham Tamir aus Givat Beit HaKerem und Dr. von Sebestyén aus Haifa).

Das Material gegen die Angeklagten, 88 Bände mit ungefähr 20 000 Seiten, wird am Vorabend des Prozessbeginns zum Römer gebracht, dem Frankfurter Rathaus, wo die Verhandlungen bis Februar 1964 stattfinden werden. Man erwartet, dass das Bürgerhaus Gallus danach fertiggestellt sein wird. Die 88 Bände enthalten neben den Hintergrunddokumenten Einzelheiten über die grauenhaften Verbrechen, für die sich die Angeklagten, ehemalige Lagerwachmänner, medizinisches Personal oder Angehörige der Politischen Polizei in Auschwitz, vor dem Gericht verantworten müssen. Alle sind des Mordes angeklagt.

15 Rudolf Aschenauer (1913–1983) vertrat nach Ende des Zweiten Weltkrieges als Strafverteidiger zahlreiche Angeklagte in Kriegsverbrecher- und NS-Prozessen, darunter im sogenannten Nürnberger Einsatzgruppenprozess 1947/48.

16 Hans Laternser (1908–1969) wurde sogleich nach dem Ende des Zweiten Weltkrieges einer der wichtigsten Verteidiger in NS- und Kriegsverbrecherprozessen. Da er kein NSDAP-Mitglied gewesen war (sein Antrag war aus formalen Gründen gescheitert), erhielt er schon 1945 die Zulassung als Anwalt. Im Nürnberger Hauptkriegsverbrecherprozess war er der Verteidiger des Generalstabs und des Oberkommandos der Wehrmacht. Er stand in enger Verbindung zur politischen Rechten.

Hauptangeklagter wird der Angestellte Wilhelm Boger sein. Er gehörte bereits 1922 der Hitler-Jugend an und trat 1930 in die SS ein. In Auschwitz war er Angehöriger der Politischen Abteilung. Ihm wird vorgeworfen, Häftlinge gefoltert und getötet sowie an Selektionen teilgenommen zu haben.

Franz Johann Hofmann, der bereits 1961 wegen seiner Verbrechen im Konzentrationslager Dachau zu lebenslanger Haft verurteilt wurde, ist ähnlicher Taten angeklagt, die er als Schutzhaftlagerführer in Auschwitz, als Lagerführer im „Zigeunerlager" und im Kinderlager begangen hatte. Dem Blockführer Kaduk werden ebenfalls grauenhafte Verbrechen vorgeworfen, einschließlich Erdrosseln, Erschlagen und Töten. Dr. Franz Bernhard Lucas, der nach dem Krieg bis zu seiner Verhaftung als Gynäkologe im Krankenhaus Elmshorn gearbeitet hat, war in Auschwitz als SS-Obersturmführer und 1943 als Lagerarzt an Selektionen beteiligt gewesen und hatte die Wirkung von Zyklon B von außerhalb der Gaskammern beobachtet. Ebenfalls auf der Anklagebank wird Dr. Frank sitzen, der Chefzahnarzt in Auschwitz. Auch er war an den Selektionen der für das Gas bestimmten Häftlinge beteiligt und hatte und die Wirkung des Zyklon B überwacht. Der Apotheker Dr. Victor Capesius hatte insbesondere Dr. Mengele dabei unterstützt, Menschen (Kinder und Sinti und Roma) für die Gaskammer auszusortieren; er tötete Häftlinge mit einem von ihm zubereiteten Getränk aus Kaffee, Evipan und Morphium und verabreichte Phenolinjektionen. Die Verbrechen der anderen 15 Angeklagten unterscheiden sich kaum in ihrer Grausamkeit.

Es scheint, dass die Welt nun bereit ist, die von deutschen Kriegsverbrechern begangenen Verbrechen zur Kenntnis zu nehmen. Pressevertreter aus elf Nationen, insgesamt etwa 150 (die meisten von ihnen aus Deutschland) werden zumindest am Eröffnungstag in Frankfurt vor Ort sein.

picture-alliance / dpa

Angeklagte und ihre Anwälte.
Dr. Victor Capesius (hinten l.), Wilhelm Boger (hinten r.),
3. April 1964

picture-alliance / dpa

Der Angeklagte Josef Klehr bei der Prozesseröffnung

picture-alliance / Roland Witschel

Der Angeklagte Oswald Kaduk (stehend),
vor ihm der Angeklagte Dr. Victor Capesius

picture-alliance / dpa

Der Angeklagte Johann Schoberth (l.) im Gespräch mit Verteidigern

Bericht über den 1. Verhandlungstag am 20. Dezember 1963

Sie mit Blumen und er mit offensichtlichem Besitzerstolz – so stand ein frisch getrautes Paar vor dem Fotografen, draußen vor dem Römer, dem historischen Rathaus von Frankfurt. Kurz zuvor hatten die beiden im Standesamt die Ehe geschlossen, während direkt darüber millionenfacher Mord vor Gericht verhandelt wurde. Es war Freitag, der 20. Dezember, Punkt 8.30 Uhr, als der Vorsitzende Dr. Hans Hofmeyer unter den Wappen des Bundeslandes Hessen und der Stadt Frankfurt feierlich verkündete: „Die Sitzung des Schwurgerichts am Landgericht Frankfurt ist eröffnet." Er war flankiert von den beiden Richtern Perseke und Hotz sowie den sechs Schöffen – drei Frauen und drei Männern –, in der Reihe vor ihm sechs Ersatzschöffen und Ersatzrichter. Der Frankfurter Rathaussaal ist schlecht geeignet für diesen Prozess, wird aber genutzt, da Frankfurt über kein geeignetes Gebäude verfügt für dieses Verfahren gegen 22 Angeklagte, mit 18 Verteidigern, vier Staatsanwälten, einem Nebenklagevertreter sowie 120 Journalisten, die aus aller Welt angereist sind, denn es geht in dem Verfahren um Opfer aus 21 Nationen.

Die Angeklagten und ihre Verteidiger saßen aufgereiht auf den Sitzbänken der Stadträte und blickten auf die auf einem Podium sitzenden Richter, als wären sie Zuschauer eines Schauspiels. Die blauuniformierte Stadtpolizei bewachte die neun Angeklagten, die sich in Untersuchungshaft befinden; sie saßen neben ihnen. Die Vertreter der internationalen Presse mussten sich zweimal mit ihren speziellen Papieren ausweisen, um ihre Plätze entlang den Wänden der Halle, die die Angeklagten und ihre Verteidiger umschlossen, einnehmen zu können. Die Fernseh- und Bildreporter richteten ihre Kameras immer wieder auf die riesigen Auschwitzkarten, auf denen die

Baracken, aufgereiht wie eine preußische Kompanie, zu sehen sind. Die Karten befinden sich auf der linken Seite der Richter.

Verteidiger Hans Laternser, mit einem breiten Schmiss aus seiner Studentenzeit in seinem unsympathischen Gesicht, bekannt als Verteidiger von Keitel[17] und anderen Generälen im Nürnberger Prozess, später Verteidiger von Hunsche[18] und Leibbrand,[19] vertritt fünf Angeklagte. Laternser, bei dem vom Beginn des Prozesses an klar war, dass er schon jetzt mit dem Gedanken an eine Revision spielt, lehnte zuerst die Teilnahme des Ost-Berliner Rechtsanwalts

17 Wilhelm Keitel (1882–1946) wurde als ehemaliger Chef des Oberkommandos der Wehrmacht am 1. Oktober 1946 als einer der Hauptkriegsverbrecher vor dem Internationalen Gerichtshof in Nürnberg zum Tode verurteilt.

18 Heinrich Otto Hunsche (1911–1984), Jurist und ehemaliger Regierungsrat im Reichssicherheitshauptamt, war als Angehöriger des „Sonderkommandos Eichmann " (März bis November 1944) maßgelblich an der Deportation der Juden aus Ungarn beteiligt. 1962 wurde er wegen Beihilfe zum Mord vom Landgericht Frankfurt am Main zu fünf Jahren Zuchthaus verurteilt, von denen er nur zwei Jahre verbüßte. Im Mai 1963 hob der Bundesgerichtshof dieses Urteil auf, um das Strafmaß zu korrigieren. Ein neues Verfahren wurde mit dem gegen Hermann Krumey verbunden und als Krumey-Hunsche-Prozess bekannt. Hunsche, von Hans Laternser verteidigt, wurde am 3. Februar 1965 freigesprochen, Krumey zu fünf Jahren Zuchthaus verurteilt. Auch dieses Urteil wurde vom BGH aufgehoben, und es kam es zu einem erneuten Prozess. Am 29. August 1969 wurde Hunsche wegen Beihilfe zum Mord zu zwölf Jahren und Krumey wegen Mordes zu einer lebenslangen Freiheitsstrafe verurteilt.[

19 Kurt Leibbrand (1914–1985) war in den 1960er- und 1970er-Jahren bedeutender Verkehrsplaner in der Bundesrepublik Deutschland. 1961/62 war er Angeklagter in einem Prozess vor dem Schwurgericht Stuttgart, weil er im August 1944 als Oberleutnant in Orange (b. Avignon) den Befehl gegeben haben soll, 28 italienische Hilfswillige zu erschießen. Er wurde zunächst von der Anklage wegen Mordes aus Mangel an Beweisen freigesprochen. Nach Aufhebung des Urteils kam es Anfang 1962 zu einem zweiten Prozess in Stuttgart. Sein Handeln wurde als Totschlag beurteilt, der bereits als verjährt galt.

Kaul[20] ab, der sich als Vertreter von neun jüdischen Deutschen aus Ostdeutschland präsentierte. Das Gericht beschloss nach 30-minütiger Pause, Kauls Anwesenheit wegen nicht vorhandener beeidigter Erklärungen abzulehnen; es wird erneut darüber entscheiden, wenn diese zu einem späteren Zeitpunkt vorliegen. Bestens vorbereitet mit Entscheidungen des Bundesgerichtshofes über „politisch abhängige Personen" trat Laternser mit Anträgen und harschen Worten gegen Kaul auf, der sich darauf berief, er sei Jude und habe Familienmitglieder in Auschwitz verloren. Laternser forderte, seine Anträge ins Protokoll aufzunehmen, damit das Gericht diese Frage richtig darstelle, zumal der zuerst zum Vorsitzenden Richter berufene Forester wegen Befangenheit zurückgetreten und zudem das gewählte Prozessdatum ziemlich merkwürdig sei. Schon mit seinen ersten Interventionen machte Laternser deutlich, dass er sich kaum um die Besonderheit dieses Prozesses und der Verbrechen kümmern wird.

In gleicher Weise merkwürdig erscheint, dass sich 13 Männer, vielfältiger Verbrechen angeklagt, auf freiem Fuß befinden. Auch fehlte der Gynäkologe Dr. Franz Lucas, angeklagt, 1944 an Selektionen teilgenommen und die Wirkungen des Zyklon B überwacht zu haben, wegen einer Erkrankung am ersten Prozesstag. Unmittelbar nach der Vereidigung begannen die Vernehmungen der Angeklagten zur Person. Nur 7 von 22 Männern wurden an diesem ersten Tag befragt.

Man konnte drei Typen unterscheiden. Zuerst war der Deutschnationale und Militarist Robert Mulka an der Reihe, ein 68-jähriger

20 Friedrich Karl Kaul (1906–1981) war Jurist, Hochschullehrer und Schriftsteller in der DDR. 1933 wurde er in Berlin als Kommunist und „Halbjude" aus dem Justizdienst entlassen. 1935 war er Häftling in den Konzentrationslagern Lichtenburg und Dachau. 1945 kehrte er aus der Emigration (zuletzt in den USA) zurück und ließ sich in Ostberlin nieder. Er wurde Strafverteidiger. Oft trat er als Nebenkläger gegen NS-Täter auf. Von 1963 bis 1965 war er Nebenkläger im Frankfurter Auschwitz-Prozess.

Exportkaufmann, angeklagt wegen Mordes als Adjutant des Lagerkommandanten Rudolf Höß[21] in Auschwitz 1942/43. Man braucht nicht viel Vorstellungsvermögen, um Mulka in seiner SS-Hauptsturmführeruniform vor sich zu sehen, seine ratternden Befehle zu hören, die von seinen dünnen Lippen in seinem habichtartigen Gesicht kommen. Mulka versäumte nicht zu erwähnen, dass er 1911 Lehrling bei Arndt & Cohn in Hamburg gewesen sei. Die Schmach des Ersten Weltkriegs habe ihn, Mulka, dazu gebracht, bis 1920 als Freiwilliger bei der Baltischen Landeswehr [Freikorps] zu dienen. „Wir haben Riga befreit", verkündete er stolz. 1931 eröffnete er ein eigenes Geschäft für Glaswaren; gleichzeitig trat er dem Nationalverband deutscher Offiziere bei, allseits bekannt als reaktionäre Organisation. 1941 trat er unter dem Eindruck, man brauche ihn, in die Waffen-SS ein. Als er wegen eines Geschwürs bald dienstunfähig wurde, habe man ihm 1941 den Posten in Auschwitz angeboten. „Ich wusste nicht, dass Auschwitz ein KZ war." Zuerst war er Kompanieführer des Wachsturmbanns, dann wurde er Adjutant. Er war auch zuständig für die Verwaltung von Industriebetrieben. Mulka behauptete, niemals NSDAP-Mitglied gewesen zu sein, aber schon an diesem Punkt wurde er der Lüge überführt, als Staatsanwalt Großmann eine Fotokopie von Mulkas Aufnahmegesuch von 1939 vorlegte. Sofort focht Verteidiger Müller, wenngleich vergeblich, die Kopie mit dem Argument an, sie könne nicht als Dokument verwendet werden, wohl wissend, dass die Staatsanwaltschaft lediglich Fotokopien vorlegen konnte, da weder das Document Center in Berlin noch US-Institutionen bereit waren, Originale zur Verfügung zu stellen. […]

21 Rudolf Höß (1900–1947), SS-Obersturmbannführer, war von Mai 1940 bis November 1943 Kommandant des KZ Auschwitz. Vom polnischen Obersten Volksgericht zum Tode verurteilt, wurde er am 16. April 1947 in Auschwitz gehenkt.

Zusammenfassende Artikel

Ein makabrer Prozess, 18. Januar 1964[22]

Der Auschwitz-Prozess, der seit dem 20. Dezember 1963 vor dem Frankfurter Schwurgericht stattfindet, ist ein eigenartiger Prozess – man sollte ihn eigentlich als makaber bezeichnen. 13 der 22 Angeklagten – wohlgemerkt alle des Mordes oder der Beihilfe zum Mord angeklagt – laufen frei herum. Das heißt, dass man ihnen überall begegnen kann, sei es in der Straßenbahn, beim Mittagessen, in der Garderobe und schließlich auch im Hotel. Der Angeklagte Mulka, seines Zeichens begüterter Exportkaufmann aus Hamburg, kann sich ebenso ein Zimmer im besten Hotel Frankfurts leisten wie ein Journalist einer bekannten amerikanischen Tageszeitung. Das Zimmer ist allerdings nicht auf seinen Namen eingetragen. Man kann nicht umhin, diese Umstände zumindest als unangenehm zu empfinden. Wenn in anderen Fällen eine Person einen Mord begeht, wird sie ohne Gnade verhaftet, und keine noch so hohe Kaution kann sie aus dieser Haft befreien. Bei Herrn Mulka genügten 50 000 D-Mark, und er zahlte sie auch. Ob sie allerdings ganz aus seiner Tasche stammen, vermag man nicht zu sagen – einige Prozessbeobachter zweifeln es zumindest an.

22 Auf Deutsch erschienen in der deutschsprachigen israelischen Zeitung *Jedioth Chadashot.*

Nun fragt man sich ohnehin, wie es kommt, dass sich ein ganz kleiner Angestellter wie der Angeklagte Wilhelm Boger einen Anwalt wie Dr. Aschenauer aus München leisten kann, der seinen „Ruhm" aus Verfahren gegen Naziverbrecher bezieht (u. a. auch als Verteidiger in den Nürnberger Prozessen). Die Mehrheit der 18 Anwälte – jeder Angeklagte hat zwei an seiner Seite – sind Pflichtverteidiger. Die Staatskasse zahlt für sie. Sie konnten diese Aufgabe nicht ablehnen. Das schließt aber nicht aus, dass sie ihre Aufgabe nicht ernst nähmen. Ob sie nun dies alles aus Überzeugung oder aus deutschem Pflichtgefühl heraus tun, vermag man nicht zu entscheiden. Im großen Ganzen folgen sie dabei jedenfalls dem Anwalt Laternser, der fünf Angeklagte verteidigt. Auch Herr Hans Laternser hat sich in den Nachkriegsjahren als treuer Anwalt der Sache der Nazis erwiesen. Im Nürnberger Prozess verteidigte er u. a. [General] Keitel. In den Nachkriegsjahren Leibbrand, der wegen der Erschießung von italienischen Hilfswilligen vor Gericht stand und dessen Verfahren – er war zunächst freigesprochen worden – in Kürze wieder aufgerollt werden muss. Er gab dem Mitarbeiter Eichmanns, Heinrich Otto Hunsche, seine juristischen Ratschläge, und schließlich ist er der Rechtsbeistand von Mengele, der als „Verschollener" in Lateinamerika gegen die Aberkennung seines Doktorgrades durch die Universität Frankfurt neuerlich Berufung eingelegt hat.

Herr Laternser hat seinen Mandanten in diesem Auschwitz-Prozess die Beantwortung jeder Frage des jüdischen Anwalts Henry Ormond,[23] der 15 jüdische Nebenkläger vertritt, untersagt. Seinen

23 Henry Ormond (1901–1973), geb. als Hans Ludwig Jacobsohn, wurde 1933 wegen seiner jüdischen Herkunft aus dem Justizdienst in Mannheim entlassen und 1938 im Zuge des Novemberpogroms in das KZ Dachau eingewiesen. 1939 entkam er nach Großbritannien. 1941 trat er als Freiwilliger in die britische Armee ein und nahm 1943 den Namen Henry Lewis Ormond

Ausfällen vor Gericht gegen den jüdischen Anwalt folgen die übrigen Anwälte mit sichtlichem Behagen. Und sie fügen sich auch widerspruchslos seiner Taktik – so wie einst die Mitläufer in Deutschland. Es hat sich in der Tat nicht viel geändert.

Aber auch das ist und war Deutschland: dass es Menschen gibt, die sich gegen diese Tendenzen mit aller Macht stemmen. Sie stehen in diesem Prozess in der Gestalt der Staatsanwälte und des Gerichtsvorsitzenden ganz deutlich vor uns. Wohl der jüngste der vier Staatsanwälte, Kügler – mit Sicherheit hat er die Nazizeit nicht bewusst erlebt – zeichnet sich durch eine Härte in seinen Fragen aus, die keinen Zweifel darüber lässt, auf welcher Seite er steht.[24] Der Gerichtsvorsitzende, der zu Beginn den Versuch unternommen hat, den Prozess unvoreingenommen zu führen, ist anscheinend nach den ersten Prozesswochen nicht mehr in der Lage dazu.

Natürlich ist seine Haltung durch die Angeklagten und ihre Verteidiger provoziert worden. Auf Rat der Verteidigung – und hier gibt es mit Sicherheit ein hervorragendes Zusammenspiel – hat keiner der Angeklagten in Auschwitz je etwas gesehen noch etwas getan oder gar gehört. Mit Ausnahme des Angeklagten Stark, der eine Erschießung von etwa vier oder fünf russischen Kommissaren zugegeben hat und an einer Vergasung teilgenommen haben soll. Diese Taten

an. Als britischer Besatzungsoffizier kehrte er nach Deutschland zurück. 1950 ließ er sich als Rechtsanwalt in Frankfurt am Main nieder und vertrat in zahlreichen Strafprozessen NS-Opfer als Nebenkläger, auch im ersten Auschwitz-Prozess 1963–1965.

24 Joachim Kügler (1926–2012) wurde 1959 als junger Staatsanwalt von Generalstaatsanwalt Fritz Bauer zusammen mit Georg Friedrich Vogel freigestellt, um unter der Leitung des Ersten Staatsanwalts Hanns Großmann die Ermittlungen zur Vorbereitung des Auschwitz-Prozesses zu führen. Sie bildeten zusammen mit Gerhard Wiese, einem weiteren Nachwuchs-Staatsanwalt, auch während des Hauptverfahrens die Anklagevertretung.

fielen in eine Zeit, in der der Angeklagte noch minderjährig war, weshalb er auf eine milde Jugendstrafe rechnen kann. Herr Mulka, einst Adjutant von Lagerkommandant Höß, hat nach seinen Aussagen das Lager in Auschwitz nie betreten. Obwohl er Chef der Stabskompanie war, hat er dieser Kompanie angeblich nie Befehle erteilen können. Pery Broad von der Politischen Abteilung in Auschwitz, der an Selektionen teilgenommen haben soll, gab zu, bei der Ankunft von Transporten ein oder zwei Mal aus Neugier anwesend gewesen zu sein. Die eintreffenden Menschen kamen dabei auf ihn zu, um ihn über ihr weiteres Schicksal zu befragen. Seine Gesten bei der Beantwortung und die Aufforderung, sich wieder einzureihen, sind wohl, so sagte er, als Teilnahme an Selektionen aufgefasst worden. Der Arrestaufseher von Block 11, Bruno Schlage, hat lediglich die Schlüssel zu den Bunkern in seinem Block verwaltet, die er auf Befehl auf- und zugeschlossen habe. Über den Zweck der Zellen und über die Arrestanten und ihr Schicksal weiß er nichts zu sagen.

Das Schießen an der Schwarzen Wand zwischen Block 10 und 11 habe er wohl gehört, aber was dies bedeutete, sei ihm nicht bekannt gewesen. Ja, die Lastwagen habe er gesehen und ihnen das Tor geöffnet. Dass auf ihnen Leichen verladen wurden, habe er nicht gewusst. Wilhelm Boger nahm das Recht zur Aussage überhaupt nicht in Anspruch. Wie er in einem Brief an die Staatsanwaltschaft im Jahr 1959 feststellte, waren die Menschen, die nach Auschwitz eingeliefert wurden, zum Tode verurteilt. Dies hätten sie ihren Kollegen nicht erzählt, und so seien die „Lügen" über Auschwitz zustande gekommen, erklärte Boger. Natürlich wälzen alle Angeklagten so viel Schuld wie möglich auf tote SS-Leute ab. Grabner, Aumeier, Schwarz, Höß sind immer wiederkehrende Namen. Der SS-Obersturmführer Hofmann weinte sogar vor Gericht, weil seiner Meinung nach die genannten Männer auf die Anklagebank in Frankfurt gehörten statt der 22, die sich heute dort befinden. (Die Mörder Grabner u. a. wurden 1947 in Polen hingerichtet.)

Alle Angeklagten, die bisher gehört wurden, hätten Auschwitz am liebsten verlassen. Sie hätten es dort fürchterlich gefunden, und jeder beklagte sich bitter darüber, dass seine Anstrengungen in dieser Richtung erfolglos geblieben seien. Dass alle ihre bisher gemachten Aussagen im Widerspruch zu ihren früheren Aussagen etwa bei Polizeivernehmungen oder vor dem Untersuchungsrichter stehen, erklärten die meisten damit, dass sie sich damals die Sache noch nicht richtig überlegt hätten. Heute sei ihnen alles viel klarer.

Es ist für alle Beteiligten schwer, diesen Aussagen ohne Gemütsaufwallung zuzuhören. Die vielen Journalisten aus aller Welt – deutsche Zeitungen und Rundfunkstationen berichteten bisher ausführlich über den Prozess – fanden die Einlassungen jedenfalls unerträglich. „Wenn einer doch mal zugeben würde, dass er Verbrechen begangen hatte. Man könnte ihn geradezu als Helden feiern." (Stark fällt dabei aus, weil seine Motive zu klar durchschaubar sind.) „So sieht es aus, als wenn die Menschen, die in Auschwitz starben, sich aus Gemeinheit gegen die Angeklagten in Rauch aufgelöst hätten", sagte einer [der Journalisten] zu mir. Es ist in der Tat eine makabre Szene, die sich zurzeit im Frankfurter Römer abspielt.

Die bundesdeutsche Gesellschaft und der Auschwitz-Prozess, 21. Januar 1964

Nachdem die Hälfte der Angeklagten im Frankfurter Auschwitz-Prozess über ihre mutmaßlichen Verbrechen ausgesagt hatte, konnte es einem geradezu schlecht werden angesichts der Tatsache, dass die meisten von ihnen die Frechheit besaßen, auf eine Art zu lügen, die keinen Zweifel daran ließ, dass sie alles andere als die Wahrheit sagten. Es machte ihnen nicht im Geringsten etwas aus, ihren eigenen Aussagen in den Vorermittlungen zu widersprechen, die sie als „Wahrheit, nichts als die Wahrheit" unterzeichnet hatten. Sie versuchten die Richter glauben zu machen, dass sie sich erst jetzt an die wirklichen Tatsachen erinnern könnten. Umso bedeutender ist nun die Aufgabe der Zeugen, dem Frankfurter Gericht Aussagen zu präsentieren, die keinerlei Zweifel an der Schuld der Angeklagten aufkommen lassen. Man muss sich in diesem Zusammenhang darüber im Klaren sein, dass zahlreiche Dokumente, die die Wahrheit ans Licht bringen würden, wegen der chaotischen letzten Kriegsjahre nicht mehr zur Verfügung stehen.

Viele der anständigen Deutschen, die den Prozess besuchen, fühlen sich unbehaglich angesichts der Aussagen der Angeklagten; sie wissen nur zu gut, dass das Verfahren im Ausland mit regem Interesse verfolgt wird. Die Angeklagten würden Deutschland einen Dienst erweisen, wenn sie die Wahrheit über ihre Verbrechen aufdeckten, ist die allgemeine Meinung. Sie würden damit die Einschätzung untermauern, dass nicht das ganze deutsche Volk schuldig ist, sondern nur ein Teil. Werden die Tatsachen vertuscht, bleibt das deutsche Volk als Gesamtheit auf dem Prüfstand.

Aber es ist kein Zufall, dass sich die Angeklagten im Auschwitz-Prozess so verhalten, wie sie es eben tun. Denn es hatte keinen Druck von unten gegeben, aus der Bevölkerung, die Naziverbrecher aus der Gesellschaft auszuschließen. Im Gegenteil, die Gesellschaft in Deutschland hat sie uneingeschränkt integriert. Sieht man sich die Angeklagten an, die entweder auf Kaution oder aufgrund einer ärztlichen Bescheinigung wegen gesundheitlicher Probleme auf freiem Fuß sind, erhält man den besten Beweis hierfür. Die „Herren" sind im Nachkriegsdeutschland ausnahmslos gut angekommen und, wenn sie in den Verhandlungspausen in den Restaurants sitzen, nicht von den Durchschnittsbürgern zu unterscheiden.

Letztendlich lehnt es die deutsche Nachkriegsgesellschaft, die die Naziverbrecher nicht aus ihren Kreisen hinausdrängte, in ihrer Gesamtheit nicht einmal ab, von hochrangigen früheren Nazis vertreten zu werden. Wenn Oberländer[25] als Minister zurücktreten musste, dann auf Druck aus dem Ausland. Der Druck aus Deutschland selbst, der deutschen Regierung oder des Bundeskanzlers Adenauer war nicht stark genug gewesen, ihn dazu zu zwingen, seinen Posten zu verlassen.

Und kaum war der Fall Oberländer vergessen (wenngleich er nicht völlig vergessen werden kann, weil Oberländer die Dreistigkeit besaß, erneut einen freien Posten als Bundestagsabgeordneter zu besetzen), können wir einen neuen Fall dieser Art in der gleichen Position verzeichnen: Hans Krüger, Minister für Flüchtlingsfragen.[26] Herr Krüger wandte dieselbe Taktik an wie die Angeklagten im Auschwitz-Prozess: Er kann sich an nichts erinnern. Als die Ostdeutschen, die

25 Theodor Oberländer (1905–1998) war seit 1933 NSDAP- und SA-Mitglied. Als Agrarwissenschaftler widmete er sich der „Ostforschung", in der er mehrere Ämter innehatte. 1937 erhielt er eine Professur für osteuropäische Wirtschaft in Königsberg. Er bekannte sich zu Hitlers Kriegszielen, überwarf sich aber auch mit führenden Funktionären der NSDAP. 1953 wurde er Bundesminister für Angelegenheiten der Vertriebenen (ab 1954 für Vertriebene, Flüchtlinge und Kriegsgeschädigte). 1960 trat er als Minister zurück.

26 Der Jurist Hans Krüger (1902–1971) war Mitglied der NSDAP und weiterer NS-Organisationen. 1938 wurde er zum Landgerichtsrat in Stargard und 1940 zum Oberamtsrichter in Konitz/Westpreußen ernannt. Im Juni 1943 einberufen, nahm Krüger bis 1945 als Offizier der Marineartillerie am Zweiten Weltkrieg teil. 1946 wurde er aus englischer Kriegsgefangenschaft entlassen. 1963 wurde der CDU-Politiker Bundesminister für Vertriebene, Flüchtlinge und Kriegsgeschädigte, musste aber bereits 1964 nach Bekanntwerden seiner NS-Vergangenheit zurücktreten.

dummerweise über viele von den Russen übergebene Dokumente des ehemaligen Deutschen Reiches verfügen, ihn beschuldigten, als Richter am Sondergericht in der polnischen Stadt Konitz an Nazi-Terrorurteilen beteiligt gewesen zu sein, stritt Krüger dies rundweg ab. Es habe in Konitz gar kein Sondergericht gegeben, ließ er durch seinen Presseattaché verlauten. Und sogar der Chef des Bundespresse- und Informationsamtes, Staatssekretär von Hase, informierte die in- und ausländische Presse, Herr Krüger sei ein einfaches Mitglied der NSDAP gewesen, was kein Grund für die Regierung sei, gegen ihn vorzugehen.

Inzwischen wissen wir durch im *Spiegel* publizierte Originaldokumente, dass Herr Krüger genauso gelogen hat wie die Angeklagten im Frankfurter Prozess. Als man ihm die Dokumente vorlegte und um seinen Kommentar bat, sagte er: „Ich hatte das vollkommen vergessen." (Er meinte, dass er Richter am Sondergericht in Konitz war). Und er bekannte, dass er, nachdem er sich einmal dazu entschieden hatte, es zu leugnen, kaum mehr etwas anderes tun konnte, als damit weiterzumachen. Aber das ging nur gut, bis er mit den Dokumenten konfrontiert wurde. Natürlich kann er sich weiterhin nicht daran erinnern, ob er an einer Verhandlung dieses Sondergerichts teilgenommen hatte, und er sagte über seine Tätigkeit als Richter: „Wissen Sie, ein Todesurteil ist etwas, was ein Richter routinemäßig verhängt." Als am Ende herauskam, dass er doch an einem Todesurteil beteiligt war, schien er nicht mehr weiterzuwissen.

Wie unterscheidet sich Herr Krüger von diesen Männern im Frankfurter Prozess? Er unterscheidet sich von ihnen darin, dass er noch dreister war als sie, indem er in Nachkriegsdeutschland, das sich um seine Reputation als demokratischer Staat bemüht, eine Führungsposition annahm. Damit kompromittiert er die Bundesrepublik Deutschland noch mehr als die Angeklagten. Aber wenn er, ein gebildeter Mensch, ein Mann des Intellekts, Handlanger der Nazis war, wie können dann sie, die Ungebildeten, oder solche, die in sehr jungem Alter von den Nazis vereinnahmt worden waren, wissen, wie Hitler einzuschätzen war? Wie grauenhaft auch die Verbrechen dieser Männer auf der Frankfurter Anklagebank gewesen sein mögen, Verbrechen, die bestraft werden müssen – die Krügers, Oberländers und Globkes sind schlimmer. Sie gaben dem Hitlerregime und den Morden ihren intellektuellen Rückhalt. Sie sind dafür verantwortlich.

Deutschlands Tragödie ist aber, dass es vielen Intellektuellen gelungen ist, alles zu überstehen, und dass es kein Gesetz gibt, durch das sie heute zur Rechenschaft gezogen werden können. Denn sie selbst haben keine direkten Verbrechen begangen. Sie waren vorsichtig genug gewesen. Aber nicht genug, dass sie die NS-Zeit überstanden haben, sie schlichen sich auch noch in die Administration des neuen Deutschland ein, als wäre nichts geschehen. Und das deutsche Volk selbst, viel zu sehr kompromittiert durch den Nationalsozialismus, lässt es geschehen. Die Auschwitz-Verbrecher zu integrieren ist dann nur eine Formalität, nichts von Bedeutung.

Es ist so viel die Rede von der deutschen Jugend, die anders sein soll. Das mag richtig sein, aber wo bleibt ihr Widerstand gegen Minister Krüger, ihr Aufschrei gegen die Haltung, die von den Auschwitz-Verbrechern eingenommen wird? In Wirklichkeit sind sie schon selbst korrumpiert. Das sogenannte Wirtschaftswunder trägt viel dazu bei. Karriere ist alles, was sie interessiert. Demokratie, wahre Demokratie hat nicht wirklich Fuß gefasst in Deutschland.

Berichte von Februar bis April 1964

Bericht über den 14. Verhandlungstag am 3. Februar 1964

Es war ein Tag der Subalternen, der kleinen Rädchen im Getriebe der Auschwitzmaschinerie im Frankfurter Prozess. Der Weber Emil Hantl, der Klavierbauer Gerhard Neubert, beide als Sanitätsdienstgrade im Häftlingskrankenbau von Monowitz und Auschwitz eingesetzt, sehr ähnliche Typen. Beide klein, schmächtig, ohne Persönlichkeit. Primitiv in Sprache und Verhalten, Hantls Gesicht verzogen, als kaue er etwas Saures, Neubert ziemlich ausdruckslos. Hantl ebenfalls angeklagt wegen Phenolinjektionen, beide wegen Selektionen. Aber jeder legt vor Gericht ein anderes Verhalten an den Tag. Hantl ist unverschämt, schreit manchmal ins Mikrofon, stemmt die Hände in die Hüften; Neubert spricht monoton, mit eher bescheidener Stimme. Beide unterscheiden sich auch in ihren Aussagen. Hantl gibt nichts zu, was immer er gefragt wird. Auf die Aufforderung, genaue Einzelheiten seines Aufenthalts in Auschwitz anzugeben, antwortete er, er habe kein Tagebuch geführt. Aufgefordert, über seine Pflichten im Häftlingskrankenbau zu berichten, behauptete er, er habe weder Instruktionen bekommen noch irgendwelche Pflichten gehabt: „Wir saßen dort die meiste Zeit herum." Meist habe er Todesurkunden ausgestellt. Der Vorsitzende fragte:

„Haben Sie dort Leichen gesehen, wenn Sie Todesurkunden ausstellten?“ Hantls Antwort lautete, darum habe er sich nicht gekümmert. Wie in jedem anderen Krankenhaus habe er als Sanitäter den Arzt auf seinen Visiten begleitet. „Aber das war ein Arzt, der Menschen für das Gas selektierte“, beharrte der Vorsitzende. Die Menschen hätten nach den Maßgaben des Arztes für Birkenau bestimmt werden müssen, aber er, Hantl, habe nichts damit zu tun gehabt. Als ihm vorgehalten wurde, Zeugen hätten ihn beschuldigt, Selektionen durchgeführt zu haben, schrie Hantl, es sei ihm gar nicht möglich gewesen, sich in die Entscheidung des Arztes einzumischen. Als ihm seine Unterschrift auf einer Liste mit Namen von Häftlingen, die ins Gas geschickt wurden, vorgelegt wurde, bestritt er, dass es seine war. Auf die Frage, ob er glaube, dass es sich um eine Fälschung handle, gab er keine Antwort.

„Das ist alles Lüge“, erwiderte Hantl auf eine Zeugenaussage, die ihm der Vorsitzende vorlas. Er selbst habe nie Phenol gespritzt, sondern es nur beobachtet, wenn es durch Häftlinge angewandt wurde. Wer bis jetzt noch nicht bemerkt hatte, wie Hantl log, konnte dies nicht mehr ignorieren, als er die Verantwortung zurückwies, Phenol bezogen zu haben, obwohl er im Krankenhaus für Medikamente zuständig war. „Die Häftlinge holten es, und die Instrumente mussten ihre gewesen sein“, sagte er, und dann folgte eine lange Tirade, wie freundlich er sich den Häftlingen gegenüber verhalten habe. Als er nach Monowitz[27] versetzt wurde, hätten sie ihn mit den Worten

27 In Monowitz bei Auschwitz befand sich ein Konzentrationslager für verschiedene Industrieansiedlungen. Es lag etwa sechs Kilometer östlich vom KZ-Stammlager Auschwitz I entfernt und grenzte an das Gelände der Buna-Werke der I.G. Farben AG. Das Konzentrationslager wurde zunächst „Lager Buna“ genannt, dann „Arbeitslager Monowitz“. Seit November 1943 wurde es als „Konzentrationslager Auschwitz III“ bezeichnet.

begrüßt: „Wie gut, dass Sie kommen." Dort habe es genug zu essen gegeben, erklärte Hantl über die Bedingungen in Monowitz, nur Brot habe gefehlt, und er beschuldigte dafür die Kapos, die er für alles verantwortlich machte, insbesondere für das Terrorregime in Auschwitz.

Gerhard Neubert wählte eine andere Taktik, indem er, wenn auch indirekt, die Beteiligung an Selektionen im Häftlingskrankenbau von Monowitz zugab. Auf Anordnung der IG Farben, die nicht mehr so viele Häftlinge brauchten, sei er gezwungen gewesen, die nicht mehr Arbeitsfähigen auszusortieren. „Wir arbeiteten uns durch alle Krankenbaracken durch", womit er sich und einen Häftlingsarzt meinte. Gefragt nach dem Schicksal der Häftlinge nach den Selektionen, erklärte Neubert, dass sie noch einmal vom Lagerarzt untersucht und dann in ein „Erholungsheim" in Birkenau geschickt worden seien, einige seien von dort zurückgekehrt. Neubert versuchte vorzugeben, er habe nichts von Vergasungen gewusst. Später konnte er unter dem Druck des Staatsanwalts nicht bei dieser Aussage bleiben. Ganze Bündel von Dokumenten aus dem Auschwitz-Archiv bewiesen, dass Neubert oftmals Formulare unterschrieben hatte, mit denen er selbst Häftlinge ins Gas schickte, nicht der Arzt, wie er behauptete. „Es kann sein, dass ich die Formulare unterschrieben habe, wenn der Arzt nicht da war", gab er schließlich zu.

Die getöteten Häftlinge wurden in einem Lager-Buch registriert. Neubert und Hantl beklagten sich bitterlich, dass sie es nicht verbrannt hatten, wie es eigentlich angeordnet worden war. Nach dem Grund gefragt, erklärte Hantl, er habe keine schriftliche Anweisung bekommen. Er habe es den Ärzten übergeben und gesagt, sie würden noch mehr zu verbrennen haben. „Jetzt wird es gegen mich verwendet", beschwerte sich Neubert. Staatsanwalt Vogel seufzte mir gegenüber, dass er diese Art der Zeugenaussagen kaum mehr ertragen könne. Auf der nächsten Sitzung wird ihm das erspart bleiben, wenn nur der Kapo Emil Bednarek vernommen werden wird. Man erwartet, dass die Verteidiger der SS-Angeklagten alles daran setzen werden, die Kapos zu belasten und damit ihre eigenen Mandanten zu entlasten. Nach dem Angeklagten Bednarek werden nun bald die Zeugen an der Reihe sein, was möglicherweise ein völlig anderes Klima in der momentan stickigen Frankfurter Prozessatmosphäre schaffen wird.

Mit verständlicher Bestürzung sagte einer der Staatsanwälte in einer Pause, dieser Prozess könne uns die nächsten zehn Jahre beschäftigen mit all seinen Revisionen und zivilen Auswirkungen in seinem Gefolge. Laternser, der nach seinen eigenen Angaben für die Verteidigung von fünf Angeklagten im Frankfurter Auschwitz-Prozess von jedem Mandanten 800 DM am Tag erhält (bzw. 1000 DM am Eröffnungstag) – was die Frage aufwirft, woher das Geld kommt –, stellte nämlich seinen fünften Misstrauensantrag, der später für den Revisionsantrag genutzt werden soll. Er versuchte die Zulassung des ostdeutschen Juristen Kaul als Vertreter von drei jüdischen Klägern zu verhindern.

Trotz des scharfen Vorgehens von Laternser wurde Kaul als Vertreter eines ostdeutschen jüdischen Klägers zugelassen. Laternser, der jeden Einwurf von Kauls Seite kontern wird, hat keine Skrupel, den Prozessverlauf zu behindern oder ihn für die politische Auseinandersetzung zwischen ihm, einer Persönlichkeit zweifelhafter Vergangenheit als Verteidiger prominenter Nazis in den Nachkriegsjahren, und einem kommunistischen Juden auszunutzen. Auf diese Weise wird er das eigentliche Ziel des Prozesses, d. h. die Verantwortung für zwei bis vier Millionen Morde festzustellen, behindern. Auf meine Frage, ob ihm das klar sei, sagte mir Laternser, es sei die Aufgabe eines Verteidigers, alles in seiner Macht Stehende für die Angeklagten zu tun, ohne Ansehen der Person; sich selbst verglich er mit dem Verteidiger von Argoud.[28]

Durch die ganze Art seines Auftretens, wie ein sprechender Papagei im Käfig, kosteten Laternsers Interventionen einen Zeitverlust von mindestens zwei von viereinhalb Stunden der heutigen Sitzung. Während die meisten Angeklagten dem Sitzungsverlauf mehr oder weniger amüsiert folgten, drohte dem Journalisten Karl Sauer ein Verweis des Gerichts, weil er den Verteidiger in einer privaten Unterhaltung beschuldigt hatte, ein Nazi-Richter in Polen gewesen zu sein.

Emil Bednarek, der einzige ehemalige Häftling im Prozess, ein devoter Charakter, berichtete heute vor Gericht über sein Leben in Auschwitz von 1941 bis 1945 als Blockältester des Blocks 8 und 8a, später des Blocks 23 in Birkenau, dann des Blocks 3, schließlich des Blocks 11. 1940 war er wegen des Besitzes von Flugblättern verhaftet worden. Unter seiner speziellen Fürsorge standen vierzig Kinder, und er machte glauben, er sei mehr oder weniger eine Art Vater für sie gewesen. In Wirklichkeit werden Bednarek ähnliche Taten wie den Naziverbrechern zur Last gelegt, wenn nicht gar schlimmere, zum Beispiel, dass er Häftlinge zu Tode geprügelt oder sie bei großer Kälte im Freien erfrieren lassen hat.

Nach ihm war Dr. Franz Lucas an der Reihe, der bis jetzt wegen einer Erkrankung nicht am Prozess teilgenommen hat. Lucas, ein seriös wirkender Herr mit kultiviertem Auftreten, sprach mit leiser

28 Der Franzose Antoine Argoud (1914–2004) war im Kampf gegen die algerische Unabhängigkeit führendes Mitglied der OAS (Organisation de l'armée secrète). Nach dem Attentat der OAS auf den französischen Präsidenten Charles de Gaulle wurde der untergetauchte Argoud im August 1962 in Abwesenheit zum Tode verurteilt. Nach seiner Entführung aus einem Münchner Hotel nach Paris wurde er zu einer lebenslänglichen Haftstrafe verurteilt. 1968 kam er im Zuge einer Generalamnestie frei.

Stimme, was ihn sehr bescheiden erscheinen ließ und das Gericht veranlasste, gespannt zuzuhören. Er sagte aus, er habe einigen Juden und anderen Häftlingen in den Konzentrationslagern Auschwitz, Ravensbrück, Stutthof und Mauthausen geholfen. Dies belegte er mit Zitaten aus zwei Büchern: *Die Frauen von Ravensbrück* von Erika Buchmann und *Forgive – But Do Not Forget* von Sylvia Salvesen. Die Norwegerin erwähnte Lucas in ihrem Buch als einzigen Arzt, der menschlich gehandelt habe, indem er Medizin verabreichte und Misshandlungen ablehnte. Daraus hätten sich Probleme für ihn ergeben, die seine ständigen Wechsel von einem KZ ins nächste bewirkt hätten. Als Häftling in Ravensbrück hatte Salvesen Lucas kurz vor Kriegsende eine Adresse in Norwegen gegeben, wo er sich verstecken konnte. Dort verbarg ihn der norwegische Arzt Dr. Jorg, bis Lucas sicher sein konnte, dass er nicht als früheres SS-Mitglied verfolgt werden würde. Lucas hatte sich 1937 als SS-Mitglied beworben; damit habe er sein Hobby, das Reiten, fortsetzen wollen. Er wurde dann zur Waffen-SS einberufen, wo er 1943 zum Obersturmbannführer befördert wurde. Wegen einer abfälligen Bemerkung über die Nazis wurde er 1943 in eine Strafeinheit versetzt und als Fallschirmspringer in Jugoslawien ausgebildet. Danach wurde er als Lagerarzt nach Auschwitz abkommandiert, wo er wenige Monate in Birkenau im Zigeunerlager und im Theresienstadtlager eingesetzt war. Als ein Häftling so stark geschlagen worden war, dass er ärztliche Hilfe benötigte, habe Lucas ihn – so seine Erzählung – entgegen den Anordnungen behandelt, mit dem Ergebnis, dass er selbst ins Konzentrationslager Mauthausen verlegt wurde.

Laut Anklageschrift hatte Lucas als Lagerarzt in Auschwitz an Selektionen für die Gaskammern teilgenommen und die Wirkung des Zyklon B überwacht. Nach der Verlesung der Anklagen und der Vernehmung von 22 Angeklagten wurde Lucas der Kategorie 2 zugeordnet, d. h. den Mord mit Rat und Tat unterstützt zu haben in voller

Kenntnis der Tatsachen. Andere wie Boger, Kaduk, Capesius und Klehr wurden in der Anklageschrift beschuldigt, die Morde aus Lust am Töten und anderen niedrigen Beweggründen und mit der vollen Absicht zum Mord begangen zu haben. Am Donnerstag beginnt die Vernehmung der Angeklagten über ihre Verbrechen.

Bericht über den 15. Verhandlungstag am 6. Februar 1964

Heute, in der 15. Sitzung, schloss das Gericht die Vernehmung der Angeklagten zur Person und zu ihren Verbrechen ab, sieben Tage früher als geplant. Das Gericht hatte eigentlich für jeden Angeklagten eine Sitzung vorgesehen; doch zwei von ihnen, Boger und Kaduk, machten von ihrem Recht auf Aussageverweigerung Gebrauch, und die anderen Angeklagten, die jegliches Wissen leugneten, benötigten weniger Zeit.

Auch der Blockälteste von Block 8 und 8a sowie in Birkenau von Block 11, Emil Bednarek, einziger ehemaliger Häftling auf der Anklagebank (Häftlingsnummer 1325), schlug diesen Kurs ein. Er war ursprünglich Deutscher mit polnischer Staatsangehörigkeit. 1939 desertierte er nach Deutschland. Später wurde er beschuldigt, mit Polen kollaboriert zu haben. Er war von 1940–1945 politischer Häftling in Auschwitz. „Das ist nicht wahr", war die ständig wiederholte Bemerkung von Bednarek, der beim Sprechen mit seinen kurzen Armen gestikulierte und seinen Körper bewegte, die Unterwürfigkeit tief ins Gesicht geschrieben. Bednarek wurde 1960 verhaftet, nachdem ihn Dr. Wejkil, ein polnischer Zeuge im Auschwitz-Prozess, am Grenzbahnhof Schirnding (Franken), wo Bednarek einen Kiosk besaß, erkannt hatte. Wejkil war nach seiner Vernehmung im

Vorverfahren in Frankfurt gerade auf der Rückreise nach Polen. Bednarek wird beschuldigt, Mithäftlinge misshandelt und in einigen Fällen ihren Tod herbeigeführt zu haben.

„Wenn jemand nicht gehorcht, schlag ihn auf die Ohren", lautete nach Bednarek der Befehl, den er als Blockältester erhalten hatte, er aber habe den Häftlingen ihr Leben erleichtert. Bednarek sprach über das Leben im Lager. Nach dem Abendessen habe jeder tun können, was er wollte, „entweder einen Spaziergang machen oder Freunde besuchen". Es habe Brot in Mengen gegeben. Wurde es von Häftlingen gestohlen, dann nicht aus Hunger, sondern als Tauschmittel gegen Zigaretten. In solchen Fällen sei er, erklärte Bednarek, gezwungen gewesen, die Leute für den Diebstahl zu bestrafen, „ich schlug sie fünf oder sechs Mal über die Ohren". Auch wenn er Leute antraf, die miteinander stritten, habe er sie geschlagen, um zu vermeiden, sie der SS zu melden. „Ich trug große Verantwortung" allen deutschen Dienststellen gegenüber, versicherte Bednarek erregt, da diese ihm die Schuld gegeben hätten, wenn irgendetwas in seinem Block vorgefallen war. Auf die Frage des Vorsitzenden, ob es zutreffe, dass er sehr grausam zu seinen Mithäftlingen gewesen sei und sie manchmal so sehr geschlagen habe, dass sie starben, erwiderte er ärgerlich, in seinem Block sei niemals jemand gestorben, solange er Blockältester war. „Ich hatte das Recht zu strafen, und ich machte von diesem Recht Gebrauch", schrie Bednarek ins Mikrofon, sein dicker Hals bebte vor Aufregung.

Er wies alle Beschuldigungen der Zeugen gegen ihn rigoros zurück, auch die Aussage des Israeli Abraham Tamir aus Givat Beit HaKerem. Tamir berichtete, dass ein ungarischer Jude, der sich bei einem SS-Wächter wegen einer Misshandlung durch den Blockältesten beschwert hatte, in der Nacht darauf von Bednarek so verprügelt worden sei, dass seine Schreie meilenweit zu hören waren. Am nächsten Morgen sei der Ungar gestorben. In einem anderen Fall erinnerte sich Tamir, dass Bednarek zwei Häftlinge wegen Diebstahls von Kartoffeln bestraft habe. Der eine sei an den Misshandlungen gestorben, der andere sei entkommen.

Der Vorsitzende erkundigte sich, wie es möglich war, dass er, Bednarek, das Recht hatte, Leute zu prügeln, während alle anderen Angeklagten behaupteten, dass die Prügelstrafe durch die Inspektion der KZ in Oranienburg genehmigt werden musste. Darauf antwortete Bednarek, dass seines Wissens alle ohne jede Genehmigung geschlagen hätten. Dies war nur ein Beispiel dafür, dass er seine Mitangeklagten belastete, während er selbst keineswegs anders wirkte als die SS-Täter. Es war offensichtlich, dass Bednarek mit seiner polnischen Vergangenheit versucht hatte, die Nazi-Befehle in Auschwitz übereifrig auszuführen, um mit den Deutschen auf einer Stufe zu stehen. Er hatte schon vor dem Krieg Kaduk und dessen Familie aus seiner Heimatstadt Kattowitz in der Nähe der polnischen Grenze gekannt, und es ist nicht auszuschließen, dass Bednarek seine Vorzugsbehandlung in Auschwitz seinem Bekannten Kaduk zu verdanken hatte: „Kaduk hat mir nie etwas zuleide getan", beteuerte er. Bednarek beendete seine Zeugenaussage mit den Worten: „Wenn ich Leute geschlagen habe, dann, um eine schlimmere Bestrafung der Häftlinge zu vermeiden." Darauf der Vorsitzende: „Es konnte gar nichts Schlimmeres geben, als sie totzuschlagen, wie Sie es wohl getan haben."

Capesius geriet in eine prekäre Lage, als ihm am Ende der Verhandlung Fotos des toten SS-Arztes Klein[29] vorgelegt wurden. Er

29 Der Arzt Dr. Fritz Klein (1888–1945) war Rumäniendeutscher. Im Mai 1943 wurde er „vorläufig" in die Waffen-SS übernommen und im KZ Auschwitz-Birkenau eingesetzt (im „Zigeuner-" und im „Familienlager"), wo er Selektionen für die Gaskammern durchführte. Im Zuge der Todesmärsche gelangte er Ende Januar 1945 in das KZ Bergen-Belsen. Ein britisches Militärgericht verurteilte ihn im Bergen-Belsen-Prozess zum Tode, am 13. 12. 1945 wurde er in Hameln gehängt.

hatte behauptet, Klein habe ihm ähnlich gesehen, um alle gegen ihn gerichteten Vorwürfe auf diesen abwälzen zu können. Das Foto zeigte Klein extrem schmächtig und dünn, was Capesius zu der Bemerkung veranlasste, das Bild zeige, wie viel an Gewicht Klein nach dem Krieg im Gefängnis verloren habe, und er fügte hinzu: „Auch ich habe innerhalb von sechs Wochen 60 Pfund in der Haft verloren." Dies veranlasste den Nebenklägervertreter Ormond zu der sarkastischen Erwiderung: „Sie haben es aber wieder aufgeholt." Tatsächlich zeigt sich Capesius, wie alle neun Angeklagten in Untersuchungshaft, in einer bemerkenswert guten körperlichen Verfassung.

Bericht über den 18. Verhandlungstag am 21. Februar 1964

Als Robert Mulka, 68-jähriger Geschäftsmann aus Hamburg, seinen Adlerkopf wendet, scheinen die dunkelroten Umrisse seines knochigen Gesichtes noch schärfer hervorzutreten, seine Augen wirken stahlhart (was den ehemaligen Häftlingen, die mit dem SS-Adjutanten und Obersturmführer 1942/1943 in Auschwitz zu tun gehabt hatten, nur zu gut vertraut gewesen sein musste). Am Ende der Freitagnachmittagssitzung legten Polizisten in blauer Uniform, begleitet von Kollegen in Zivil, ihre Hand auf seine Schulter und erklärten ihm, er sei verhaftet. Die zwölf anderen Mitangeklagten, die ebenfalls auf freiem Fuß waren und sich bisher völlig sicher gefühlt hatten, beobachteten die Szene sichtbar erschrocken. Als Mulka zur grünen Minna im Hof des Rathauses geführt wurde, befahl die Polizei die Räumung aller Ausgänge des Römer. Nur eine Stunde vorher hatte Mulkas Verteidiger Dr. Müller noch beantragt, die Ermittlungen gegen Mulka einzustellen, da seine Taten längst verjährt seien. Der Vorsitzende Dr. Hofmeyer hatte Verteidiger Müller gebeten, den Antrag schriftlich zu stellen, nur dann könne das Gericht entscheiden. Bisher war Mulka, angeklagt der Beihilfe zum Mord, für 50 000 DM Kaution auf freiem Fuß gewesen. In der Anklageschrift heißt es, er sei beteiligt gewesen an der Errichtung der Vergasungsanlagen, der Beschaffung von Zyklon B, der Organisation von Selektionen an der Rampe und der Mitwirkung daran, sowie verantwortlich für die Bereitstellung von Lastwagen für den Transport in die Gaskammern.

In seiner Aussage leugnete Mulka sämtliche Anklagepunkte. Als Staatsanwalt Kügler ihm ein von ihm unterzeichnetes Telex zeigte, mit dem er Zyklon B für die „Sonderbehandlung" bestellt hatte, gab er zu, dass er es aus Angst vor den Folgen für seine Familie nicht in den Papierkorb geworfen hatte. Mit diesem Zugeständnis wurde seine Schuld bezüglich der Beteiligung am Mord festgestellt. Doch dem Ersten Staatsanwalt Großmann zufolge führte das Auftauchen neuen Materials, das Mulka wegen der Erschießung von drei Juden aus eigener Initiative belastete, nun zu seiner plötzlichen Verhaftung. Der Fall Mulka könnte nun getrennt behandelt werden, weil der laufende Prozess bereits mit den Zeugenvernehmungen begonnen hat.

Das feudale Hotel *Frankfurter Hof* verlor also mit Mulka einen seiner lukrativsten Gäste, der seinen Aufenthalt dort für mehrere Monate des Prozesses geplant hatte.

Bericht über den 19. Verhandlungstag am 24. Februar 1964

Am 19. Verhandlungstag des Auschwitz-Prozesses wurde als erster von 250 Zeugen der jüdische Arzt Dr. Wolken[30] in den Zeugenstand gerufen, ein Allgemeinmediziner aus Wien, 60 Jahre alt, in Auschwitz von Mitte 1943 bis zum Ende. Der Zeuge Wolken, ein schmächtiger kleiner Mann mit rötlich blondem Haar, fast weiß im Gesicht, die Augen hinter dicken Brillengläsern nicht erkennbar, trug mit Sicherheit dazu bei, dass sich die bisher vorherrschende Atmosphäre im Auschwitz-Prozess veränderte. Mit seinem Wiener Akzent sprach er über die Leiden seiner Brüder, und man konnte spüren, dass dies den monströsen Lügen, die die Angeklagten in der vorherigen Sitzung zu präsentieren wagten, definitiv ein Ende setzen würde. Mit ruhiger Stimme begann er zu sprechen, er sei nach Frankfurt gekommen, um dabei zu helfen, die Wahrheit über Auschwitz herauszufinden. Er sei frei von jeglichem Hass, von jeglichen Rachegedanken. „Glückliche Umstände ließen mich überleben. Ich möchte hier nur aussagen, was ich wirklich gesehen habe." Und in bewegenden Worten, die im Gerichtssaal für absolute Stille sorgten, entwarf er ein Bild von Auschwitz und dem Leben dort. Wolken führte aus, dass die Atmosphäre schwierig zu beschreiben sei, da sie sich täglich änderte, abhängig vom Lagerführer, vom Blockführer, vom Rapportführer, auch von Ereignissen außerhalb des Lagers, die die Nazis generell betrafen. Aber diese Mordmaschinerie habe funktioniert, weil Zehntausende bereit waren, ihr zu dienen, rief er aus. „Das ist genau die Schuld der Angeklagten. Hätten Sie nicht mitgemacht, wäre alles nur auf dem Papier geblieben."

30 Dr. Otto Wolken (1903–1975) aus Wien war Arzt und Sozialist.

Es habe SS-Männer gegeben, die nur ihre Pflicht taten. Es habe andere gegeben, die Übereifer an den Tag legten. Sie hätten nicht schlafen können, ohne jemanden totgeprügelt zu haben. Auch ohne ihren Eifer sei das Leben in Auschwitz die Hölle gewesen, und er gestand, als denke er über ein Mysterium nach, wie schwierig es heute sei, sich all dies vorzustellen angesichts der Tatsache, dass über all diesen Horror, die Leichen und das Blut Gras gewachsen sei. Als es um seine Aufgaben im Quarantänelager in Birkenau ging, wo alle ankommenden Häftlinge „untersucht" wurden, sprach er von seinen täglichen Rapporten an den Lagerarzt, die er in Ermangelung anderen Materials auf Toilettenpapier geschrieben hatte, das von Menschen stammte, die geglaubt hatten, in Auschwitz WCs vorzufinden. Er hatte auch Wochen-, Monats- und Quartalrapporte verfasst – „die Deutschen sind immer sorgfältige Leute" – sowie Listen mit Häftlingsdaten, denen er hinzufügte, was er in persönlichen Gesprächen über die Stärke der Transporte, mit denen die Deportierten angekommen waren, erfuhr. Dadurch konnte er schlussfolgern, wie viele Menschen vergast wurden. Als das Lager 1945 liquidiert wurde, vergrub er diese Listen in Blechbehältern und legte eine Nachricht bei, falls sie jemand finden würde. Sie waren nach dem Krieg der erste authentische Nachweis des Lagers Auschwitz.

Medizinische Hilfe habe er kaum leisten können, erinnerte sich Wolken, weil es fast keine Medikamente gab, lediglich Papierverbände. Einmalig hatte er Aspirin für einen Häftling mit Fieber bis zu 38 Grad zur Verfügung, bei Fieber über 38 Grad durfte er es zwei Mal benutzen. „Die Behandlungsmethode für Kranke in Auschwitz bestand darin, sie in die Gaskammer zu schicken." Viele Krankheiten entstanden wegen der grauenhaften hygienischen Bedingungen mit Millionen von Läusen und Billionen von Flöhen und mit Ratten, die nicht nur Leichen, sondern nachts auch schwerkranke Menschen annagten. Die Menschen schliefen buchstäblich im Morast. Wolken berichtete, dass sie wegen der häufig schrecklichen Überfüllung des Quarantänelagers oft auf dem blanken, undichten Boden lagen. Über all dies sprach er scheinbar unbewegt, mit einem kurzen nervösen Lachen zwischen den Sätzen. Sehr genau beschrieb er die Bedingungen auf den übel riechenden Latrinen, wo es kaum Wasser gab. Seine Beschreibung, wie Menschen dort saßen, „einige mit ihren herausrutschenden Eingeweiden", war nur einem Mediziner möglich und schwer in Worte zu fassen.

Der Hunger war riesig, berichtete Wolken dem Gericht. Menschen hätten wie Tiere sogar nach einem bisschen im Dreck verschütteter Suppe gelechzt. Er habe sich „durch Erpressung" etwas Suppe beschaffen können, aber auch er hatte bei seiner Entlassung aus Auschwitz nur 38 Kilo gewogen. Nur einmal brach seine Stimme, als er beschrieb, welch einen grauenvollen Tod Menschen starben, die auf ihre Schwären geschlagen wurden, sodass der Eiter in den Körper eindrang und bewirkte, dass der Mensch eine einzige Wunde war. Man habe nur hoffen können, dass ihre Herzen nicht stark genug waren, um das lange zu ertragen.

Wolkens Aussage fehlte es nicht an überwältigender Spannung. Jedoch betonte er mehrmals, dass es unmöglich sei, sich nach 20 Jahren an alle Einzelheiten zu erinnern. Er selbst sei gezwungen, in seinen nach Kriegsende niedergeschriebenen Notizen nachzusehen. Damit leistete er, natürlich unbeabsichtigt, den Angeklagten und ihren Verteidigern wichtige Unterstützung. Seiner Aussage gegen Baretzki, den er einiger Morde beschuldigte, mangelte es an Genauigkeit. Falls er in der nächsten Sitzung nicht in der Lage sein wird, präzise Angaben dazu zu machen, wird seine Aussage gegen Baretzki kaum von Wert sein, da er bisher nicht darlegen konnte, dass er genau Baretzki schießen sah. Wenn Wolken über die Bedingungen im Lager sprach, wirkte er bestimmt, aber wann immer es um Vorfälle ging, in die Personen verwickelt waren, wurde er vage und war unfähig, sich an Einzelheiten zu erinnern, als hätte er dies absichtlich aus seinem Gedächtnis verdrängt. Nach seinen mehrstündigen Ausführungen vor Gericht war es offensichtlich, dass er unter seiner Zeugenschaft litt, denn er sagte: „Ich bereue, dass ich diese Pflicht übernommen habe, weil sie mich vollkommen erschüttert."

Der amerikanische Dramatiker Arthur Miller und seine Frau verfolgten die heutige Sitzung in Frankfurt, und sie erhielten durch einen der Staatsanwälte spezielle Informationen über das Lager Auschwitz. Er sei, wie er sagte, nur aus Interesse gekommen, nicht, um den Prozess als Stoff für einen Roman zu nutzen. Am Donnerstag setzt Wolken seine Aussagen fort.

Bericht über den 20. Verhandlungstag am 27. Februar 1964

Drei junge katholische Krankenschwestern aus einem nahe gelegenen Krankenhaus überreichten Dr. Otto Wolken, dem ersten Zeugen im Ausschwitzprozess, am Ende seiner heutigen Vernehmung Frühlingsblumen. Sie waren gekommen, um einem früheren Auschwitzhäftling ihre Achtung zu erweisen.

Wolken, der frühere Arzt im Quarantänelager in Birkenau, schritt heute, aufgefordert von Baretzkis Verteidiger, suchend durch die Reihen der Angeklagten, um den früheren Blockführer unter den 22 Männern zu identifizieren. Schließlich blieb er vor ihm stehen, wartete eine Sekunde, dann kam es sehr langsam: „Das ist er." Wolken belastete Baretzki heute mit der Aussage, dieser habe den

Häftling Michael Liczka, der schon „Muselmann“[31] war, totgeprügelt, weil er ihn nicht schnell genug gegrüßt habe. Außerdem habe er in eine Menge von 184 Juden geschossen, die gerade aus Lemberg angekommen waren. Und er sei einer von vier SS-Männern gewesen, die elf Männer erschossen hatten. Baretzki schien unbeeindruckt von Wolkens Aussage, wie auch die anderen Angeklagten, „die Herren von der SS“, wie Wolken sie nannte, die sich nicht die geringste Sorge um die Zeugenaussage machten. Wieder unter Druck gesetzt zu versichern, dass er wirklich gesehen hatte, dass Baretzki geschossen hatte, schwieg Wolken minutenlang, dann sagte er; „Bitte, es sind zwanzig Jahre her, ich möchte niemanden beschuldigen, der nicht wirklich schuldig ist.“ Dann fügte er mit lauter Stimme hinzu: „Aber es gab dort keinen SS-Mann, der seine Hände in den Taschen hatte, wenn die anderen schossen.“

Baretzki selbst stand auf, um Wolken auf impertinente Weise zu fragen: „Herr Zeuge, schauen Sie mich genau an. Sie scheinen mich zu verwechseln. Ich war nie im Lager A“. Wolken darauf: „Es tut mir leid um ihr persönliches Schicksal, aber ich bleibe bei meiner Aussage.“ Zum Gericht gewandt: „Er war nicht so ein Unschuldslamm, wie er heute tut.“

Wolken fügte seinen früheren Beschreibungen der Atmosphäre im Lager hinzu, wie die SS nach der Ankunft der Züge vorging, als „das Reisebüro Eichmann funktionierte“. Selektionen wurden allein von Ärzten vorgenommen, sagte er. Auf die direkte Frage, ob selbst ein anständiger Arzt gezwungen gewesen sei zu selektieren, bemerkte er, dass solche Ärzte einige Menschen hätten retten können, aber

31 Die Bezeichnung „Muselmann“ (auch: „Muselman“) bedeutete in der Lagersprache der NS-Konzentrationslager, dass ein Häftling bereits bis auf die Knochen abgemagert war und sich in seinem Verhalten bis hin zur Agonie verändert hatte.

nicht Alte und Kranke, „weil sie in den Augen der Nazis unnötige Esser waren". Dann erklärte er, wie die Leichen nach der Vergasung nach Wertgegenständen durchsucht wurden, „sogar Gynäkologen waren aktiv, jeder wollte etwas nach Hause bringen".

Wolken hat sowohl das Gericht als auch die Zuschauer deutlich erschüttert mit seiner Schilderung, wie Frauen auf Lastwagen verladen und zur Vergasung gefahren wurden, während „wir Männer zusahen, wir standen beim Appell, hörten ihre Hilferufe". Sie hätten gesehen, wie eine Frau vom Lastwagen sprang und von einem SS-Mann vom Motorrad aus erschossen und eilig als Leiche wieder auf den Lastwagen geladen wurde. „Und am Ende von allem kam die Rot-Kreuz-Ambulanz angefahren. Das Fahrzeug enthielt das Gas, mit dem die Frauen getötet werden sollten." An dieser Stelle brach Wolken, der wieder sehr ruhig gesprochen hatte, völlig zusammen.

Nachdem er sich erholt hatte, berichtete er von Kindern, die genau wussten, was ihnen bevorstand. Eines habe zu ihm gesagt: „Ich habe keine Angst, dort oben kann es nicht schlimmer sein, nur besser." Und ein anderes: „Ich weiß, dass ich viel weiß, ich weiß auch, dass ich nicht mehr lernen werde, und das ist traurig." Wolken erinnerte auch an einen Vorfall, als eine Frau, die mit einem Transport amerikanischer Juden oder Juden mit amerikanischen Visa angekommen war und sich offensichtlich ihres Schicksals bewusst war, auf den Lagerführer Schillinger zurannte, ihm seine Pistole entriss und ihn erschoss.[32] Alle diese Geschehnisse, die Wolken wie aus einem Fass ohne Boden zu ziehen schien, wurden vom Gericht mit Ergriffenheit aufgenommen. Doch die größte Spannung entstand, als er über sein eigenes Schicksal sprach und darüber, wie es möglich war, dass er überlebte.

32 Josef Schillinger (1908–1943), SS-Oberscharführer, war im KZ-Auschwitz-Birkenau zuletzt Rapportführer im Männerlager. Von diesem hier genannten Vorgang existieren unterschiedliche Darstellungen.

Seinen zweiten Doktortitel habe er gewissermaßen im Laufe seiner lang andauernden Haft erlangt, indem er lernte, wie er sich selbst durchbringen konnte. Wolken, der in Wien einer sozialistischen illegalen Widerstandsgruppe angehört hatte, war schon 1938 verhaftet worden. Auf die Frage, wie er es geschafft habe, in Auschwitz mehr Essen als die anderen Häftlinge zu bekommen, erklärte er, dass er dies durch Erpressung erreicht habe. Als er in der Küche mehr Essen verlangt hatte, wurde das zuerst abgelehnt, auch Drohungen halfen nicht. Daraufhin brachte Wolken einen SS-Arzt dazu, das Küchenpersonal auf Typhuskeime zu untersuchen. Als der Küchenchef, der zuvor Extra-Rationen für Wolken abgelehnt hatte, zu ihm zur Untersuchung kam, sagte Wolken diesem, es stünde in seiner, Wolkens, Macht, ihn als Träger des Typhuskeims zu bezeichnen, was die sofortige Vergasung nach sich gezogen hätte. Von da an jagte Wolken nicht mehr dem Essen hinterher.

Seine haarsträubende Geschichte löste unter deutschen Journalisten umfangreiche Diskussionen aus, ob alle Häftlinge, die überlebten, es auf Kosten der anderen geschafft hatten, während die Verteidiger nicht im Geringsten beunruhigt waren von dieser Aussage, in der sie genügend Schwachpunkte für Angriffe fanden. Der Nazi-Jurist Dr. Laternser, Verteidiger von fünf Angeklagten, unterbrach Wolken mehrmals und monierte die Tatsache, dass dieser eine Passage aus seinem publizierten Bericht über Auschwitz zitierte. Als der Vorsitzende ihm sagte, dies sei legitim, verlangte Laternser, dass seine Intervention im Protokoll festgehalten werden müsse; er sammelte wieder Punkte für die Revision. Die Angeklagten sehen offensichtlich immer noch zu ihm auf wie zu einem Gott. Nicht zu übersehen ist, dass der kürzlich verhaftete Robert Mulka täglich altert.

Günter Schindler – Schindler-Foto-Report

Emmi Bonhoeffer (Schwägerin von Dietrich Bonhoeffer), hier mit ehemaligen Auschwitz-Häftlingen, war Mitinitiatorin einer Gruppe zur ehrenamtlichen Betreuung von Überlebenden, die als Zeugen nach Frankfurt kamen.

picture alliance / dpa

Ursula Wirth, eine Mitstreiterin
von Emmi Bonhoeffer, begleitet
den Zeugen Józef Kral zum Gerichtssaal,
Mai 1964.

Günter Schindler – Schindler-Foto-Report

Der Zeuge Hermann Langbein (2. v. r.) zwischen
den Überlebenden Dounia Wasserstrom und Jehuda Bacon
während des Auschwitz-Prozesses 1964.

Bericht über den 21. Verhandlungstag am 28. Februar 1964

Muss man nach der Freitagsitzung des Auschwitz-Prozesses schließen, dass auch dieser Prozess gegen 22 Naziverbrecher in Deutschland nicht in der Lage ist, die Wahrheit ans Licht zu bringen? Diese Frage erhebt sich nach der Anhörung des letzten der vier Sachverständigen, Dr. Broszat vom Institut für Zeitgeschichte München.[33] Befragt von der Staatsanwaltschaft, erläuterte er die Nazipolitik gegenüber Polen, womit er die Zeugenaussage unterbrach, die erst in der letzten Sitzung begonnen hatte. Dr. Broszat, bekannt als überzeugter Katholik und scharfer Gegner von Hochhuths *Der Stellvertreter*,[34] gegen den er in der Schweiz agitierte, konnte die gesamte Rolle der deutschen Industrie bei der Ausbeutung von Auschwitzhäftlingen nicht aufdecken. Erst als ihn die Staatsanwaltschaft fragte, für welche Firmen die Häftlinge arbeiten mussten, nannte Broszat die IG Farben und Krupp, die 20 000 bzw. 6000 Zwangsarbeiter beschäftigt hatten, alle anderen Firmen bezeichnete er als klein und unbedeutend, obwohl es allgemein bekannt ist, dass auch große Firmen wie Siemens, Heinkel und Messerschmitt in und um Auschwitz Werke errichtet hatten. Als sich

33 Martin Broszats Sachverständigengutachten „Die nationalsozialistischen Konzentrationslager 1933–1945" wurde noch im Jahr der Urteilsverkündung im Auschwitz-Prozess zusammen mit den anderen Gutachten publiziert: Hans Buchheim/Martin Broszat/Hans Adolf Jacobsen/Helmut Krausnick, Anatomie des NS-Staates, 2 Bde., Freiburg i. Br. 1965 (8. Auflage, München 2005).

34 Im Februar 1963 sorgte die Uraufführung von Rolf Hochhuths Bühnenstück „Der Stellvertreter. Ein christliches Trauerspiel" für Aufsehen. Es kritisiert die Haltung des Vatikans angesichts der Ermordung der europäischen Juden. Die Papstanklage löste im In- und Ausland heftige Debatten um die Frage einer politischen Mitschuld von Pius XII. aus.

die Staatsanwaltschaft erkundigte, was diese Firmen von den Häftlingen produzieren ließen, gab Broszat vor, es nicht zu wissen, obwohl es ebenfalls allgemein bekannt ist, dass die Zwangsarbeiter für die deutsche Kriegsmaschinerie Sprengzünder etc. hergestellt haben. Aber die Staatsanwaltschaft insistierte, es gebe Behauptungen, dass Gefangene gemacht und nach Auschwitz geschickt wurden, entsprechend dem Bedarf der Industrieunternehmen rund um das Lager. Broszat schloss dies nicht völlig aus und gestand sogar zu, dass es eine gute Zusammenarbeit zwischen der SS und der IG Farben gegeben habe. Er erwähnte aber nicht, dass die Kooperation der IG Farben darin bestand, dass sie Häftlinge, die nicht mehr in der Lage waren, ihr zu dienen, der SS übergab, auch nicht, dass das Unternehmen mit dem Gebrauch von Zyklon B bei den Vergasungen Profite machte.

Der Nebenklagevertreter Ormond, einstiger Rechtsbeistand des jüdischen Herrn Wollheim,[35] der in einem Prozess gegen die IG Farben Entschädigung gefordert hatte, behauptete, dass seines Wissens die Buna-Werke nur wegen des nahe gelegenen Lagers und der Möglichkeit, die Arbeitskraft der Häftlinge auszubeuten, in Monowitz aufgebaut worden waren. Broszat, sich aalglatt windend, gestand zu, dies sei ein nicht ganz unwichtiges Motiv gewesen, aber sicher nur eines von vielen. Es existiert aber sogar das Protokoll eines Treffens von IG Farben-Direktoren mit der SS, bei dem es um die Arbeit und die Häftlinge in Auschwitz ging. Nebenklagevertreter Kaul legte sogar

35 Norbert Wollheim (1913–1998) war im März 1943 mit seiner Familie von Berlin nach Auschwitz deportiert worden und hatte als Einziger überlebt. Vertreten durch Henry Ormond, erhob er 1950 Klage gegen die IG Farben auf Entschädigung für seine im Buna-Werk IV der I. G. Farben in Auschwitz-Monowitz geleistete Zwangsarbeit. Der Prozess gilt als Musterverfahren, das 1958 in zweiter Instanz vor dem Oberlandesgericht Frankfurt am Main durch einen Vergleich beendet wurde, der die Zahlung von 30 Millionen DM an mehrere Tausend Zwangsarbeiter vorsah.

ein Dokument vor, einen Wochenbericht der IG Farben, wonach die Zahl der Auschwitzhäftlinge dem Bedarf der IG Farben angepasst wurde, und befragte den Gutachter dazu. Ebenso wie Broszat versuchte, die großen industriellen Konzerne, die zweifellos die Wirtschaft des Landes beherrschten, zu decken, versuchte er die Wehrmacht zu entlasten, von der hohe Militärs wieder in der Bundeswehr aktiv sind. Er beharrte darauf, dass die deutschen Generäle nichts von Hitlers Plänen für die polnische Nation gewusst hätten. Tatsache ist aber, dass Hitler seinen Generälen vor dem Krieg gegen Polen verkündet hatte, die Polen seien mit aller gebotenen Härte zu behandeln.

Der Nazi-Jurist Laternser versuchte mit allen Mitteln, Broszat zur Seite zu springen, indem er Kauls Fragen zu den IG Farben als unbedeutend und nicht in Verbindung mit dem Prozess stehend bezeichnete. Der Vorsitzende Hofmeyer stimmte Laternser im ersten Moment zu, wurde aber von Kaul daran erinnert, dass man genau wissen müsse, was der Gutachter zu Beginn über die Lage in Auschwitz und die Atmosphäre erklärt habe, und darauf habe sich seine Frage bezogen.

Kaul präsentierte dem Gericht auch seinen eigenen Gutachter, Professor Dr. Jürgen Kuczynski[36] von der Universität in Ost-Berlin, um über die Übereinstimmung von SS-Interessen und denen der deutschen Wirtschaft auszusagen. Das Gericht muss noch darüber

36 Jürgen Kuczynski (1904–1997), Wirtschaftshistoriker und Wirtschaftswissenschaftler, war seit 1930 KPD-, seit 1946 SED-Mitglied. Nach dem Exil in England kehrte er 1945 nach Ostdeutschland zurück. 1964 trat er als Gutachter des Nebenklägers Kaul im ersten Frankfurter Auschwitz-Prozess auf. Er untersuchte die „Verflechtung sicherheitspolizeilicher und wirtschaftlicher Interessen bei der Errichtung und im Betrieb des KZ Auschwitz“ zwischen der IG Farben und der SS. Sein Gutachten wurde aber nicht zugelassen mit der Begründung, seine wissenschaftliche Methode sei für die Bundesrepublik suspekt.

entscheiden, ob Kuczynski gehört werden soll oder nicht. Die Nazi-Juristen Laternser und Aschenauer widersetzten sich unisono dieser Absicht und zweifelten die Unparteilichkeit des Ost-Berliner Professors an. Sie und ihre Kollegen der Verteidigung ließen keine Gelegenheit aus, ihre eigene Parteilichkeit zu zeigen. Aschenauer erkundigte sich, ob nach Broszat „nur" 900 000 Juden in Auschwitz gestorben waren oder vielleicht mehr. Rechtsanwalt Gerhardt fragte bei Broszat nach, ob die Häftlinge in Auschwitz nicht schon in einem sehr schlechten gesundheitlichen Zustand angekommen waren, sodass sie an Erschöpfung starben, nicht an der dortigen Behandlung. Die Angriffe Laternsers, der sich zum Sprecher der Verteidiger entwickelt hat, sind stets vom Geist nationalsozialistischer Gedanken getragen.

Bericht über den 22. Verhandlungstag am 2. März 1964

„Kind, du kennst die Deutschen nicht", hatte ein jugoslawischer SS-Mann in Auschwitz zur zweiten Zeugin im Prozess gesagt, der nichtjüdischen Ärztin Ella Lingens[37] aus Wien. Sie war nach Auschwitz deportiert worden, weil sie versucht hatte, österreichischen Juden zur Flucht über die Grenze zu verhelfen. Dabei war sie von einem jüdischen Spitzel bei der Gestapo denunziert worden war. Bei der Ankunft in Auschwitz versuchte der SS-Mann, Ella Lingens zu überreden, ihm ihre Armbanduhr zu geben, da sie ohnehin nicht mehr lebend herauskommen würde. „Wir fahren jede Nacht Leichen weg", habe er ihr mitgeteilt. Ella Lingens war von Februar 1943 bis Dezember 1944 im Frauenlager in Auschwitz gewesen. Die 55-Jährige wirkte

37 Ella Lingens-Reiner (1908–2002).

mit ihren weißen Haaren und den tiefen Falten viel älter, aber die klaren blauen Augen in einem sehr intelligenten und offenen Gesicht, ihre große schlanke Gestalt ließen sie als einen aufrechten und geradlinigen Menschen erscheinen. Sie räumte sogleich ein, dass sie als nichtjüdische Häftlingsärztin mit vielen Privilegien nie das Leben eines gewöhnlichen Häftlings in Auschwitz geführt habe. „Ich beobachtete dieses Leben nur. Ich betrachtete es als schreckliche Schande, die ich bis heute nicht überwunden habe." Ihre Privilegien rührten daher, dass der Lagerarzt Rohde[38] sich ihr kollegial verbunden fühlte, weil er wie sie an der Universität Marburg studiert hatte. Er pflegte zu ihr zu sagen: „Oh Ella, wann trinken wir mal wieder ein Glas Wein zusammen?" Er habe ihr Leben gerettet, wie er andererseits tausend andere Menschen ermordet hatte, stellte die Zeugin fest.

Es habe keinen SS-Mann gegeben, der nicht gelegentlich dem einen oder anderen das Leben gerettet, aber Tausende ermordet habe, rief Lingens aus. Um die Absurditäten zu zeigen, berichtete sie, dass eines Tages die Wände im Kinderkrankenhaus mit Zwergen ausgeschmückt wurden, es aber keine Medikamente für die Kinder gab. Einmal habe Mengele einer polnischen Ärztin, die gezwungen war, für ihn zu arbeiten, zur Geburt ihres Kindes einen Rosenstrauß geschickt. Die Frau des Kommandanten Höß schenkte einer Polin, die von Höß' Gärtner ein Kind bekommen hatte, ein rosa Babyjäckchen. Offensichtlich erinnerten sich die Angeklagten nur an gute Dinge, die sie gewiss von Zeit zu Zeit getan hatten. Nur fünf Prozent der SS-Männer seien wirkliche Sadisten gewesen, die anderen hätten sich im Alltag fast wie „normale" Menschen verhalten. Meist waren sie über-

38 Werner Rohde (1904–1946), Arzt und Zahnarzt, war in den KZ Auschwitz-Birkenau und Natzweiler Struthof Lagerarzt, zuletzt als SS-Obersturmführer. Er wurde am 11. Oktober 1946 im Zuchthaus Hameln durch den Strang hingerichtet.

durchschnittlich dumm, mit dem infantilen Glauben, dass sie alles für Großdeutschland taten, und extrem habgierig. Lingens berichtete von einer SS-Frau, die ihr gestanden habe, dass sie die Arbeit als Aufseherin in Auschwitz vorzog, um mit ihren Händen zu arbeiten. „Alles andere", sie meinte das Töten „wurde von Männern ausgeführt" und sei nicht ihre Angelegenheit. Auf die Frage, wie er das Töten rechtfertigen könne, habe Klein, ehemaliger Lagerarzt, gesagt, ein jüdischer Freund habe einst seine Braut verführt, und von da an habe er die Juden als eitrigen Fortsatz am europäischen Körper betrachtet.

Dr. Lingens berichtete auch, dass sie von Selektionen im Frauenlager stets einen Tag zuvor erfahren hatte, weil die SS versuchte, bestimmte Frauen gewissermaßen für sich selbst zu verstecken. Gleichermaßen erinnerte sich Lingens, wie schwierig es war zu entscheiden, mit welcher Methode einzelne Häftlinge am besten gerettet werden konnten. Sie hielt es für sinnvoll, bei Selektionen Schwache hinter Stärkeren zu verstecken, da Letztere nicht so leicht selektiert wurden. Aber das genaue Gegenteil konnte sich als besser erweisen, da auch Starke selektiert wurden, und dann blieben die Schwachen zurück, die später an der Reihe waren. Einmal verlangte ein Freund von ihr ein Beruhigungsmittel für seine Cousine, die auf der Liste für das Gas stand. Aber sie beschloss, ihr Pervitin zu geben, um ihren Kampfgeist zu stärken, mit dem Ergebnis, dass die Frau so lange mit einem SS-Mann stritt, bis sie schließlich vom Transport zurückgestellt wurde. Sie ist eine gewisse Frau Simon, die heute in Israel lebt. Die Korruption unter den SS-Leuten sei ihr Glück gewesen, sagte Frau Lingens, man habe alles kaufen können. Sogar Dr. Rohde verlangte einen Lederkoffer von Häftlingen für den Urlaub. Mengele, den sie als intelligent, aber als großen Zyniker bezeichnete und der sie fragte, weshalb sie in Auschwitz sei, versicherte ihr einmal, „natürlich machen wir auch die Juden zu Geld". Mengele musste sich nie betrinken vor Selektionen, wie andere Ärzte das taten, „wie ich zu ihrer Ehre feststellen muss". Frau Lingens blieb während ihrer gesamten Zeugenaussage ruhig; sie machte den deutlichen Eindruck, dass sie nie aufgehört hatte zu hassen. Gefragt nach den Männern auf der Anklagebank, erinnerte sie sich namentlich an Kaduk, den sie als schrecklich grausam in Erinnerung hatte, an Boger mit der berüchtigten Schaukel, an Capesius, der Zahngold sammelte. Alle drei strahlten über das ganze Gesicht, als sie erwähnt wurden.

In der Nachmittagssitzung wurde Dr. Hans-Wilhelm Münch[39] als Zeuge vernommen, ehemals Arzt im Hygiene-Institut in der Nähe des Lagers, freigesprochen von einem polnischen Gericht, jetzt Landarzt in der Gegend von München, gut genährt und wohlsituiert. Aber es war offensichtlich, dass Dr. Münch Angst hatte, alles zu sagen, was er wusste. Er schwitzte, fuchtelte mit den Händen herum, stotterte, redete stockend und erinnerte sich immer dann an gar nichts, wenn es einen der Angeklagten betraf. Er gab zu, dass ihn kurz vor Prozessbeginn ein Mann namens Eisler besucht hatte, der ihm nahelegte, so auszusagen, dass Capesius und andere entlastet würden, was darauf hindeutete, dass eine SS-Organisation, genannt Spinne, ihn bedrohte. Der Vorsitzende wandte sich deshalb an ihn: „Ich verstehe, dass Sie in einer schwierigen Lage sind, aber Sie müssen hier die Wahrheit sagen." Münch sagte aus, er sei auf eigene Entscheidung in Auschwitz geblieben, da er Häftlingen habe helfen können, obwohl er nach vier Wochen hätte gehen können. Auf die Frage, wie er half, berichtete er dem

39 Dr. Hans-Wilhelm Münch (1911–2001), Arzt, SS-Untersturmführer, war von Juni 1943 bis Herbst 1944 als Lagerarzt in dem Außenlager Rajsko des KZ Auschwitz im Hygiene-Institut der Waffen-SS eingesetzt, seit Januar 1945 im KZ Dachau. Er war Angeklagter im Krakauer Auschwitzprozess, wurde aber als einziger Beschuldigter freigesprochen. Nach dem Krieg arbeitete er als niedergelassener Arzt in Roßhaupten (Bayern).

staunenden Gericht, dass er in einem Versuchsblock zusammen mit Clauberg[40] gearbeitet, aber die Experimente nur vorgetäuscht habe. In Wirklichkeit habe er Leben gerettet. Er beendete die heutige Zeugenaussage, die am Donnertag fortgesetzt werden soll, mit den Worten: „Meine Beobachtungen in Auschwitz stimmen vollständig mit denen meiner Kollegin überein." Damit meinte er Frau Dr. Lingens.

Bericht über den 23. Verhandlungstag am 5. März 1964

„Die Reihen fest geschlossen", diese Zeile des Horst-Wessel-Lieds scheint nach wie vor das Leitmotiv der beiden SS-Offiziere zu sein, zumindest soweit es um ihre Kameradschaftsgefühle geht: Dr. Hans Münch, früher am Hygiene-Institut in Auschwitz eingesetzt, und Dr. Joachim Caesar,[41] von 1942 bis 1945 Leiter der Landwirtschaftsbetriebe in Auschwitz.

Dr. Caesar, groß und schlank, mit dem typischen deutschen Offiziersgesicht, in das sich Linien der Verbitterung eingegraben haben, heute Besitzer einer Wäscherei in Konstanz, wusste ebenfalls nichts mehr, wann immer er über die Bedingungen in Auschwitz und die Angeklagten befragt wurde. „Ich war nie bei Selektionen dabei, ich

40 Dr. Carl Clauberg (1898–1957), Gynäkologe, nahm als SS-Arzt von 1942–44 in Auschwitz, danach im KZ Ravensbrück an Hunderten jüdischen Frauen brutale Versuche zur Zwangssterilisierung vor. Im Juli 1948 wurde er in der Sowjetunion zu 25 Jahren Haft verurteilt, 1955 aber als „Nichtamnestierter" aus der sowjetischen Kriegsgefangenschaft entlassen. Einige Monate nach seiner Rückkehr nach Kiel folgten seine Verhaftung und die Vorbereitung des Prozesses gegen ihn. Er starb vor Eröffnung des Verfahrens.

41 Dr. Joachim Caesar (1901–1974) war als Agrarwissenschaftler und SS-Führer Leiter der Landwirtschaftsbetriebe des KZ Auschwitz.

war nie an der Rampe, ich habe nie etwas von Vergasungen gewusst"; er erinnerte sich nur an tote Kameraden. Befragt über Lily Tofler, Häftling aus der Slowakei, die eines Tages in die Politische Abteilung befohlen wurde, von der sie nicht mehr zurückkehrte, konnte er sich jetzt kaum erinnern, während er bei der polizeilichen Ermittlung noch gesagt hatte, Boger habe ihren Fall „behandelt". Obwohl Caesar, der in Auschwitz Befugnisse ähnlich einem Lagerkommandanten hatte, abstritt, dass er vor dem Prozess beeinflusst worden war, machte er seine Zeugenaussage „auf eine bestimmte Art". Auf der anderen Seite behauptete er, dass ihn heute noch, nach 20 Jahren, die Tatsache belaste, dass es Zwangsarbeit in Auschwitz gab, sowie die Frage, wie er den Häftlingen noch mehr hätte helfen können, „als ich es ohnehin getan habe". Heute wolle er mit Politik nichts mehr zu tun haben, gibt aber zu, dass er zwei Jahre lang ein SS-Blatt abonniert hatte.

Der 62-jährige Caesar, 1931 in die NSDAP und 1933 in die SS eingetreten, wurde zunächst Bürgermeister von Bramfeld nahe Hamburg und 1934 Leiter des Schulungsamtes des Rasse- und Siedlungshauptamtes in Berlin. 1942 kam er nach Auschwitz. Im Entnazifizierungsverfahren wurde er als „belastet" eingestuft. Während seiner Aussage konnte man nicht erkennen, ob Caesar Zeuge oder Angeklagter ist. Befragt nach dem Gesundheitszustand der Häftlinge, die in der Landwirtschaft arbeiten mussten, bezeichnete er diesen als „hervorragend", alle seien gut ernährt gewesen, hätten jede Woche baden können, seien kaum geschlagen und nie misshandelt worden, was beim Gericht Zweifel auslöste. Vorsitzender Hofmeyer: „Das verstehe ich nicht ganz", worauf Caesar fast schrie: „Ich verstehe das auch nicht." Caesar bestand darauf, dass sich die Häftlinge, die unter ihm gearbeitet hatten, glücklich preisen konnten, „ich sage das auch im Namen der Häftlinge". Die Häftlinge seien gut behandelt worden, auf sie sei nie geschossen worden, den Wachmännern habe er die Pistole weggerissen, wenn sie schießen wollten. Vom Todesmarsch 1945 behauptete er, dass alles vollkommen in normalen Bahnen verlaufen sei. Die Frauen hätten sogar Lederschuhe getragen. Die Zeugin Anna Binder, ehemalige Privatsekretärin von Edvard Beneš,[42] in Auschwitz Caesars Sekretariatsassistentin, hatte Caesar als wichtige Persönlichkeit bezeichnet, die an allen Treffen der SS-Führung teilgenommen habe. Er hätte eigentlich viel erreichen können, um das Los der Häftlinge zu erleichtern, was Caesar nachdrücklich mit den Worten leugnete: „Ich hatte nicht die geringste Verantwortung, ich war ein ganz kleines Rädchen", und er rief: „Ich kann diese Last nicht zu allem anderen auch noch auf mich nehmen, dass ich mehr geholfen haben könnte."

Bericht über den 24. Verhandlungstag am 6. März 1964

„Wir kennen uns aus dem Arrestbunker", sagte Hermann Langbein,[43] dritter Zeuge der Staatsanwaltschaft, der 51-jährige Schriftsteller aus Wien, zum Angeklagten Boger gewandt, der mit einem boshaften

42 Edvard Beneš (1884–1948) war nach dem Ersten Weltkrieg bis 1935 tschechoslowakischer Außenminister, Ministerpräsident und Staatsminister, von 1940–1945 Präsident im Exil und nach 1945 bis zu seinem Tod wieder Staatspräsident.

43 Hermann Langbein (1912–1995), Schriftsteller aus Wien, hatte als Kommunist im Spanischen Bürgerkrieg (1936–1939) in den Internationalen Brigaden gekämpft. 1941 aus Frankreich nach Deutschland ausgeliefert, wurde er zunächst im KZ Dachau interniert. Im August 1942 wurde er in das KZ Auschwitz I (Stammlager) überstellt, war Funktionshäftling und gehörte der internationalen Widerstandsbewegung an. Im August 1944 wurde er in das KZ Neuengamme deportiert. 1954 gehörte er zu den Mitbegründern des Internationalen Auschwitz Komitees. Er hatte neben Fritz Bauer einen wesentlichen Anteil am Zustandekommen des Auschwitz-Prozesses.

Lächeln im Gesicht nickte. Boger war einer von zehn der 22 Angeklagten, die Langbein erkannte, als er eilig durch ihre Reihen ging und sie sich zur Identifizierung erhoben hatten. „Sie sind Kaduk, Sie waren berüchtigt." Kaduk, der sogar vor seiner Bank Habachtstellung einnahm, sagte stolz und mit einem Grinsen: „Sie haben recht." „Dies ist Hantl, das ist Neubert, Capesius, Klehr, Hofmann, Frank, Schatz, Scherpe". Langbein rasselte die Namen so schnell herunter, als hätte er die Männer nicht nach 20 Jahren, sondern gerade erst getroffen. Gewisse Dinge bleiben im Gedächtnis, als wären sie gestern geschehen, erklärte er. Schlank, blaue Augen, kühn, mit erhobenem Haupt und einem offenen intelligenten Gesichtsausdruck sprach Langbein sehr deutlich, ohne jede Pose, zeigte weder nervöse Anspannung noch Irritation. Er war 1942 als nichtjüdischer politischer Häftling aus dem KZ Dachau, „einer Idylle im Vergleich zu Auschwitz", ins KZ Auschwitz gekommen. Langbein wurde in Auschwitz Schreiber in der Häftlingsapotheke. Wie er das schaffte, erklärte er nicht. Am Anfang war seine Aufgabe, während der Nachtschicht Totenlisten zu erstellen. „An sieben Schreibmaschinen wurden ununterbrochen Rapporte über die Toten geschrieben." Die Weisungen lauteten, dass ein von ihnen erfundener Todesfall, der aber nie auf einer ansteckenden Krankheit beruhen durfte, dem Alter des Häftlings entsprechen musste, denn ein 20-Jähriger starb wohl nicht an einer Herzkrankheit, und zwei Häftlinge sollten nicht in derselben Minute gestorben sein.

Von den SS-Ärzten erwähnte Langbein Entress[44] als einen der Schlimmsten, aber „er konnte nicht alles selbst tun", sagte er und

44 Friedrich Entress (1914–1947), seit 1939 Mitglieder Waffen-SS, war in Auschwitz an medizinischen Versuchen an Häftlingen beteiligt. Im KZ Mauthausen war er mitverantwortlich für die Selektion von Häftlingen, die vergast werden sollten. 1946 wurde er zum Tode verurteilt und 1947 im Kriegsverbrechergefängnis Landsberg am Lech gehenkt.

nannte als einen der Mitarbeiter Kurt Uhlenbrook, der jetzt in Hamburg lebt, dort als Arzt praktiziert und nicht angeklagt ist. Die Ärzte hätten sich in Auschwitz nur dann wirklich um die gesundheitlichen Bedingungen gekümmert, wenn Fleckfieber ausbrach und Ansteckung zu befürchten war. „Eine Laus ist dein Tod" – an solche Plakate in den Häftlingsbaracken erinnerte sich Langbein, und er fügte hinzu, dass „die beste Art", die die SS-Ärzte kannten, um Fleckfieber auszurotten, darin bestand, die Menschen zusammen mit den Läusen zu vergasen. „Es gab tatsächlich viele Todesarten", sagte er und senkte für eine Sekunde den Blick, als grübele er wieder über alles nach.

Solange Josef Klehr Pfleger war, ließ die Angstatmosphäre für die Häftlinge nicht nach, weil er stets auf der Suche nach Häftlingen umherlief, die „abspritzenswert"[45] waren. Klehr wurde dann im Frühjahr 1943 zum Chefdesinfektor ernannt und erhielt eine Kriegsauszeichnung.

Sogar die rangniedrigsten SS-Männer hatten eine riesige Macht, berichtete Langbein, sie taten alles aus einer Haltung heraus, dass die Menschen in Auschwitz ohnehin für den Tod bestimmt waren; viele seien nicht einmal Antisemiten oder Nazis gewesen. Sie waren der Meinung, ihr Job sei zwar hart, sie führten ihn aber aus, „um dem Führer seine Aufgaben zu erleichtern", wie sie gesagt hätten. Die Zahnärzte Frank und Schatz seien nicht von Natur aus kriminell gewesen, aber in der Atmosphäre von Auschwitz hätten sie keine Hemmungen gekannt, nicht einmal, wenn sie für die Gaskammern selektierten. „Mit Mengele war es anders. Er war ein fanatischer Antisemit."

Langbein, der einer Widerstandsgruppe in Auschwitz angehörte, wurde einmal in den Strafbunker gesteckt, nachdem er von einem

45 Wird im englischen Text als deutsches Wort zitiert.

Spitzel, der sein eigenes Leben retten wollte, bei der Politischen Abteilung angezeigt worden war. Hier bekam er eine Kostprobe von Bogers Aktivitäten, den er beschuldigte, im Arrestbunker selektiert und die Häftlinge gequält zu haben, indem er die „Boger-Schaukel" einsetzte. „Boger machte den Eindruck, als wäre er mit wahrer Jagdleidenschaft hinter den Häftlingen her."

Die Atmosphäre im Gericht war angespannt an diesem 24. Verhandlungstag, als Langbein in einfachen Worten, jedoch mit dramatischer Wirkung, berichtete, dass er im Arrestbunker sechs Selektionen überlebt habe, ehe er schließlich herausgelassen wurde, „um mich im Lager Auschwitz frei zu fühlen". Die Situation sei gemildert worden, als Liebehenschel[46] Höß als Lagerkommandant ablöste, der sich fanatisch dafür eingesetzt hatte, die Todesmaschinerie reibungslos am Laufen zu halten. Der Schrecken war dann umso größer, wenn es zu Rückfällen in die Grausamkeit kam. Kaduk führte beispielsweise plötzlich Selektionen im Lager durch, die man für beendet gehalten hatte. Kaduk sei ein teuflischer Folterer gewesen, am schlimmsten, wenn er betrunken war, „und er trank oft". Höß kehrte nach Auschwitz zurück, als die Transporte aus Ungarn begannen, was die SS-Ärzte zu Klagen wegen Überarbeitung veranlasste. Damit waren die Selektionen an der Rampe gemeint.

Langbein berichtete, er habe einmal gehört, wie Dr. Rohdes Frau gesagt habe, wie gut es sei, dass wieder regelmäßige Transporte einträfen, besonders aus Ungarn, weil die ungarischen Juden noch viele Sachen besäßen. Kein Wunder, erinnerte sich Langbein, dass während der Transporte aus Ungarn in einem Monat 18 Kilo Goldzähne

46 Arthur Liebehenschel (1901–1948), Obersturmbannführer, war von November 1943 bis Mai 1944 Lagerkommandant im Stammlager des KZ Auschwitz. 1947 wurde er in Krakau zum Tode verurteilt und 1948 dort gehenkt.

gesammelt wurden, was er in Geheimberichten auflistete, die er für das Reichssicherheitshauptamt in Berlin schreiben musste. „Beachten Sie bitte, dass es das ist, was sie [die SS] offiziell berichtet haben."

Die Aufgabe der Widerstandsgruppen in Auschwitz war es, Leben zu retten, was in erster Linie bedeutete, Lebensmittel zu sichern, lebende Häftlinge gegen Leichen auszutauschen. Dies konnte nur geschehen, wenn die Häftlinge noch nicht tätowiert waren. Fluchten wurden organisiert, aber auch der Aufstand von 1944. Am wichtigsten war der Kontakt zum polnischen Widerstand, der in Funkkontakt zu London stand. Die Namen von SS-Leuten und ihre genauen Daten wurden über BBC verbreitet, was bewirkte, dass die SS-Wachen in Auschwitz sehr nervös wurden und befürchteten, besonders in betrunkenem Zustand, sie würden alle getötet, „aber ihr mit uns". Besonders Boger und Kaduk mussten daran gedacht haben, als Langbein sie als zwei der schlimmsten Folterer identifizierte.

Bericht über den 25. Verhandlungstag am 9. März 1964

Die Rache des kleinen Mannes an seinem Meister, so könnte man die Aussagen des Angeklagten Kaduk in der Voruntersuchung von 1959 und 1962 betiteln. Sie wurden auf Antrag der Staatsanwaltschaft im Gerichtssaal verlesen und von Kaduk, der sich geweigert hatte, in einer öffentlichen Sitzung über seine Verbrechen auszusagen, heute bestätigt. Kaduk klagte den früheren Höß-Adjutanten Mulka an, als Chef der Transportabteilung die Selektionen in allen praktischen Belangen beaufsichtigt zu haben. „Der Herr sollte das heute nicht alles ableugnen, sondern dazu stehen, wie Männer es tun." Mulka wies diese Beschuldigung des Mitangeklagten auch heute noch als falsche Erinnerung energisch zurück. Dies war der erste offene Konflikt unter den Angeklagten. Wahrscheinlich wird es in einem späteren Stadium noch öfter solch unterschiedliche Darstellungen geben. Kaduk beschwerte sich in seiner Aussage bitterlich darüber, dass er, ein kleines Rädchen in der Maschinerie, jetzt in Schwierigkeiten stecke, während andere, wie z. B. Globke und Oberländer, frei seien und hohe Positionen einnähmen. „Ich war bloß ein Handlanger", womit er meinte, er habe nur die Befehle der Ärzte ausgeführt, wenn er die Juden von der Rampe zur Gaskammer führte oder bei Exekutionen die Schemel unter den Häftlingen wegzog.

„Ich gestehe, ich war ein scharfer Hund. Ich hielt die Häftlinge an der kurzen Leine. Unter meiner Aufsicht marschierten sie wie die SA." Er habe Häftlinge geschlagen, wenn er fand, dass sie sich vor der Arbeit drückten wie etwa Cyrankiewicz.[47] „Die Kommunisten habe ich besonders gehasst, ich hätte ihn töten sollen." Er habe oft getrunken, gab er zu, das KZ habe Nerven gekostet. „Aber ich bin so ein männlicher Typ, ich bin nicht zusammengebrochen."

Der ehemalige SS-Jurist Konrad Morgen, jetzt Rechtsanwalt und Notar in Frankfurt, äußerte sich nicht so offen, schon gar nicht über Verbrechen seiner SS-Kollegen. Dieses „Ich kann mich nicht erinnern" war während seiner Vernehmung als Zeuge der Staatsanwaltschaft ziemlich oft zu hören und stand im Gegensatz zu gewissen detaillierten Erinnerungen, zu denen er durchaus fähig war. Er

47 Józef Cyrankiewicz (1911–1989) hatte vor dem Zweiten Weltkrieg der Polnischen Sozialistischen Partei angehört. Nach seiner Verhaftung unter der deutschen Besatzung 1941 wurde er im KZ Auschwitz und zuletzt im KZ Mauthausen inhaftiert. Er war führend beteiligt am Widerstand in den KZ. Von 1947 bis 1952 und von 1954 bis 1970 war er u. a. Ministerpräsident in der Volksrepublik Polen. Er gehörte auch dem ZK der Vereinigten Polnischen Arbeiterpartei und dem Politbüro an.

sprach mit schwacher Stimme, wenn er zu lügen schien, und laut, wenn er seine angeblichen Gefühle beschrieb. Morgen, ein großer bulliger und einschüchternder Typ, redete in blumigem Stil über seine ersten Eindrücke in Auschwitz („Ich hatte eine schlaflose Nacht“), wohin er im Mai 1943 geschickt worden war, um Ermittlungen durchzuführen, nachdem der Zoll in einem aus Auschwitz abgesandten Feldpostpaket eines SS-Sanitäters drei Klumpen primitiv eingeschmolzenes Gold gefunden hatte. Den größten Schock habe er nicht bei der Führung durch die Gaskammern „erlitten“, sondern als er sah, wie SS-Männer in der Wachstube [im Lager Birkenau] betrunken und mit glasigen Augen auf Sofas herumlagen. Anwesend waren junge Mädchen, „Jüdinnen, orientalische Schönheiten, die ihre Paschas mit Kartoffelpuffern fütterten“, ohne dass jemand von ihm Notiz genommen hätte.

Bei einer Durchsuchung fand Morgen in den Spinden eines jeden SS-Mannes [des SS-Krematoriumskommandos] Wertgegenstände; bei einigen waren es kleine „Andenken“, andere hatten ein stattliches Vermögen an sich gebracht, manchmal in ausländischer Währung, daneben lagen die Geschlechtsorgane eines frisch geschlachteten Bullen zur Steigerung der sexuellen Potenz. Morgen äußerte die Meinung, seine Ermittlungen seien von großem Nutzen gewesen, da er Grabner,[48] den Chef der Politischen Abteilung, wegen 200 Mordfällen und seiner Art der Verhöre vor Gericht gebracht habe. Ebenso Höß für versuchten Mord an seiner Geliebten, einer tschechischen Häftlingsfrau, die er, als sie schwanger war, in die Stehzelle sperren ließ

48 Max Grabner (1905–1948), SS-Untersturmführer aus Österreich, war Leiter der Politischen Abteilung im KZ Auschwitz. Ende 1947 wurde er im Kraukauer Auschwitz-Prozess zum Tode verurteilt. Anfang 1948 wurde das Urteil vollstreckt.

mit dem Befehl, ihr nichts zu essen zu geben. In Erinnerung an diese Frau, der Morgen das Leben gerettet hatte, brach seine Stimme, und er weinte fast. Morgen gab vor, [während der NS-Zeit] in Deutschland geblieben zu sein, um das Schlimmste zu verhüten, obwohl er in die Schweiz hätte flüchten können. In seiner Aussage machte er den Eindruck, als wäre er bereit gewesen, alle Maßnahmen in Auschwitz zu akzeptieren, wenn sie nur auf Gesetzen basierten.

Ein weiterer Zeuge war heute der frühere Auschwitz-Häftling Hans Frankenthal, ein Viehhändler aus Schmallenberg in Deutschland, der 1943 im Alter von 16 Jahren nach Auschwitz gekommen war. Seine Aussage über sein Schicksal und die Bedingungen im Lager beinhaltete eine lebendige Illustration dessen, was zwei SS-Männer, ein Angeklagter und ein Zeuge, heute zu verschleiern versucht hatten.

Frankenthal, der infolge der Schläge eines SS-Mannes ein steifes Bein hat, beschuldigte SS-Sanitäter Neubert der Teilnahme an Selektionen in der Krankenbauapotheke. Er schien wie in Trance zu sprechen. Nur in dem Augenblick schreckte er hoch, als Neubert mit lauter Stimme behauptete, er habe Frankenthal zuvorkommend behandelt und ihm Essen zukommen lassen: „Wenn das wahr wäre, wären Sie der erste SS-Mann, der einem Juden je zu essen gegeben hat", schrie Frankenthal, was den Protest der Verteidiger hervorrief. Daraufhin bat ihn der Gerichtsvorsitzende freundlich, seine Fragen und Bemerkungen lediglich an ihn zu richten, nicht an die Angeklagten. Frankenthal glaubte, dass es Höcker war, der frühere Adjutant von Baer, der ihn bei einem Verhör misshandelt hatte, konnte es aber nicht beschwören. „Ich kann mich irren, aber die SS-Männer haben sich uns nicht vorgestellt. Würden diese hier voll uniformiert sitzen, wäre es leichter, sie zu identifizieren."

Bericht über den 26. Verhandlungstag am 13. März 1964

„Teufel von Birkenau" wurde Wilhelm Boger von den Häftlingen genannt, erinnerte sich Maryla Rosenthal geb. Obstfeld. Sie war von 1942 bis zum Ende in Auschwitz gewesen, davon zwei Jahre Bogers Sekretärin. Maryla Rosenthal hatte, als sie zuerst aussagte, einen israelischen Pass. Sie lebte zehn Jahre in Ramat Gan, wo ihre Schwester immer noch wohnt. Dann zog sie nach Berlin zu ihrem Ehemann, einem gebürtigen Berliner, von dem sie nun geschieden wird; zurzeit arbeitet sie in Zürich als Sekretärin des Keren Kayemeth. Noch ist unbekannt, wann andere israelische Zeugen vor Gericht erscheinen werden, da das Vorgehen des Gerichts darin besteht, zuerst Zeugenaussagen zu einem Angeklagten zu hören. Derzeit ist Boger an der Reihe.

Der Vorsitzende: „Es ist für Sie sicher schwer, sich an diese Zeit zu erinnern." Maryla Rosenthal, eine gut aussehende Frau, deren rotes Haar einen Kontrast zu ihrem schneeweißen Gesicht bildete, wirkte schrecklich aufgeregt. „Er hat mir das Leben gerettet", sagte sie über den Angeklagten Boger, der sie in Auschwitz dafür ausgewählt hatte, Verhörprotokolle aufzunehmen und zu dolmetschen, da sie in Polen geboren war. Doch zur gleichen Zeit habe er Häftlinge auf seiner „Sprechmaschine" gefoltert, wie er die von ihm erfundene Schaukel nannte, wenn diese nicht bereit waren, „Sünden zu beichten". Danach habe er es mit Faustschlägen und Fußtritten versucht. Wenn Häftlinge von der „Schaukel" zurückkamen, hätten sie „nicht mehr wie Menschen" ausgesehen. Dann sagte sie, während sie mit ihrem tätowierten Arm über ihre Augen wischte: „Zu mir war er sehr nett. Er gab mir von seinem eigenen Essen. Er war sehr menschlich."

Boger hatte nichts gegen Juden, sagte Rosenthal, er hasste die Polen, diese „verfluchten Polacken", wie er zu sagen pflegte. Wann immer er in das Männerlager ging, war ein Massaker die Folge, erinnerte sich Rosenthal und gab gleichzeitig zu, dass ihr Gedächtnis gelitten habe, da sie die dort von ihr beobachteten „Gräuel nicht begreifen" könne. Wenn sie darüber geweint hatte, habe Boger zu ihr gesagt: „Sie müssen persönliche Gefühle hier heraushalten. Genau wie ich. Mir wurde vom Reichssicherheitshauptamt (RSHA) gesagt, dass ich Geständnisse kriegen muss, egal wie." Rosenthal sagte aus, sie habe nie selbst gesehen, wie Boger Häftlinge folterte, aber sie habe ihre Schreie gehört. Trotz ihrer beweiskräftigen Anschuldigungen gegen ihn wirkte Boger ziemlich zufrieden mit dieser Art der Zeugenaussage. Bisher war er noch nie als menschlich beschrieben worden. Auch redete er zum ersten Mal, was er bisher verweigert hatte. Er stand neben Rosenthal und erklärte mit ihr zusammen dem Gericht den Lagerplan von Auschwitz. Rosenthal konnte nicht die gesamte Zeugenaussage bestätigen, die sie im Vorverfahren gemacht hatte, da sie sich nicht mehr an alles erinnere; entweder war sie so aufgeregt oder unbewusst beeinflusst durch Bogers Gegenwart.

Ebenso beeinflusst, wenngleich nur durch den Auftritt vor Gericht, erschien der 51-jährige Zeuge Helmut Bartsch, SS-Hauptsturmführer und Mitglied einer speziellen Kommission, die von Ende 1943 bis Frühjahr 1944 „Unregelmäßigkeiten" in Auschwitz untersucht hatte. Er hatte 120 Fälle von Diebstahl, Korruption und Unterschlagung ermittelt und 23 SS-Unteroffiziere verhaftet, von denen die meisten zu Gefängnisstrafen bis zu 4 Jahren verurteilt wurden. Auch gegen Grabner, den Chef der Politischen Abteilung, hatte Bartsch „wegen illegalen Mordes" ermittelt. Auf die Frage nach Namen anderer beschuldigter SS-Männer erwähnte auch er nur bereits Verstorbene. Befragt nach Namen von Mitgliedern seiner Untersuchungskommission, nannte er lediglich Dienstgrade wie beispielsweise „Schutzhaftlagerführer“. Der Vorsitzende: „Ich verstehe ihre Aussage nicht ganz. Wir brauchen hier korrekte Aussagen.“ Dieser unfreundliche Verweis erschütterte den schmächtigen und servilen Bartsch mit säuerlichem Gesicht keineswegs, der heute Kriminalhauptkommissar in Krefeld ist. Bartsch widersprach sich wiederholt oder hielt ganz offensichtlich mit der Wahrheit hinter dem Berg.

> Der Vorsitzende: „Warum wurden Häftlinge in den Arrestbunker gebracht?“
> Bartsch: „Ich weiß es nicht.“
> Der Vorsitzende: „Haben Sie von Verhören unter Folter gehört?“
> Bartsch: „Nein.“
> Vorsitzender: „Haben Sie von Vergasungen gehört?“
> Bartsch: „Wir hielten uns an unsere Befehle.“

Der Vorsitzende, höchst empört und frustriert von diesen Antworten: „Sie sagten doch, Sie klärten Morde auf. Das heißt, als alter Kriminalist wussten sie ziemlich genau, dass Sie herausfinden mussten, wer geschossen hat, wie es geschah und auf welcher Grundlage.“

Bartsch: „Ich wusste nur, dass sie erschossen wurden.“

Bartsch hielt daran fest, er habe Birkenau nie gesehen. Als ihm vorgehalten wurde, dass er in „Kanada“[49] gewesen sein musste, das

49 „Kanada“ wurden im Lagerjargon die Effektenlager genannt, in denen die Habe der eingelieferten registrierten Häftlinge aufbewahrt wurde. Für die Häftlinge war Kanada ein Symbol für Reichtum. Seit 1941 existierte Kanada I im Stammlager. Da die Kapazitäten nicht mehr ausreichten, wurde im Dezember 1943 in Auschwitz-Birkenau ein weiterer Komplex mit 30 Magazinbaracken bei den Gaskammern und Krematorien in Betrieb genommen. Dort wurde größtenteils der Besitz von jüdischen Opfern, der ihnen direkt nach der Ankunft abgenommen worden war, sortiert und verwertet.

sich in Birkenau befand, antwortete er: „Ja, ja". Gefragt, ob er gewusst habe, dass eine Gruppe von Menschen an der Rampe für die Vergasung selektiert wurde, antwortete er: „Ich wusste nicht, was mit ihnen geschah." Staatsanwalt Vogel: „Wenn Sie ‚Unregelmäßigkeiten' untersuchten, müssen Sie demnach gedacht haben, Vergasen sei legal?" Bartsch: „Nein". Vogel: „Warum haben Sie nicht irgendetwas getan?" Bartsch: „Es gehörte nicht zu meinen Aufgaben."

Bartsch, der sich in Auschwitz in eine Wächterin verliebt und sie geheiratet hatte, scheint der erste Zeuge zu sein, der einen Meineid leistete. Das Gericht bestand gegen den Vorschlag des Nebenklägers Kaul auf einer Vereidigung.

Bericht über den 27. Verhandlungstag am 16. März 1964

Heute war Bogers Tag, und er beging ihn damit, dass er zum ersten Mal das Wort ergriff, nachdem er am Beginn des Prozesses von seinem Aussageverweigerungsrecht Gebrauch gemacht hatte. Er entschloss sich wahrscheinlich deshalb dazu, weil er von zwei Zeugen individueller Verbrechen beschuldigt wurde. Er redete sprachlich korrekt und überraschend ruhig im Nazijargon, als würde er Ereignisse in Auschwitz für ein Protokoll diktieren, z. B. sagte er „Arrest wurde exekutiert".

Der Zeuge Herbert Kurz, der wegen Mitgliedschaft in einer kommunistischen Hilfsorganisation nach Auschwitz gekommen war, erklärte, er habe mit einem selbst hergestellten Teleskop zusammen mit anderen Häftlingen gesehen, wie Boger vom Dach des Blocks 21 auf die Schwarze Wand geschossen habe. Der ehemalige Kapo Kurz, ein schmächtiger Mann, unfähig, genaue Angaben zu machen, nannte verschiedene Zahlen bezüglich Bogers Opfer. Boger selbst stand ruhig auf und korrigierte die Zahl auf 200. Ja, diese Aktion habe stattgefunden, aber er habe überhaupt nichts damit zu tun gehabt: „Eine solche Aktion konnte nicht geheim gehalten werden, aber ich war weder bei diesen Exekutionen dabei, noch habe ich auf Menschen geschossen. Es gehörte nicht zu meinem Aufgabenbereich". Auf die Frage, wer Befehle zu Exekutionen erteilt hatte, zuckte Boger mit den Schultern. Es seien möglicherweise seine Vorgesetzten oder das Reichssicherheitshauptamt gewesen. Dies war das erste Mal, dass ein Angeklagter zugab, dass Exekutionen auch ohne Befehle aus Berlin durchgeführt worden waren.

Aber wie es komme, dass alle Zeugen bisher im Zusammenhang mit ihm von Terror sprachen, fragte der Vorsitzende. Boger: „Sie haben mir viele Namen gegeben. Das lag an der Art meiner Aufgabe."

Herbert Kurz, der seit 1949 fünf Mal wegen Betrugs verurteilt wurde und sich zurzeit in Untersuchungshaft befindet, berichtete dann über „diese Sache mit dem Zigeuner". Er, Kurz, hatte den Befehl bekommen, einen „Zigeuner" zu einem Verhör zu Boger zu bringen. Nachdem Boger den Mann „behandelt" hatte, musste er ihn von dort wegführen. Der „Zigeuner" war so misshandelt worden, dass seine Nieren zerquetscht waren und er bald danach starb. Er habe ihn später in der Leichenhalle, als er ihm auf Bogers Befehl das Haar abschnitt, genau wiedererkannt; bis dahin sei er ein privilegierter Häftling gewesen. Boger wies diese Aussage entschieden zurück: „Es kann nicht wahr sein, weil niemals ein Häftling von einem anderen Häftling zu mir zum Verhör gebracht wurde." Der Staatsanwalt legte dem Zeugen nahe, sich nicht vereidigen zu lassen, weil seine Aussage manchmal verwirrt erscheine; vor fünf Jahren in den Vorermittlungen habe er noch sachliche Berichte gegeben. Doch Kurz legte den Eid ab.

Der 58-jährige Hermann Weihrauch, Monteur aus Berlin, ein bescheiden wirkender Mann, ebenfalls Kapo, war von 1940 bis 1944 wegen einer Schlägerei mit einem Nazi-Kreisleiter in Auschwitz gewesen, wo er in Maler- und Glaswerkstätten beschäftigt war. Er beschrieb, wie Boger, die „Bestie von Auschwitz“, den Tod eines polnischen Häftlings herbeigeführt hatte. Boger habe den Mann mit den Ellbogen in die Rippen gestoßen, weil der Pole angeblich Schweinefleisch aus dem Schlachthaus gestohlen hatte.

Daraufhin sprang Boger beinahe von seinem Sitz auf, doch sprach er sehr diszipliniert, den Kopf immer etwas nach rechts geneigt: „Ich erinnere mich an diesen Fall ganz genau. Es ging um Widerstand. Ich hätte mich nie mit solchen Kleinigkeiten wie Diebstahl abgegeben.“ Natürlich gab er diese Anschuldigung nicht zu, sondern erklärte, dass der Pole rechtmäßig verhaftet und in den Arrestbunker gebracht worden sei, alles andere wisse er nicht. Weihrauch erwiderte sofort, er sei bereit, das zu beschwören, was er später tat.

Das Gericht fährt am Donnerstag fort mit zwei Zeugen sowie einem Ost-Berliner Gutachter, der über das gemeinsame Interesse von SS und Industriekonzernen in Auschwitz sprechen wird.

Bericht über den 28. Verhandlungstag am 19. März 1964

Die Juden sangen religiöse Lieder, als sie in den Tod gingen, ohne den geringsten Widerstand, berichtete der 54-jährige Zeuge Hermann Diamanski dem Frankfurter Gericht. Die Sprache des Mannes, von Beruf Expedient, war schlicht und klar. Bis zur letzten Minute hätten die Opfer, auch angesichts der Gaskammern, nicht an ihren bevorstehenden Tod geglaubt. Als die Juden nach der Ankunft für die Vergasung selektiert wurden, rieten ihnen alte Lagerinsassen, alle Wertgegenstände wegzuwerfen, damit sie nicht von der SS gefunden würden. Aber die meisten hätten sie festgehalten, als ob sie sie später noch brauchten. Das Gegenteil war bei den „Zigeunern" der Fall, erinnerte sich Diamanski, der zuerst Blockältester von Block 9 in Birkenau war, später Kapo und zuletzt Lagerältester im Zigeunerlager. Die „Zigeuner" hätten sich mit Händen und Füßen gewehrt, um am Leben zu bleiben. „Ihre Lebensbedingungen waren zu furchtbar, als dass ich sie beschreiben könnte. Es gab Fleckfieber, und sie starben wie die Fliegen." Diamanski berichtete von der großen Anstrengung des früheren Chefs des deutschen Krankenhauses in Prag, Professor Epstein, Leben zu retten. Diamanski verdankte seine Stellung als privilegierter Häftling – „Ich durfte meine Haare wachsen lassen" – der Tatsache, dass er einer SS-Aufseherin im KZ Ravensbrück das Leben gerettet hatte. „Ich wurde dafür von meinen Kameraden beschimpft." Aber er hatte sie nicht erkannt, als er ihren Körper in dem See beim Frauenlager Ravensbrück treiben sah, er selbst war Häftling des Männerlagers dort gewesen.

Diamanski war 1940 in Barcelona als Teilnehmer am Spanischen Bürgerkrieg auf republikanischer Seite verhaftet und nach Berlin geschafft worden. In seiner Zelle im Gestapogefängnis in der Albrechtstraße machte er die Bekanntschaft des Angeklagten Wilhelm Boger, „Ich teilte das Bett mit ihm."

Boger befand sich damals wegen des Vorwurfs der Korruption, die ihm während seiner Dienstzeit im deutsch besetzten Ostrolenka zur Last gelegt wurde, in Haft. Als Chef der dortigen Gestapo war er als „Henker von Ostrolenka" bekannt gewesen. Diamanski habe sich höchst unbehaglich in der Nähe dieses SS-Manns gefühlt, obwohl Boger wie er selbst Häftling war. Als er Boger in Auschwitz unter völlig anderen Umständen wieder traf, wurde sein Unbehagen noch größer. Zwar war Boger degradiert worden gegenüber seiner Stellung in Ostrolenka, aber er war nun Mitglied der Politischen Abteilung, während Diamanski immer noch Häftling war.

Boger habe Diamanski, der in Auschwitz einer Widerstandsgruppe angehörte, mit der er versuchte, Leben zu retten und Fluchten zu organisieren, niemals Schaden zugefügt. Jedoch wurde Diamanski Zeuge, wie Boger eine halbjüdische tschechische Frau erschoss, die Journalistin Novotny. Diamanski kannte die Frau. Er hatte mit ihr abgemacht, dass sie im Falle der Liquidierung des Theresienstadtlagers die Holzbaracken anzünden sollte, sodass der entstehende Trubel Flucht und Aufruhr möglich machen würde. Aber dieser Plan misslang, weil eines Tages alle privilegierten Häftlinge aus Birkenau gezwungen wurden, mit Stöcken bewaffnet das Theresienstadtlager zu „leeren", sodass das Vorhaben nicht ausgeführt werden konnte. Novotny, die aber nicht bereit war, einfach in den Tod zu gehen, marschierte zu Boger, der in der Mitte der Lagerstraße stand, und schleuderte ihm Flüche entgegen. Daraufhin zog dieser seine Pistole und erschoss sie. Die Leiche wurde auf einen Lastwagen geworfen und zusammen mit noch lebenden Opfern in die Gaskammer gebracht.

Auf die Aufforderung des Gerichts, zu dieser Anschuldigung Stellung zu nehmen, sagte Boger, der Zeuge müsse sich geirrt haben: „Ich will mich so kameradschaftlich verhalten wie er, als wir zusammen in einer Arrestzelle waren. Deshalb werde ich nicht alle seine Fehler in der Aussage nennen. Ich habe nie jemanden erschossen, genauso wenig wie meine Kollegen", sagte Boger bestimmt, setzte sich wieder hin und war zu keiner anderen Stellungnahme bereit. Als Bogers Rechtsbeistand Aschenauer versuchte, Diamanskis Aussage über die Erschießung von Novotny zu erschüttern, antwortete dieser ruhig: „Um all dies zu beurteilen, hätten Sie in Auschwitz gewesen sein müssen."

Mit der gleichen Entschiedenheit, mit der Diamanski Boger der Erschießung Novotnys beschuldigte, entlastete er Broad von jeglicher schlimmen Tat. Pery Broad habe in der Politischen Abteilung im Zigeunerlager nie geschlagen, habe nie einem Häftling etwas zuleide getan, sondern vielmehr das Lager vor dem am meisten gefürchteten SS-Mann Palitzsch, dem „König von Birkenau“ befreit, indem er ihn als Liebhaber einer „Zigeunerin“ überführt habe, nachdem ihn Häftlinge davon in Kenntnis gesetzt hatten.

Nach Diamanskis Aussage veränderte sich die Atmosphäre im Saal. Sie entsprach eher einer politischen Arena als einem Gerichtshof. Bevor der ostdeutsche Gutachter Jürgen Kuczynski, der vom Nebenklagevertreter Kaul berufen wurde, um über die gemeinsamen Interessen der SS und der Industrie in Auschwitz zu sprechen, beginnen konnte, bekämpfte besonders Nazi-Anwalt Laternser dessen Auftritt aus politischen Gründen. Die Methode der kommunistischen Geschichtsinterpretation bezeichnete er als nicht akzeptabel für ein westdeutsches Gericht. Doch nach langer Beratung erlaubte das Gericht, dass Kuczynski seine Rede hielt, mit der er die IG Farben der bestens funktionierenden Kooperation mit der SS anklagte. Seine Argumente waren nicht überzeugend, da sie ebenfalls, wie die Ausführungen des Gutachters des Münchner Instituts für Zeitgeschichte, unvollständig und dazu voller politischer Einfärbungen waren. Die 21 Angeklagten – der Angeklagte Bischoff befand sich wegen einer Herzattacke im Krankenhaus – machten den Eindruck, als würden sie jeden Moment einschlafen, besonders der Zahnarzt Frank, den man in der vergangenen Nacht volltrunken am Frankfurter Hauptbahnhof gesehen hat.

Bericht über den 29. Verhandlungstag am 20. März 1964

Am Freitag gedachte die Stadt Frankfurt des ersten Bombenangriffs auf die Mainmetropole, der 6000 Menschenleben kostete. Die Flaggen standen auf Halbmast, auch vor dem Römer, wo der Auschwitz-Prozess nun in seinem dritten Monat stattfindet. Im Prozess geht es um rund vier Millionen Mordfälle,[50] wovon kaum ein Frankfurter viel Notiz nimmt. Aber das unterscheidet sich nicht von der Einstellung der Deutschen insgesamt, was am letzten Verhandlungstag unübersehbar an den Tag kam, als der Zeuge [Karl Seefeld] sich nicht getraute auszusagen, „weil ich meine gute Stelle verlieren könnte". Der kleine einfache Mann, Koch von Beruf, seit 1942 in Auschwitz, sah sehr deprimiert aus, als er mit seiner Aussage begann, er sprach wie betäubt. Bei jedem Wort zögerte er offensichtlich. Er äußerte nichts, was einen der Angeklagten hätte belasten können, alles, was er sagte, war ungenau.

Der Vorsitzende: „Ihre Aussage unterscheidet sich aber stark von der, die Sie vor vier Jahren bei der Polizei gemacht haben", und er las einen Teil jener Zeugenaussage vor, der Anschuldigungen gegen Boger und eindrucksvolle Schilderungen des Lebens in Auschwitz enthielt. „Haben Sie Angst auszusagen?", fragte der Vorsitzende. Der Zeuge antwortete fast unhörbar mit „Ja". Vorsitzender: „Aber es kann Ihnen doch nicht schaden, wenn Sie hier aussagen." Der Zeuge: „Ich möchte meinen Seelenfrieden, ich leide unter den Erinnerungen." Vorsitzender: „Hat Sie irgendjemand vor dem Prozess beeinflusst?"

50 Bis in die 1980er-Jahre gingen Historiker von 3 bis 4 Millionen Toten im Konzentrationslager Auschwitz aus. Spätere Forschungen kamen zu dem Ergebnis, dass 1,1 bis 1,4 Millionen Menschen, überwiegend Juden, ermordet wurden oder an Krankheiten, Hunger und nach medizinischen Experimenten starben.

Der Zeuge antwortete zögernd mit einem lang gezogenen „Nein". Vorsitzender: „Haben Sie Angst vor Rache?" Der Zeuge: „Man weiß nie." Vorsitzender: „Aber in diesem Prozess geht es darum, die historische Wahrheit über den Mord an Millionen Menschen aufzudecken." Der Zeuge: „Die Einstellung unserer Gäste ist aber anders." Damit bezog er sich auf seinen Arbeitsplatz in einem Stuttgarter Restaurant. Er, der mehrmals als Homosexueller im Gefängnis gesessen hatte, berichtete, dass auch die Menschen im Zug nach Frankfurt den Auschwitz-Prozess verurteilt hätten.

Um diesem Zeugen künftig nicht zu schaden, wurde die Presse aufgefordert, seinen Namen nicht zu veröffentlichen, und das Gericht beschloss, den Zeugen ohne Ordnungsstrafe wegen Zurückhaltung der Wahrheit zu entlassen.

Es herrschte Spannung im Gerichtssaal, als Paul Leo Scheidel, ein 67-jähriger Kaufmann aus München, sein Modell von Bogers „Sprechmaschine" vorführte. Scheidel hat die „Bogerschaukel" präzise nachgebildet, und seine Frau hatte eine Puppe in Häftlingskleidung genäht, sodass Bogers „Verhörmethoden unter Folter" im Gericht exakt demonstriert werden konnten. Der weißhaarige Scheidel, mit lebhaften blauen Augen, offensichtlich aus einer höheren Gesellschaftsschicht, hatte zu Canaris' Abwehr gehört. 1936 war er von den Tschechen verhaftet, dann aber an die Deutschen ausgeliefert worden, die ihn wegen Kritik an den Nazis erneut verhafteten. 1943 wurde er nach Auschwitz verschleppt. Bogers Bekanntschaft machte er, als drei Häftlinge aus seinem Arbeitskommando vermisst wurden. Als er bereits auf die „Sprechmaschine" gespannt worden war, hielt der SS-Mann Hoyer, der Scheidel aus seiner Heimatstadt kannte, Boger von der Folter ab. Scheidel belastete Boger aber wegen der Erschießung zweier Häftlingskameraden an der Schwarzen Wand, was er aus dem Quarantäne-Block 11 beobachtet hatte. Boger, der sich die sehr energisch vorgetragene Zeugenaussage mit einem ständigen Grinsen im Gesicht anhörte, kommentierte: „Ich habe in Auschwitz niemals jemanden erschossen. Gleich was heute oder in tausend Jahren passiert, auch wenn man mich lebenslänglich ins Gefängnis steckt, werde ich meine Aussage nicht ändern." Um die Aussage des Zeugen zu erschüttern, wandte sich einer der Verteidiger an Boger: „Aber Sie hätten sich doch selbst in schreckliche Gefahr gebracht beim Beobachten von Exekutionen." Scheidel brüllte fast vor Lachen, womit er ausdrücken wollte, dass es größere Gefahren in Auschwitz gab, und er fügte laut und vernehmlich hinzu: „Ich bin bereit, auf alles einen heiligen Eid zu schwören."

„Ist das auch unwahr?", fragte der Vorsitzende Boger bezüglich der Beschuldigung durch den Zeugen Willi Leeuwarden, einen Gastwirt aus Ludwigshafen, Boger habe einen polnischen Häftling getötet und den Zeugen ausgepeitscht, weil er dem sterbenden Polen half, nachdem Boger diesen nach der Folter aus dem Fenster geworfen hatte. Leeuwarden selbst, der von Boger ebenfalls auf der „Schaukel" gefoltert wurde, war mit einer Ladung Wasser wiederbelebt und danach in die Stehzelle im Arrestbunker gebracht worden. Boger dazu: „Da ist etwas Wahres dran, aber auch viel Einbildung. Zum Beispiel habe ich Häftlinge nie so geschlagen, dass sie gestorben sind, obwohl es sein konnte, dass von den Vorgesetzten angeordnet worden war, ein Verhör unter Folter durchzuführen." Auf die Frage, was seiner Meinung nach wahr an Leeuwardens Geschichte sei, antwortete Boger, dass dieser auf der „Schaukel" geschlagen worden war. Als der mit seinen erst 43 Jahren herzkranke Leeuwarden – bleiches, trauriges Gesicht, schwarzes Haar, sehr leise sprechend – das Gerichtsgebäude verließ, konnte er die Beflaggung auf Halbmast zu Ehren der 6000 getöteten Frankfurter Bürger nicht übersehen, von denen wahrscheinlich mindestens der Hälfte das Foltern von Juden nichts ausgemacht hätte.

Bericht über den 30. Verhandlungstag am 23. März 1964

„Mörder!“, rief der Zeuge Hugo Breiden heute im Gerichtssaal mit lautstarker Stimme dem Angeklagten Boger zu, der wie üblich ein Grinsen im Gesicht hatte, während Breiden beim Anblick des Modells der Schaukel, das ihm auf Aufforderung des Gerichts gezeigt wurde, in sein Taschentuch weinte. Der 56-jährige Schachtmeister, vier Jahre Häftling in Auschwitz, händigte dem Gericht eine ärztliche Bescheinigung aus, die seine Rückenverletzungen bestätigen. „Ich versuchte, dem Arzt zu verschweigen, dass ich im KZ war, aber er fand es selbst heraus“, und zwar wegen Bogers „Behandlung“ auf der Schaukel. Boger und ein SS-Kollege hatten ihm abwechselnd insgesamt 145 Schläge versetzt, wie die anderen Häftlinge mitgezählt hatten, während Breiden drei Mal ohnmächtig und mit Mineralwasser, das man ihm in die Nase goss, wiederbelebt wurde. Seit diesem „Verhör“ Bogers ist Breiden nie mehr gesund geworden. „Boger war gierig nach Verbrechen und Tod“, berichtete Breiden, der seine Aussage mehrmals unterbrach und sein Taschentuch auf seine Augen presste. 92 Tage hatte er in der Arrestzelle verbracht. Er belastete auch den Angeklagten Bruno Schlage, Blockführer im Arrestblock 11, den Häftling Heinz Rohmann verhungern lassen zu haben. Weiter beschuldigte er Josef Klehr, den früheren SS-Sanitäter, einen zehnjährigen Jungen für eine Phenolinjektion selektiert zu haben.

Anders als Breiden machte der niederländische Zeuge Oberst Anton van Velsen, den Wilhelms-Orden, den höchsten niederländischen Verdienstorden, im Knopfloch, seine Aussage auf sehr unaufgeregte Art. Der 46-jährige Oberst, dem der niederländische Verteidigungsminister untersagt hatte, sein Zeugnis in Uniform abzulegen, wirkte mit seinem faltigen, freundlichen Gesicht wesentlich älter. „Ich kann nicht hassen", sagte der wegen seiner Beinprothese leicht hinkende Mann. Nach 1945 nahm er am niederländischen Kolonialkrieg in Indonesien teil. 1941 war er wegen des Verdachts auf einen Fluchtversuch nach England [in den deutsch besetzten Niederlanden] verhaftet worden. Von 1942 bis zum Ende war er in Auschwitz. Immer wieder hatte man ihm die Freilassung angeboten, wenn er aufseiten der Deutschen am Krieg teilnehmen würde. „Ich hätte eher Zyklon B eingeatmet, als eine SS-Uniform zu tragen."

Velsen belastete überwiegend Schutzhaftlagerführer Franz Hofmann. „Er war immer anwesend bei Selektionen im Lager." Oft habe Hofmann selbst Selektionen nahegelegt, wenn sich SS-Führer bei ihm über überfüllte Blocks und Krankenbaracken beschwerten. Velsen hält Hofmann für verantwortlich, 25–30 000 Menschen in die Gaskammern geschickt zu haben, bei einer Vergasung waren es ca. 1500. Er beschuldigte ihn auch des Mordes an 200 etwa 16-jährigen Jungen, die auf sein Betreiben hin „abgespritzt" worden waren. Hofmann, der schon wegen zwei Mordfällen im KZ Dachau im Gefängnis gesessen hatte, zeigte sich nicht im Geringsten beeindruckt von Velsens Aussage und stellte dem Zeugen eine Frage: „Herr van Velsen", begann er. „Für Sie Oberst van Velsen, bitte", erwiderte dieser. Hofmann machte unbeirrt durch diesen Einwurf weiter: „Ich habe das Leben dieser Jungen gerettet, indem ich Maurerkurse einführte." Van Velsen: „Sie sind verantwortlich für den Tod der Jungen, die wir vor Ihnen zu verstecken versucht haben."

Es geschah nur einmal, dass Velsens Stimme brach, als er berichtete, wie er Mengele im Zigeunerlager kennengelernt hatte, wo der Zeuge zuerst Blockältester, dann Lagerkapo war. Mengele war häufig ins Zigeunerlager gekommen, um nach seinen 16 Zwillingspaaren zu sehen, mit denen er experimentiert hatte. Die Kinder hätten ihn immer mit großer Freude begrüßt, seien auf ihn zugerannt und hätten

„Onkel Mengele“ gerufen. Er habe ihnen Schokolade gegeben und die Kinder dann ohne die geringste Emotion durch Nackenschüsse getötet. Man konnte meinen, Oberst van Velsen würde plötzlich wieder die Kinder um ihr Leben betteln hören, als er für eine Sekunde einen Blackout zu haben schien.

Der Schreinermeister Jakob Kronauer berichtete, dass er beim Bau der Versuchsgaskammern in einem polnischen Bauernhaus gearbeitet hatte. „Wir mauerten Fensteröffnungen und bauten eine luftdichte Tür ein.“ Als [Adolf] Eichmann und einige andere hochrangige SS-Männer zur Inspektion kamen, habe er gehört, wie dieser zum Lagerkommandanten Höß sagte, dass diese Leute verschwinden müssten. Gemeint waren die Häftlinge, die an den ersten Gaskammern mitgebaut hatten. Sie sollten getötet werden. Kronauer war es daraufhin gelungen, im Krankenbau unterzukommen, um einige Zeit außer Sichtweite zu sein.

Der Zeuge, von kleiner Statur, redete wie ein Wasserfall („Ich bin so froh, endlich alles aussprechen zu können“). Auch Kronauer legte Boger einige Morde zur Last. Einmal habe Boger einen Polen so gefoltert, dass dieser in den Armen des Zeugen gestorben sei. Einen Jungen, der unerlaubt Wasser holen wollte, habe Boger erschossen. Über den Angeklagten Kaduk berichtete er, dass dieser, als einmal das Seil riss, an dem ein Häftling gehängt werden sollte, ein neues brachte und das Opfer auspeitschte. „Kaduk war ständig betrunken“, erinnerte er sich. Am schlimmsten sei es gewesen, als die Nachricht kam, dass Kaduks Bruder im Krieg gefallen war. Kronauer zeigte dem Gericht seine Narbe an der Stirn, die von einer Flasche stammte, die Kaduk nach ihm geworfen hatte. Kaduk war bereit zuzugestehen, dass er einmal unter einem Häftling, der gehängt wurde, den Schemel weggezogen habe, wies aber alle anderen Beschuldigungen zurück. Er sagte zu dem Zeugen, er solle lieber bei der Wahrheit bleiben.

Bericht über den 31. Verhandlungstag am 26. März 1964

Nach der heutigen Sitzung des Auschwitz-Prozesses, der letzten vor der Osterpause, war es „nur" ein Mordfall, der auf das Konto des Angeklagten Boger ging. Curt Posener, ein kleiner Mann aus Hamburg mit jüdischem Hintergrund, Archivar im Hamburger Rundfunk- und Fernseharchiv, war von 1942 bis zum Ende in Auschwitz gewesen. Er berichtete, wie Boger ein Verhör unter Folter an dem Häftling Walter Windmüller durchführte, der an den Folgen starb. „Ich sah Windmüller nach zwei Stunden Folter durch Boger. Das Blut floss aus der Hose, und der vor Schwäche wankende Windmüller sagte zu mir: ‚Er hat meine Hoden abgerissen'."

Der zweite Zeuge, der 59-jährige Walter Petzold, der zwölf Jahre in Konzentrationslagern verbracht hatte, von 1941 bis zum Ende in Auschwitz, fügte hinzu, dass er Windmüller nach Bogers Quälereien im Arrestblock gesehen habe, als er ihm eine Ausgabe von Goethes Faust geben wollte, um ihn aufzumuntern. Windmüller habe mit entblößtem Körper auf einem Bündel Stroh in der Zellenecke gelegen. Petzold: „Ich sah, dass seine Hoden bis zu den Knien herunterhingen, und sein Hinterteil war nur noch Brei." Boger, der heute eine dunkel getönte Brille trug und jegliche Zurückhaltung ablegte, wies die Anklage zurück: „Wenn Blut aus der Hose floss, wurde das Verhör sofort abgebrochen. Der Zweck des Verhörs war dann erreicht."

Als einer der Richter ihn fragte, wie er ausgebildet wurde, um als Kriminalpolizist „den Zweck zu erreichen", nämlich wahrheitsgemäße Geständnisse durch Folter zu erzwingen, antwortete Boger: „Ich bin anderer Meinung. Nach meiner Erfahrung war das Schlagen ganz sinnvoll. Ich wünschte, in den heutigen Jugendstrafen würden Schläge dazugehören." Als ihm vorgehalten wurde, dass gemäß einem Rundschreiben des RSHA an alle Konzentrationslager das Leben eines jeden Häftlings „in der Hand des Führers" liege, was bedeutete, dass SS-Aufseher in den Konzentrationslagern kein Recht gehabt hatten, Häftlinge zu töten, antwortete Boger: „Ich habe nur auf Befehl gehandelt. Ich habe nie jemanden getötet. Ich habe nur Ermittlungen durchgeführt, wie ich sie für richtig hielt."

Bei dieser Sequenz lachte das Publikum. Boger wandte sich zur Galerie: „Sie mögen lachen da oben, Sie waren ja nicht dabei. Ich habe die Wirklichkeit von Auschwitz erlebt." Nach seiner Methode zu schlagen befragt, sagte Boger: „Schade, dass ich die Schaukel nicht immer vor mir sehe", worauf der Vorsitzende einwarf, ihm, Boger, mag es nichts ausmachen, „aber uns macht es etwas aus". Boger: „Das glaube ich Ihnen." Bogers unverschämtes Verhalten vermittelt ebenso wie das seiner Mitangeklagten ganz klar den Eindruck, dass sich überhaupt keiner von ihnen schuldig fühlt.

Der Angeklagte Neubert, früherer SS-Sanitäter in Monowitz, Klavierbauer von Beruf, rief so laut er konnte: „Das ist alles nicht wahr." Damit bezog er sich auf die Aussage von Curt Posener, Neubert habe an Selektionen teilgenommen und auch auf eigene Faust selektiert. Posener, ehemaliger Häftlingsschreiber in den Buna-Werken, berichtete von einem „Blut für Güter-Handel", den er mit dem Angeklagten betrieben habe. 16 seiner Mithäftlinge waren zur Vergasung selektiert worden. Als Neubert verlangte, Posener solle ihm aus dem Buna-Lager weißen Filz für Damenstiefel organisieren, willigte Posener unter der Bedingung ein, dass die 16 Häftlinge nicht vergast würden. Anfangs bot Neubert an, acht Häftlinge gegen die Besorgung von Filz zurückzustellen. Posener: „Ich sagte ihm, ich hätte kein jüdisches Handelsgeschäft, den Filz würde es nur gegen 16 Häftlinge geben." Neubert sei schließlich mit dem Deal einverstanden gewesen.

Neubert gab nur zu, an einer „Vorselektion“ auf Verlangen der IG Farben teilgenommen zu haben, da sich das Unternehmen über die vielen Kranken in den Buna-Werken beschwert habe. Posener legte einen Eid darauf ab, dass Neubert oftmals selektiert hatte, und er fügte hinzu: „Die Herren waren nur daran interessiert, tote Menschen zu liefern. Hätte es keine Solidarität unter den Häftlingen gegeben, wären wir alle, die hier Zeugnis ablegen, nicht mehr am Leben.“ Posener bezeichnete Neubert als dumm, wie die meisten SS-Männer. Um dies zu beschreiben, berichtete er, der Unterscharführer habe ihn einmal gebeten, für ihn Neujahrsgrüße an Himmler zu formulieren, mit dem zusammen er 1923 am Marsch auf die Feldherrnhalle in München teilgenommen hatte.

Der Zeuge Walter Petzold, sehr korrekt gekleidet, mit einer Sprache wie ein deutscher Beamter, heute in Berlin lebend, belastete den Angeklagten Breitwieser, den Vergasungsversuch im September oder Oktober 1941 organisiert zu haben. Dies habe er aus dem Block 27, der Kleiderkammer, beobachten können. Er habe gesehen, wie 200 russische Gefangene in die erste Gaskammer getrieben wurden. Breitwieser und ein anderer SS-Mann, beide trugen Gasmasken, hätten das Zyklon B durch eine Öffnung im Dach gegossen. Nach der Gebrauchsanweisung der Hersteller des Zyklon B blieben die Menschen 72 Stunden in den Kammern im Gas eingeschlossen. Beim Ausräumen der Kammern hatte der Zeuge den Auftrag, die Kleidung der getöteten Menschen möglichst einzusammeln. Das sei aber unmöglich gewesen, denn „die Kleidung klebte am Körper“, was dazu führte, dass die Meister von Auschwitz später befahlen, dass sich die Menschen vor der Vergasung entkleideten.

Bericht über den 32. Verhandlungstag am 3. April 1964

„Das Gericht lehnt den Antrag der Staatsanwaltschaft auf Verhaftung von Bruno Schlage ab, obwohl nach Auffassung des Gerichts der Verdacht auf ein begangenes Verbrechen besteht." Mit diesen Worten beendete der Gerichtsvorsitzende die Spannung, die während des gesamten ersten Verhandlungstages nach der Osterpause im Auschwitz-Prozess vorherrschte. Das Gericht tagte zum ersten Mal im Frankfurter Bürgerhaus Gallus. In diesem Gebäude, errichtet mit finanzieller Unterstützung des Hessischen Justizministeriums für den Auschwitz- sowie den Hunsche/Krumey-Prozess, der Ende April beginnen soll, nehmen die Richter wie im Eichmann-Prozess in Jerusalem auf einem Podium Platz. Zu ihrer Rechten befinden sich die Reihen der Angeklagten zusammen mit ihren Verteidigern, umgeben von Polizei; zur Linken sitzen die Staatsanwaltschaft und die Vertreter der Nebenkläger. Das Gericht wirkt hier enger als im Römer, was den Eindruck einer Theaterkulisse noch verstärkt. Aber man kann umso leichter die Reaktion des Angeklagten Bruno Schlage (ehemals im Arrestbunker Block 11 in Auschwitz eingesetzt) auf den Haftantrag des Staatsanwalts beobachten. Er war nie zuvor verhaftet gewesen, obwohl ihm vorgeworfen wurde, Häftlinge an der Schwarzen Wand erschossen und Selektionen für den Bunker durchgeführt zu haben. Im laufenden Prozess wurde er von zwei Zeugen überdies beschuldigt, er habe den Häftling Heinz Rohmann verhungern lassen.

Schlage ist ein kleiner, gehbehinderter Mann, der wegen der Prügel, die er seiner Behauptung nach von Polen nach dem Krieg bekommen hat, hinkt. Er ruderte mit den Armen, nahm mit seinen plumpen Händen seine Brille aus dem listigen Gesicht und wurde einen Ton blasser. „Wenn ich was zu verbergen hätte, hätte ich längst verschwinden können", sagte Schlage langsam, um seine Verhaftung abzuwehren. Nach relativ kurzer Beratung begründete das Gericht die Ablehnung von Schlages Verhaftung: Er ist 61 Jahre alt, hat ein Leberleiden, betreut seine schwer kranke Frau und ist Alleinverdiener.

Seine zehn Mitangeklagten, die noch auf freiem Fuß sind, atmeten nach dieser Entscheidung erleichtert auf, vorläufig, denn es ist nicht auszuschließen, dass spätere Zeugen sie mit bisher noch unbekannten Verbrechen belasten werden. Zwei Zeugen, der 70-jährige Maximilian Sternol und der 45-jährige Rudolf Steiner, Kriminalinspektor in Wien, die beide wegen ihres politischen Widerstands nach Auschwitz verschleppt worden waren, beschuldigten erneut Boger, Häftlinge erschossen und misshandelt zu haben. Sternol sagte aus, dass Boger 40 bis 50 Häftlinge im Zusammenhang mit dem Aufstand im Sonderkommando 1944 erschossen habe.[51] Auf die Frage des Vorsitzenden, ob Boger dabei aufgeregt gewesen sei, erwiderte der Zeuge: „Boger war ein eiskalter Zyniker, es hat ihm nicht im Geringsten etwas ausgemacht, jemanden zu töten." Steiner beschrieb zusätzlich einen weiteren Mord Bogers an einem polnischen Häftling, der nach Misshandlung in der Arrestzelle gestorben war, aber vor seinem Tod anderen noch den Namen seines Folterers mitgeteilt hatte. Während Boger in den vorangegangenen Sitzungen sehr

51 Für die „Sonderkommandos" wurden jüdische Häftlinge aus dem KZ Auschwitz zwangsrekrutiert. Sie mussten den Deportierten ihr Hab und Gut abnehmen, die Ermordung der zur Vergasung bestimmten Menschen vorbereiten und nach deren Tod die Leichen in den Krematorien verbrennen. Die Angehörigen der Sonderkommandos wurden selbst nach und nach ermordet und durch neue Häftlinge ersetzt. Am 7. Oktober 1944 organisierten bewaffnete Häftlinge eines Sonderkommandos einen Aufstand, in dessen Folge 250 Gefangene flüchteten. Sie wurden aber fast alle gefasst und getötet.

redselig alle Beschuldigungen zurückgewiesen hatte, fiel ihm nun keine rasche Antwort ein, als der Vorsitzende ihn aufforderte, zu den Vorwürfen Stellung zu nehmen. „Diese Vorfälle sind so unglaublich, dass man heute an ihrer Realität zweifelt." Sternol berichtete dann von der Liquidierung des Theresienstadt- und Zigeunerlagers. „2359 wurden (im Theresienstadtlager) vergast, diese Zahl werde ich nie in meinem Leben vergessen", sagte der gelernte Buchhalter mit brüchiger Stimme aus. Boger und Baretzki mit seinem speziellen Stockschlag prügelten auf die Menschen ein, die sich widersetzten, ins Gas zu gehen, teilte Sternol weiter mit. Die von Baretzki niedergeschlagenen Häftlinge wurden leblos auf der Lagerstraße liegen gelassen und später auf Lastwagen geworfen, die sie zu den Gaskammern fuhren.

Steiner, ein kräftiger Mann, der sich sehr präzise ausdrückte, erinnerte sich, dass der Angeklagte Oswald Kaduk in der Lagerwäscherei selektiert hatte, in einem Arm die Schnapsflasche, im anderen die Peitsche. Er beschuldigte Kaduk auch, beim Hängen von fünf oder sechs Männern Beihilfe geleistet zu haben, die er vorher misshandelt hatte. Der Aussage des Zeugen, „Bunkerjakob"[52] sei bei den Hinrichtungen ebenfalls zugegen gewesen, widersprach Kaduk höchst erregt: „Niemals war der Bunkerjakob dabei", und er rasselte die Namen derer herunter, die dabei gewesen sein sollen, alle schon verstorben.

Kaduk leugnete auch, den Todesmarsch 1945 begleitet zu haben, und er kreischte fast: „Ich war nicht dabei!" Steiner erwiderte ihm sehr ruhig: „Sie lügen. Sie selbst haben meinen Transport aufgestellt." Kaduk hatte Grund genug, seine Anwesenheit beim Todesmarsch zu

52 „Bunkerjakob" wurde Jakob Kozelczuk genannt, der jüdische Häftlingsaufseher in Block 11. Er hatte die Aufgabe, Häftlinge aus den Zellen zur Erschießung an die „Schwarze Wand" zu bringen und die Arrestzellen in Ordnung zu halten. Kozelczuk solidarisierte sich mit den Häftlingen im Bunker und leistete ihnen soweit möglich Hilfe und Unterstützung.

leugnen, da der Zeuge berichtete: „Die Straßen waren voller Leichen." Das waren die Menschen, die auf dem Todesmarsch von den SS-Männern erschossen wurden.

Nachdem das Gericht zugelassen hatte, dass der Mörder Schlage auf freiem Fuß blieb, konnte man sich auf dieser 32. Sitzung im neuen Gerichtssaal nicht des Gefühls erwehren, dass über dem irrealsten und scheußlichsten Schauspiel der Vorhang auf dieser Bühne fallen werde. Am Montag wird Vera Alexander aus Nes Ziona (Israel) ihre Zeugenaussage machen.

Bericht über den 33. Verhandlungstag am 6. April 1964

„Schlagt ihn tot!", rief eine heisere männliche Stimme von der Zuhörertribüne, andere murmelten zustimmend, als der Angeklagte Oswald Kaduk aufsprang und mit unartikulierten Lauten wie ein betrunkener Bulle schrie: „Das ist alles unwahr, es ist eine Verleumdung!" Auf diese Art brüllte er auch den Zeugen Ludwig Wörl an, einen untersetzten kurzsichtigen Mann mit rötlichem Gesicht, der wegen politischen Widerstands gegen die Nazis von 1942 bis 1945 in Auschwitz war. Wörl sprang auf, zeigte mit seinen kurzen Armen auf den Angeklagten und rief aufgeregt in seinem starken bayerischen Akzent: „Oh Kaduk, hier bist du. Heute trägst du kein Gewehr mehr, unsere Waffen sind jetzt Wörter." Kaduk darauf: „Ich trug sie in Auschwitz zu meinem eigenen Schutz." Als auch Wörl so laut er konnte schrie, schien sich die 33. Sitzung des Auschwitz-Prozesses für Minuten in einen Schauplatz für Handgemenge zu verwandeln.

Es dauerte ungewöhnlich lange, bis der Gerichtsvorsitzende Kaduk verwarnte, er würde ihn des Saales verweisen, wenn er nicht aufhörte herumzubrüllen. „Das macht mir nichts aus", konterte Kaduk, während zwei Polizisten versuchten, ihn wieder auf seinen Sitz zu zwingen. Es war, als wollte der Vorsitzende auf diese Weise die Persönlichkeit und den Charakter des früheren Rapportführers Kaduk bloßstellen. Man brauchte nicht viel Vorstellungskraft, um aus dem heutigen Vorfall zu schließen, wie er sich seinerzeit in Auschwitz aufgeführt hatte. Der Vorsitzende war offensichtlich auch nicht gewillt, wie vom Verteidiger gefordert, die Person ausfindig zu machen, die den Zwischenruf aus dem Publikum machte. Er nannte dieses Benehmen als unter der Würde des Gerichts.

Zu dem Zwischenruf kam es, als der 58-jährige Lebensmittelhändler Wörl berichtete, wie Kaduk, mit einem Gewehr bewaffnet, etwa ein Dutzend Kinder aus dem Ghetto in Będzin, die ihre Eltern um ein paar Tage überlebt hatten, ins Gas fuhr. Die Kinder, die sich völlig bewusst waren, was ihnen bevorstand, hatten Wörl, den damaligen Lagerältesten in Monowitz, gebeten, ihnen zu helfen und sie vor dem Gas zu retten. Wörl, der pausenlos redete, bewirkte auch, dass sich der Angeklagte Boger anders als üblich verhielt. Als er ihn beschuldigte, Lily Tofler, die Bürokraft in der Politischen Abteilung, erschossen zu haben, schien er fast ergriffen bei der Erinnerung an diesen Mord. Er zögerte mehrere Sekunden mit seiner Antwort, dann sprach er mit gesenktem Kopf: „Wir waren alle ziemlich verblüfft, als der Erschießungsbefehl aus Berlin kam."

Das 23-jährige slowakische Mädchen hatte an einen polnischen Häftling Liebesbriefe geschrieben. Boger leugnete aber, sie erschossen zu haben, sondern belastete den 1948 hingerichteten SS-Hauptscharführer Gehring mit dem Verbrechen. Als der Vorsitzende an Wörl die Frage richtete, ob Lily Tofler nach einem Verfahren erschossen worden sei, antwortete der Zeuge, fast verärgert, knapp: „Tofler war ein jüdisches Mädchen, und Juden mussten sterben, Polen sollten sterben und Deutsche konnten sterben." Um seiner Aussage zusätzliches Gewicht zu verleihen, zog Wörl einen Brief von Raya Kagan aus Jerusalem hervor, der seine Aussage bestätigt. Der Vorsitzende lehnte es ab, den Brief vor Gericht verlesen zu lassen, da Kagan noch als Zeugin auftreten werde. Die Verteidiger dagegen bestanden darauf, da dieses Schreiben beweise, dass sich die Zeugen gegenseitig beeinflussten.

Generell schien es, wie auch in anderen Fällen von Zeugenaussagen, dass Zahlen und Daten nicht mehr so korrekt erinnert werden wie Ereignisse. Das war auch bei Wörl so, der lange Zeit im Häftlingskrankenbau gearbeitet hatte. Er belastete den Angeklagten Klehr, Tausende von Phenolinjektionen verabreicht zu haben. Der Vorsitzende dazu: „Klehr hat 250 bis 300 solcher Injektionen zugegeben." Wörl: „Sie fügen besser zwei Nullen dazu."

Klehr habe auch auf eigene Faust selektiert, beteuerte Wörl, unter Menschen, die zur Behandlung in den Häftlingskrankenbau kamen. „Seine Hauptsaison hatte er 1943." Wörl hielt daran fest, dass er beobachtet habe, wie Klehr die Injektionsspritze bereithielt, während die Leichen der vorhergehenden Opfer hinausgetragen wurden. „Das ist alles Lüge", brüllte Klehr, worauf Wörl zurückbrüllte, was der Vorsitzende sofort unterband, um einen weiteren lautstarken Streit zu vermeiden. Dann beschuldigte Wörl Capesius, Häftlingen Medikamente vorenthalten zu haben und so des Mordes schuldig geworden zu sein. Er habe auch das Gepäck der Gefangenen geplündert, offenbar zusammen mit seinem jüdischen Assistenten Peter Strauch, um sich mit den Wertgegenständen, die in Pillen oder Salben versteckt waren, zu bereichern.

Der bereits in vorhergehenden Vernehmungen genannte Hermann Eisler, ein Freund von Capesius, hatte vor dem Prozess versucht, auch Wörl zu beeinflussen. Er stellte eine Summe von 50 000 D-Mark in

Aussicht, wenn der Zeuge bereit wäre auszusagen, dass Capesius niemals etwas mit Zyklon B zu tun gehabt habe. Des Weiteren warf Wörl dem Angeklagten Hantl „Abspritzen" vor, der das abstritt: „Ich habe nie gespritzt. Diese Juden hatten so viele Keime, dass ich ihren infizierten Atem nicht einatmen wollte." Der Angeklagte Neubert, dem ebenfalls Injektionen zur Last gelegt werden, sagte, er habe während dieses Prozesses zum ersten Mal überhaupt von „Abspritzen" gehört.

Für die Aussage der dunkelhaarigen Israelin Vera Alexander aus Nes Ziona blieb nur noch wenig Zeit. Von 1942 bis 1944 war sie in Auschwitz inhaftiert, danach bis zum Ende in einem Außenlager. Die Zeugin saß ganz aufrecht und sprach sehr ruhig auf Deutsch mit slowakischem Akzent. Nur als sie erwähnte, dass sie Vater und Mutter in Auschwitz verloren habe, bebte ihre Stimme. Sie selbst war in Auschwitz zuerst in „Kanada" eingesetzt gewesen, dann in der Landwirtschaft, in der Politischen Abteilung und schließlich auch als Blockälteste in Block 3 und Block 17. Sie konnte Capesius identifizieren, da sie ihn von verschiedenen Besuchen beim Lagerarzt Dr. Böhm gekannt hatte. Sie beschuldigte ihn, für die Vergasung einer Frau, die im Lager ein Kind geboren hatte, verantwortlich gewesen zu sein. „Er war der einzige SS-Mann, der von der Geburt wusste, als er damals in den Block kam." Auf die Frage, woher sie wisse, dass die Frau vergast wurde, antwortete Alexander, dass nicht mehr arbeitsfähige Frauen routinemäßig vergast worden seien.

Zusammenfassender Artikel

Das schlechte Gewissen macht sie feige. Die Reaktion der Deutschen auf den Auschwitz-Prozess, 7. April 1964[53]

Der Auschwitz-Prozess ist in seinem dritten Monat. Deutschlands große Tageszeitungen berichten noch immer ausführlich. Die Boulevard-Blätter mit ihrer Massenauflage (darunter die *Bild* mit drei Millionen Lesern) bringen von Zeit zu Zeit groß aufgemachte Prozessberichte, die oftmals an Geschmack und Takt zu wünschen übrig lassen. Die *Frankfurter Nachtausgabe* brachte es sogar fertig, einen Bericht über den Auschwitz-Prozess auf ihrer „Bunten Seite" zu drucken, neben dem Foto einer unter Brillenträgerinnen erwählten Schönheitskönigin aus Schweden! Die kleinen Provinzzeitungen, die eine relativ hohe Leserzahl haben, begnügen sich mit dem Nachdruck von Agenturberichten, vornehmlich der deutschen Presseagentur, deren Berichterstattung allerdings äußerst mangelhaft ist und den Eindruck erweckt, als habe man gerade in dieser Redaktion den Sinn des Auschwitz-Prozesses noch nicht begriffen. Dies mag

53 Erschienen in der deutschsprachigen israelischen Zeitung *Jedioth Chadashot*.

eher psychologisch zu werten sein, und typisch für die mangelnde Auseinandersetzung der Deutschen mit diesem und anderen Kriegsverbrecherprozessen.

So kann man eigentlich nur die Berichte in den großen Tageszeitungen zur Lektüre empfehlen. Aber ihre Auflagen umfassen ungefähr 250 000 Exemplare und richten sich im Wesentlichen an Intellektuelle und Menschen der gehobenen Schichten. Es ist so gut wie sicher, dass nur wenige von ihnen den Prozess verfolgen. Sie mögen unter den ungefähr fünf Prozent bewussten Demokraten der deutschen Bevölkerung zu finden sein, die ohnehin eine „saubere Weste" und es nicht nötig haben, die Prozessberichte zu lesen, da sie entweder über die schrecklichen Dinge Bescheid wussten oder selber darunter litten. Die Mehrheit der Deutschen gibt auch bereitwillig Gründe dafür an, dass sie die Auschwitz-Prozessberichterstattung nicht verfolgt. Erstens ziehe sich der Prozess zu lange hin, um noch Interesse zu wecken, und zweitens seien die dort aufgeführten Verbrechen so grauenhaft, dass sie eine wenig erfreuliche Lektüre darstellten. Und diejenigen, die ohnehin ein schlechtes Gewissen haben – und wenn es nur der Gedanke ist, dass man, während die Verbrechen geschahen, geschwiegen hat –, wollen nicht immerzu an ihre eigenen Fehler erinnert werden.

Die neonazistische *Deutsche Soldaten-Zeitung* hingegen verdient besondere Erwähnung. Diese Zeitung, die einzige in Deutschland mit einer solchen Tendenz, die ihre Auflage in jüngster Zeit erheblich vergrößert hat, berichtet über den Auschwitz-Prozess auf die ihr typische Weise. Die „Lüge von den sechs Millionen Gemordeten" ist eine oft wiederkehrende Floskel in dieser Zeitung. Die ständige Erinnerung an die „Verbrechen", die an Deutschen begangen worden sind – die Bombardierungen deutscher Städte, die Austreibungen von Deutschen aus den polnisch oder tschechisch oder russisch besetzten

Gebieten – soll als Gegengewicht zur Aufdeckung der Verbrechen in Auschwitz dienen. Natürlich findet sich die Leserschaft dieser Zeitung und derartiger Positionen unter den fünf Prozent verbohrten Nazis, die es in Deutschland geben soll, und den zehn Prozent, die zwar die Nazi-Methoden des Mordens nicht gutheißen, aber bereit sind, einem neuen Führer zu folgen. Unter ihnen ist leider eine ganze Anzahl junger Menschen.

In jüngster Zeit wurde festgestellt, dass die deutsche Jugend nicht so demokratisch oder anti-nazistisch eingestellt ist, wie das optimistische Kreise, die den Einfluss der Älteren nicht bedachten, immer behauptet haben. Aber es ist nicht immer nur der Einfluss der Lehrer oder der Eltern, die entweder im Grunde ihres Herzens noch Nazis oder nicht bereit sind, ihren Kindern gegenüber ihre politischen Fehler zuzugeben. Es ist auch der Tatsache geschuldet, dass es in Deutschland für junge Menschen keine Ideale gibt, für die sie leben und kämpfen möchten. Was sie hier sehen, ist ein sattes, saturiertes Volk, das mit sich selbst bestens zufrieden ist, das nach größeren Autos, nach mehr Luxus und mehr Komfort trachtet.

Der Mangel an Idealen in Deutschland hat viele junge Menschen dazu veranlasst, Israel zu besuchen und es zu bewundern, da sie dort das Gefühl haben, einem Volk zu begegnen, das weiß, wofür es lebt. So ist es also nicht überraschend, dass viele junge Menschen die strikte Disziplin, die Betonung des Nationalen im Nazismus für nachahmenswert halten. Man findet diese Jugend heute schon in den duellierenden Studentenkorps und auch in den Jugendgruppen der Landsmannschaften, die auf ihre Heimat in den abgetrennten Gebieten nicht verzichten wollen. Diese Jugend lehnt natürlich auch die Kriegsverbrecherprozesse ab, weil sie ihrer Ansicht nach viel zu spät und dann ohnehin nur auf den Druck des Auslands stattfinden. Sie würden sicher hinzufügen, auf den Druck der Juden, wenn sie schon wieder solche Dinge auszudrücken wagten. Sollte diese Art von Jugend die Auschwitz-Prozessberichte dennoch lesen, so sicher nur, um die freche Haltung der Angeklagten zu bewundern.

Es kann nicht geleugnet werden, dass das Argument, solche Prozesse hätten vor Jahren stattfinden müssen, sodass das deutsche Volk ohne die Bürde der Verbrechen in die neue Zeit hätte eintreten können, gerechtfertigt ist. Die Justizbehörden in Deutschland würden dazu sagen, dass erst heute genügend Dokumente zur Verfügung stehen, um die Nazi-Zeit korrekt beurteilen zu können. Das ist auch der Grund dafür, dass zurzeit eine Flut von Kriegsverbrecherprozessen über die Deutschen hereingebrochen ist. Und je größer die Zahl der Prozesse, desto weniger Leute lesen die Berichte darüber regelmäßig. Im großen Ganzen kann gesagt werden, dass der Eichmann-Prozess mehr Aufmerksamkeit in Deutschland erregt hat als der Auschwitz-Prozess heute. Dies mag an den ungewöhnlichen Umständen des Prozesses in Jerusalem gelegen haben, und auch daran, dass es der erste große Prozess dieser Art war. Überdies fürchteten die Deutschen, dort vor der ganzen Welt angeklagt zu werden – eine Möglichkeit, die in Frankfurt gering ist, da das Verfahren in Deutschland stattfindet und von Deutschen durchgeführt wird. Es mag noch zu früh sein, eine Beurteilung des Auschwitz-Prozesses für die Erziehung der Deutschen zu geben. Dennoch deuten alle Indizien schon jetzt darauf hin, dass der Auschwitz-Prozess trotz der ausgezeichneten Berichterstattung in großen deutschen Zeitungen nur wenig Eindruck auf das deutsche Volk in seiner Gesamtheit machen wird.

Berichte von April bis Mai 1964

Bericht über den 34. Verhandlungstag am 9. April 1964

Für heute war sonniges Wetter angesagt. Zum ersten Mal in diesem Frühling zwitscherten die Vögel, aber die Beobachter des Auschwitz-Prozesses nahmen es überhaupt nicht wahr. Die Rufe spielender Kinder aus der benachbarten Schule hörten sich an, als kämen sie von einem anderen Stern.

Selbst die 18 Verteidiger, bisher völlig unbekümmert, fast immer mit einem arroganten Lächeln, wirkten heute betreten, als der polnische Zeuge Stefan Boratyński aus Krakau seine Aussage über seine Erfahrungen als Häftling in Auschwitz von 1940 bis 1943 machte. Der 46-jährige Angestellte im öffentlichen Dienst, ein kleiner, bescheiden aussehender Mann mit kultivierten Umgangsformen und offenen, intelligenten Gesichtszügen sagte aus: „Meine Nummer 5721 war als Vorbereitung zur sofortigen Erschießung schon auf meine Brust geschrieben, als ich plötzlich mit den Worten ‚es ist einer zu viel‘ aus dem Waschraum gestoßen wurde." Dieser Stoß beendete die furchtbare Qual von Stefan Boratyński und ließ ihn Auschwitz überleben.

Sein auf Polnisch formulierter Bericht, der durch die Übersetzung nichts an Spannung verlor, lautete: „Ich wurde in die Politische

Abteilung befohlen. Dort befanden sich Boger, Grabner und Wosnitza und zwei oder drei andere SS-Männer. Auf dem Tisch sah ich einen großen Teller mit Heringen. Boger befahl: ‚Schluck sie runter'. Ich begann damit, dann musste ich erbrechen. Sie stopften mir alles in den Mund und schlugen mich. Ich weiß bis heute nicht, wie ich es geschafft habe. Danach führte Boger mich auf den Hof, wo normalerweise die Exekutionen stattfanden. Meine Hände wurden auf den Rücken gefesselt, man hängte mich mit den Armen an die Stange und Boger schaukelte mich mit einem Seil. Ich hatte große Schmerzen und furchtbaren Durst. Er schlug mir in den Magen und sagte, er werde mir beibringen zu sprechen. Dann wurde ich – immer noch mit auf dem Rücken gefesselten Händen – in eine Stehzelle gebracht. Ich wurde immer wieder geschlagen und verhört, war durstig und hatte Schmerzen. Dann gab es Selektionen im Bunker. An Hunger und Krankheit konnte man sich gewöhnen, an alles konnte man sich gewöhnen, aber nie an diese Selektionen. Ehe die SS zu uns kam, hörten wir die Vorbereitungen für Exekutionen, wir hatten wahnsinnige Angst. Ich wurde zusammen mit vielen anderen in den Waschraum gebracht."

Boratyński scheint bis heute dieses Wunder seines Überlebens nicht begreifen zu können. Aber er erinnerte sich gesehen zu haben, dass Boger alle erschossen hatte. „Kopf hoch!", hatte Boger den Häftlingen zugerufen, die nackt und mit gesenktem Kopf auf die Erschießung warteten. Dann schoss er aus kurzer Entfernung in schnellen Abständen. Andere Mitglieder der Politischen Abteilung sahen zu und gaben Fangschüsse ab.

Boratyński, der zwischendurch um eine Unterbrechung seiner Aussage bat („mein Herz klopft wie wild"), erinnerte sich auch an die Erschießung eines zehnjährigen Jungen. Dieser hatte zu einem Arbeitskommando gehört, aus dem ein Häftling geflohen war. Boger steckte den Jungen in eine Arrestzelle, und nach ein paar Tagen führte er ihn zur Exekution und sagte dem Sinne nach: „Damit ihr es lernt, in Zukunft keinen aus eurer Gruppe zu verlieren, wirst du heute erschossen."

Es war so still im Gerichtssaal, dass man eine Stecknadel hätte fallen hören können. An diesem Tag war auch der US-amerikanische Senator Dodd anwesend. Dagegen nahm kein einziger renommierter deutscher Politiker an der heutigen Verhandlung teil, als Boratyński berichtete, wie einer seiner Freunde sterbend vor den Arrestzellen lag, nachdem Boger ihn „behandelt" hatte: „Als Boger herauskam und meinen Freund Jan sah, trat er auf ihn und sagte, nun habe er genug für heute." Boger kommentierte diese Aussage völlig ruhig und kaltblütig, obwohl nicht zu übersehen ist, dass er seit Prozessbeginn an Gewicht verloren hat: „Ich habe nie jemanden in Auschwitz erschossen. Ich bleibe bei dieser Aussage. Ich sage nicht, dass der Zeuge ein Lügner ist, aber er irrt sich." Als Boratyński berichtete, dass Boger schon vor Auschwitz als Mörder eines kleinen jüdischen Mannes mit Schläfenlocken, Kippa und einem langen Bart in Lublin bekannt war, gab er einen Laut wie ein verwundetes Tier von sich und konnte die Tränen nicht zurückhalten.

Der Zeuge Wojciech Barcz aus Warschau, ein 49-jähriger Journalist, mindestens zehn Jahre älter aussehend, sagte heute aus: „Ich kam mit dem allerersten Transport nach Auschwitz und verließ es mit dem letzten im Jahr 1945." Er beschuldigte den Arzt Dr. Lucas, als Mengeles Stellvertreter alles über die Vernichtung gewusst zu haben. Lucas hatte die von Barcz erstellten Berichte über die Vergasten oder Verlegten unterschrieben und im Allgemeinen Mengeles Aufgaben übernommen, wenn dieser abwesend war, auch Selektionen an der Rampe. Damit widersprach er Lucas, der dabei blieb, er habe niemals etwas mit Selektionen zu tun gehabt. Er verfüge über zahlreiche eidesstattliche Erklärungen von Juden, denen er geholfen habe.

Der Zeuge Barcz beschuldigte auch die Sanitäter Klehr und Scherpe, sie hätten Injektionen verabreicht, obwohl er einräumte, selbst nie zugegen gewesen zu sein, wenn getötet wurde.

Die dramatische Auseinandersetzung zwischen dem Nazi-Verteidiger Laternser und dem kommunistischen Nebenklagevertreter Kaul überschattete stundenlang die Sitzung und ließ den Eindruck entstehen, als stelle der Auschwitz-Prozess für beide Männer lediglich eine Bühne zur Propagierung ihrer politischen Überzeugungen dar. Laternser versuchte mit hysterischer Stimme und der Gestik eines Opernsängers, Barcz mit der Behauptung einzuschüchtern, er sei vom früheren Zeugen Langbein, jetzt Prozessbeobachter, beeinflusst worden. Kaul wies in der Sitzungspause in gleicher Stimmlage auf die Leiden in Auschwitz hin und betonte, es sei nur natürlich, dass frühere Auschwitz-Häftlinge miteinander redeten. Beunruhigend war, dass weder die Staatsanwälte noch der Vorsitzende in ähnlicher Weise wie Kaul für die Opfer eintraten. Laternser führte dann ins Feld, einer der Verteidiger habe beobachtet, wie Langbein den Zeugen in der Pause beeinflusst habe, aber dieser Einwurf war so dürftig, dass die Sache nicht weiter verfolgt wurde.

Verteidiger Laternser fuhr mit einem vor Wut entstellten Gesicht in seinem Luxus-Mercedes 300 davon. Auch er hat im Zorn über seine ständigen Niederlagen an diesem Tag wohl kaum den Sonnenschein und die Vögel bemerkt. Heute war in diesem Prozess bisher sicher die dramatischste Zeugenaussage zu hören.

Bericht über den 35. Verhandlungstag am 10. April 1964

„Wo waren Sie in der letzten Nacht?“, fragte der Nazi-Anwalt Laternser, Verteidiger von fünf Angeklagten, den polnischen Zeugen Stefan Boratyński in einem Tonfall, als sei dieser ein Krimineller unter Mordverdacht. Laternser bestand auf einer Antwort und warnte das Gericht, er werde diese Frage jedem weiteren Zeugen stellen, um herauszufinden, ob die früheren Auschwitzinsassen ihre Aussagen miteinander „abstimmten“. Der Zeuge Boratyński stellte fest: „Als einer der wenigen Überlebenden bin ich empört über diese Frage. Sie erinnert mich an Auschwitz, wo SS-Männer, die zwei Häftlinge beieinander stehen sahen, eine Verschwörung witterten.“ Diese Bemerkung beeindruckte Laternser nicht im Geringsten, und er fuhr in seiner üblichen Nazimanier fort – er brüllte bei seinen Anschuldigungen und Beleidigungen geradezu, wofür ihm der Vorsitzende einen Verweis erteilte. Hofmeyer setzte die Sitzung aus und brachte die Empörung des Gerichts zum Ausdruck. Ferner stellte er fest, dass Laternsers Frage an den Zeugen unzulässig war.

Nach Boratyńskis Vorwurf, Kaduk habe einen 14-jährigen Jungen erschossen, der versucht hatte, sich aus einem Judentransport, der nach der Ankunft selektiert werden sollte, etwas zu schnappen, redete der Angeklagte mit dem Zeugen auf Polnisch, was fast freundlich wirkte. Kaduk konnte die Sprache, weil er in Oberschlesien gelebt hatte. Als der Vorsitzende mahnte, dass die Gerichtssprache Deutsch sei, nahm Kaduk wieder wie üblich die Habachtstellung ein. „Ich habe nie jemanden erschossen, der Essen gestohlen hat. Ich habe ihn nur verwarnt und ihm möglicherweise den Hintern versohlt.“ Boratyński beschuldigte auch den Höß-Adjutanten Mulka, an Selektionen teilgenommen zu haben. Er war der erste Zeuge, der Mulka wiedererkannte und dessen Aussage, er habe das Lager nie betreten und mit den Häftlingen nichts zu tun gehabt, widersprach. „Woran haben Sie mich erkannt?", fragte Mulka. Boratyński darauf knapp: „An ihrem Gesicht."

Nach ihm folgte der polnische Zeuge Mieczysław Lawrynowicz aus Warschau, Ingenieur von Beruf, 49 Jahre alt, der mit gekrümmtem Rücken und grauer Gesichtsfarbe ebenfalls mindestens zehn Jahre älter aussah. Auch er erkannte Mulka wieder und beschuldigte ihn, an Selektionen teilgenommen zu haben. Lawrynowicz war seit 1942 in Auschwitz gewesen, in Block 7, 23 und 15. Langsam, fast behutsam ging er durch die Reihen der Angeklagten, seine suchenden Augen auf jeden einzelnen der 21 Männer gerichtet, von denen einige den Kopf zur Seite wendeten, um nicht voll gesehen zu werden, während andere den Zeugen direkt anblickten, als hätten sie nichts zu verbergen. Dies galt auch für Kaduk, von dem der Zeuge sagte: „Er war ein sehr gefährlicher Mann. Meist ging er in Gummistiefeln zum Block 11, um Exekutionen durchzuführen."

Den Angeklagten Boger beschuldigte Lawrynowicz, im Sommer 1943 vier oder fünf Personen erschossen zu haben. Boger bemerkte dazu: „Ich habe ihnen nur ihr Urteil vorgelesen." Die Hauptaufgaben des Zeugen als Häftling in Auschwitz hatten darin bestanden, während nächtlicher Selektionen an der Rampe für die Beleuchtung zu sorgen, die Motoren der Gaskammern zu warten und den Stacheldraht unter Strom zu halten. Drei weitere Zeugen, deren Vernehmung heute vorgesehen war, sind offenbar wegen Visa- und Passproblemen nicht erschienen.

Das Gericht nutzte den Zeitgewinn, um dem Angeklagten Schlage, dem früheren Blockführer des Arrestblocks 11, die Möglichkeit zu geben, zu den Anschuldigungen Stellung zu nehmen, die zur Anklageschrift noch hinzugekommen waren – zur Tötung durch

Verhungernlassen zweier Häftlinge in der Arrestzelle. Schlage, der bisher daran festgehalten hat, dass er von einem Arrestbunker in Block 11 nicht einmal gewusst habe, gab heute zu, dass er sich nun doch erinnere, nachdem er im Laufe des Prozesses so viel darüber gehört habe. Der Vorsitzende kommentierte Schlages Einlassung mit den ironischen Worten: „Der Prozess scheint letztlich gar nicht so sinnlos zu sein."

An alles andere erinnerte er sich auch jetzt nicht, weder an die Verbrechen, für die er angeklagt wurde, noch dass Häftlinge dabei starben.

Bericht über den 36. Verhandlungstag am 13. April 1964

Eine der Schöffinnen, eine ältere Frau, wischte sich die Tränen ab, als der ehemalige polnische Major Józef Piwko aus Chorzów aussagte. Er war von Januar 1943 bis Ende 1944 Häftling im Stammlager Auschwitz und in Birkenau gewesen. Mit seinen 71 Jahren ist er noch als Ingenieur tätig. Piwko berichtete, dass Wilhelm Boger in Auschwitz mehrere Kinder im Alter von vier oder fünf Jahren getötet habe. Er sprach sehr lebendig und anschaulich, ohne jede Hemmung und mit Gesten, als wolle er seinen Enkeln eine Begebenheit beschreiben. Seine Aussage lautete: „Fünf oder sechs Zigeunerkinder hatten sich hinter Bettgestellen versteckt. Sie wussten ganz genau, dass alle im Lager vergast werden sollten. Die Zigeuner hätten solche Neuigkeiten immer im Voraus von einer jungen Frau erfahren, die die Freundin eines SS-Mannes war. Ein SS-Mann zerrte die Kinder aus der Baracke, zog sie zu Boger, der sie anbrüllte und auf sie einschlug, sie dann an den Füßen packte und gegen eine Wand schleuderte." Das Gericht war entsetzt, wie immer, wenn es um Kinder ging.

Der Vorsitzende wandte sich an den Zeugen: „Sie waren Offizier, Sie kennen die Bedeutung eines Eides. Ist das wirklich wahr?“ Der Zeuge nickte lebhaft. Der Vorsitzende: „Waren die Kinder wirklich tot, als er sie an die Wand geschmettert hatte?“ Der Zeuge verzog sein Gesicht über so eine einfältige Frage und antwortete mit „Ja“. Ob sein könne, dass er Boger mit einem anderen SS-Mann verwechselte, wurde er gefragt. „Nein, nein“, antwortete der Zeuge, „warum nicht, werde ich Ihnen sagen“. Er habe Boger ziemlich gut gekannt, da er ihn oft genug auf seinem Fahrrad gesehen habe, wenn er einen Häftling an der Leine hinter sich her zog.

Piwko beschuldigte Boger außerdem, an allen möglichen Aktionen in Auschwitz teilgenommen zu haben – „wie konnte irgendetwas ohne ihn geschehen“. Erneut aufgefordert, genau zu überlegen, ob er wirklich die Wahrheit sage, da diese Anschuldigung gegen Boger bisher noch nie vorgebracht worden war, antwortete Piwko: „Ich ziehe kein einziges Wort meiner Zeugenaussage zurück.“ Der Vorsitzende merkte an, dass diese neue Beschuldigung ernsthafte Folgen für Boger haben würde. Boger wusste keine Antwort, als er dazu aufgefordert wurde. Der Zeuge: „Wo Schuld ist, muss auch Strafe sein.“ Den Eid legte er mit fester Stimme ab, aber während der Aussage zitterte seine Stimme, und einmal bat er um eine kurze Unterbrechung, um seine Fassung wiederzugewinnen.

Auf ganz andere Art, sehr ruhig und abgeklärt, sprach der Zeuge Erwin Olszówka, ein 48-jähriger Büroangestellter, der von 1940 bis zum Schluss in Auschwitz inhaftiert war. Inhaltlich unterschied sich seine Aussage, soweit sie Boger betraf, nicht: „Ich weiß aus meiner langen Lagererfahrung ganz genau, dass Boger an allen Arten der Vernichtung beteiligt war. Er erschoss Lily Tofler ohne Befehl. Er erschoss Häftlinge, die in Aufstände verwickelt waren, „damit ihr Hunde wisst, was es heißt, sich zu widersetzen“, er war aktiv beteiligt bei den Todesmärschen, wo er während eines dreitägigen Marsches mindestens 50 Häftlinge pro Tag erschoss. „Er ging durch die Häftlingskolonnen und tötete alle um sich herum". Zu diesem Zeitpunkt war es offensichtlich, dass die Nazis den Krieg verloren hatten.

„Das kann er jedem erzählen", bemerkte Kaduk unverschämt. Damit wollte er sagen, dass er Olszówkas Aussage, er hätte Exekutionen beobachtet und gesehen, wie der Angeklagte Häftlinge auf dem Todesmarsch erschossen hatte, nicht glaubt. Als er vom Vorsitzenden wegen seines Verhaltens gerügt wurde, beschrieb Kaduk die Exekution von zwölf „Geiseln" auf Befehl des Reichsführers [SS Heinrich Himmler], weil diese einen SS-Mann erschossen hätten. „Ich hatte den Auftrag, zusammen mit zwei Blockführern die Gefangenen in den Hof zu führen. Sie wurden nicht misshandelt. Die Häftlinge sollten auf einen Schemel steigen. Die Schlinge wurde um ihren Hals gelegt. Mit meinem Stiefel stieß ich die Schemel weg. Dann kam der Arzt, um zu sehen, ob sie tot waren, und dann wurden die Leichen in das Krematorium gebracht."

Der Zeuge fügte der Beschreibung hinzu, Kaduk und andere hätten die Häftlinge noch misshandelt, als die Hinrichtungen schon im Gange waren, weil sie gerufen hatten „Lang lebe Polen" und „Weg mit der braunen Mörderbande", was die SS-Männer vor Wut schäumen ließ.

Olszówka beschuldigte Baretzki, in Birkenau einen „Muselmann"[54] getötet zu haben, indem er ihn einfach mit der Hand niederschlug und auf ihn trat. Daraufhin wollte Baretzki eine Erklärung vom Zeugen, wie er überhaupt ohne speziellen Passierschein nach Birkenau gelangt sei. Auf die Antwort des Zeugen, dass er keinen Schein gebraucht habe und mit einem Auto gekommen sei, rief

54 Siehe Fußnote 31 auf Seite 83.

Baretzki in seinem gebrochenen Deutsch: „Dann können Sie nie in Birkenau gewesen sein." Damit wollte er klarstellen, dass der Zeuge diesen Vorfall nicht beobachtet haben konnte.

Nach der heutigen Sitzung wurde der 61-jährige Bruno Schlage, in Auschwitz im Arrestblock eingesetzt, auf Beschluss des Oberlandesgerichts in Haft genommen. Erst in der vergangenen Woche hatte das Schwurgericht den Antrag, Schlage wegen des Verdachts, zwei Häftlinge durch Verhungernlassen getötet zu haben, abgelehnt, weil keine Fluchtgefahr bestehe. Der 61-Jährige sei krank, kümmere sich um seine kranke Frau und sei Alleinverdiener einer Familie. Die Staatsanwaltschaft rief daraufhin das Oberlandesgericht an. Dies ist die zweite Verhaftung seit Prozessbeginn. Mulka war der erste von den zehn Angeklagten auf freiem Fuß, der in Untersuchungshaft genommen wurde. Die Festnahme Schlages könnte dazu beitragen, dass sich die Atmosphäre im Gerichtssaal ändert und die Angeklagten ihr dreistes Auftreten aufgeben und ihnen das Lachen vergeht.

Bericht über den 37. Verhandlungstag am 16. April 1964

Heute hatte das Publikum des Auschwitz-Prozesses Grund zum Lachen. Das geschah, als Boger sagte, ein russischer Gefangener, der sich seiner Hinrichtung widersetzt hatte, habe ihm eine Rippe gebrochen. „Sie mögen lachen, einem Russen, einem von vier Gefangenen, die auf Befehl des RSHA erschossen werden sollten, ist es gelungen, die Fessel an seiner Hand zu lösen, und als ich versuchte, sie wieder anzulegen, trat er nach mir." Der polnische Zeuge Henrik Wysoczyński, ein 44 Jahre alter Ökonom aus Zduńska Wola, der von Mitte 1943 bis 1945 in Auschwitz gewesen war, erinnerte sich als Mitglied des polnischen Widerstands an diese Exekution der vier Russen und berichtete, dass Boger vor Wut geschäumt habe, als ein Russe vor seinem Tod noch etwas sagen wollte. Boger selbst habe ihn geschlagen, ihm die Schlinge um den Hals gelegt und den Schemel unter ihm weggezogen. Er sagte auch aus, dass Bogers Misshandlungen so schlimm gewesen seien, dass Wunden erst nach sieben Monaten heilten. Boger meinte dazu: „Zu dieser Aussage gibt es nur ein klares und entschiedenes Nein." Der Zeuge: „Ich kann ihnen noch dic Spuren Ihrer Stiefel zeigen."

Der tschechisch-jüdische Zeuge Erich Kulka aus Prag, 53 Jahre alt, war von November 1942 bis 1945 Häftling in Auschwitz gewesen und hatte dort als Schlosser gearbeitet. Er übergab dem Gericht 203 Fotos aus einem Album, das die Ungarin Lily Selmanowicz, heute in Miami wohnhaft, in der Villa eines SS-Manns gefunden hatte. Die Aufnahmen stammen aus der letzten Phase der „Endlösung". Es wurde festgestellt, dass diese Fotos keinen einzigen toten Häftling und keine Misshandlungen zeigen, jedoch zahlreiche Ankünfte von Judentransporten und Selektionen. Der Zeuge, dessen tief liegende dunkle Augen viel durchlebtes Leid erkennen lassen, sprach zuerst lebhaft auf Tschechisch. Als er gebeten wurde, Deutsch zu sprechen, tat er es. Auf einem dieser Bilder erkannte er Stefan Baretzki, war aber nicht in der Lage, ihn heute im Gerichtssaal zu identifizieren. Er beschuldigte Baretzki, am Tod von mindestens fünf Personen schuld zu sein, indem er ihnen befahl, schwere Sportübungen auszuführen. Andere habe er auch durch Schläge getötet. Kulka: „Solange diese Blockführer kein Blut fließen sahen, waren sie nicht zufrieden. Wenn jemand Glück hatte und ihm die Nase nach einem Schlag blutete, wurde er in Ruhe gelassen."

Anstelle von Baretzki erkannte der Zeuge Capesius, ohne dessen Namen nennen zu können, doch wusste er mit Sicherheit, dass dieser oft an der Rampe selektiert hatte. Es war das erste Mal, dass Capesius so entschieden dieses Verbrechens beschuldigt wurde und er der Zeugenaussage auch nicht widersprach. „Seine Physiognomie hat sich überhaupt nicht verändert", äußerte Kulka. Der Zeuge erkannte auch Pery Broad. Einmal habe dieser einer gerade mit einem Transport angekommenen verzweifelten Frau, die befürchtete, hier getötet zu werden, versichert, sie solle den Aussagen eines Mithäftlings nicht glauben, dieser sei ein Krimineller. „Schau dir seine Ohren an, wie sie von seinem geschorenen Kopf abstehen."

Der Zeuge berichtete, dass ein Häftling, der auf Broads Befehl und in seiner Anwesenheit 150 Schläge bekam, weil er angeblich Läuse verbreitet hatte, an den Folgen starb. Kulka erinnerte sich auch an Einzelheiten zweier Tötungsaktionen im Theresienstadtlager und daran, wie die Menschen getäuscht wurden, indem man ihnen vorgaukelte, sie würden zur Arbeit geschickt. Als sich die Todgeweihten gegen den Weg ins Gas wehrten, schlugen SS-Männer sie auf die Köpfe. Als sie die Gaskammern erreichten, hätten sie die tschechische Nationalhymne und die HaTikva[55] gesungen.

Der Zeuge legte dem Gericht auch Postkarten vor, auf denen die Menschen nach Hause geschrieben hatten, sie seien wohlauf, während sie bei Ankunft der Karten längst tot waren. Diese Postkarten hatten die Berichte über Auschwitz, die ein entflohener Häftling überbracht hatte, als totale Lügen erscheinen lassen. Von den 44 000 jüdischen Tschechen, die in 49 Transporten angekommen waren, gab es nach Kulka nur 2868 Überlebende. Einer von ihnen war Kulkas Sohn, der heute in Israel lebt und zu einem späteren Zeitpunkt ebenfalls in diesem Prozess aussagen wird.

55 Das hebr. Wort „HaTikva" bedeutet „die Hoffnung". Seit 1897 ist die *HaTikva* die Hymne der zionistischen Bewegung. Mit der Gründung des Staates Israel am 14. Mai 1948 wurde der Text zur Nationalhymne erklärt.

Kulka erkannte auch Robert Mulka wieder, konnte aber über dessen Dienstgrad und Tätigkeit in Auschwitz keine Auskunft geben. Mit seiner Aussage widerlegte er die die Behauptung des Angeklagten, dass er als Adjutant von Höß das Lager überhaupt nie betreten habe. Dagegen gab Mulka stets zu, dass er in Auschwitz Chef der Deutschen Ausrüstungswerke gewesen war. Als das Gericht heute ein Schreiben über die Lieferung von „drei gasdichten Türen" und die Bestellung einer weiteren – 100 auf 192 cm – für das Leichenhaus der Gaskammern („diese Bestellung war sehr dringlich") verlesen ließ, antwortete Mulka knapp: „Ich erinnere mich nicht an diese Sache."

Bericht über den 38. Verhandlungstag am 17. April 1964

Es war die 38. Sitzung des Ausschwitzprozesses. Ein kräftig gebauter, großer blonder Mann schritt ruhig durch die Reihen der Angeklagten. Er beugte sich über jeden seiner „Bekannten" und identifizierte Kaduk, Boger, Dylewski, Broad, Mulka und Capesius. Dann sagte Jiri Baranovsky, ein 52-jähriger Schweißer aus Prag, nachdenklich zu ihnen: „Wir sind alle älter geworden, wir haben uns alle verändert." Die Aussage des tschechischen Zeugen litt zunächst unter der schlechten Übersetzung, die erst verständlicher wurde, als er ins Polnische, seine eigentliche Muttersprache überging. Baranovsky verdankte sein Leben einer Emailbadewanne. Er war bereits aus der Arrestzelle heraus zur Exekution selektiert worden, weil er versucht hatte, gynäkologische Instrumente ins Frauenlager zu schmuggeln. (Frauen, die Kinder zur Welt brachten, wurden direkt nach der Geburt vergast.) Doch dann wurde er in seine Zelle zurückgebracht und hörte dort die Schüsse auf seine Kameraden. Der SS-Mann Lachmann hatte darauf bestanden, dass Boger ihn verhörte. Das Verhör war relativ mild. Boger habe ihn für eine emaillierte Badewanne eingetauscht: „In seiner neuen Wohnung gab es nur eine steinerne Wanne. Wir bauten ihm [außer der Emailbadewanne] noch eine Toilette ein, sodass er mich aus dem Bunker entließ."

Baranovsky erinnerte sich auch an Emil Bednarek, den einzigen früheren Kapo im Prozess. Bednarek könne ihm helfen, wenn er nicht ganz sicher sei bezüglich der Blocknummern, in denen er in Arrest war. Bednareks Name hatte sich Baranovsky eingeprägt wegen einer „Weihnachtsfeier", die er 1941 für seinen Block ausgerichtet hatte. Brot war gestohlen worden, „das schlimmste Verbrechen in Auschwitz". Bednarek ordnete einen Scheinprozess an, der Angeklagte wurde zu 50 Stockhieben verurteilt, obwohl das „Gericht" angeordnet hatte, dass erst einmal nur 25 Schläge verabreicht werden sollten und die nächsten 25 zwei Wochen später, mit der offensichtlichen Absicht, den Häftling nicht zu töten. Bednarek zerrte den „Verurteilten" zum Tisch und schlug ihn mit einer riesigen Eisenstange, sodass der Häftling starb, ehe er die 50 Schläge erhalten hatte.

Baranovskys gesamte Aussage verlor jedoch an Wert. Es stellte sich nämlich heraus, dass er vor einem tschechischen Gericht bezeugt hatte, dass Boger auch verantwortlich sei für den Tod des polnischen Offiziers Kramar, während er jetzt darauf bestand, dass es Dylewski war, der Kramar zur Erschießung selektiert hatte. Verteidiger Laternser kündigte an, er werde zu einem späteren Zeitpunkt im Prozess die Anhörung des tschechischen Gerichts beantragen. Zweifellos war das Laternsers Recht. Er hatte aber nicht das Recht, erneut zu fragen, mit wem der Zeuge über seine Aussage gesprochen habe und wo er in Frankfurt untergebracht sei, um herauszufinden, ob der Zeuge beeinflusst worden war. Laternsers Frage, die in einer der vorhergehenden Sitzungen abgelehnt worden war, führte zu tumultartigen Szenen mit dem ostdeutschen Nebenklagevertreter, der dem Gericht vorhielt, dass ein derartiges Verhalten unter der Würde eines solchen Prozesses sei. Damit erreichte er, dass das Publikum, in dem sich überwiegend Schüler befanden, heftig Beifall klatschte und der Vorsitzende wütend wurde. Er verließ die Bühne in großer Aufregung; seine flatternde schwarze Robe war das Letzte, was man von ihm sah, als er hinauseilte.

Zu einer ähnlichen Szene kam es in der Nachmittagssitzung. Laternsers Kollege Steinacker brachte das Publikum zum Lachen, als er nicht bereit war, dem Gericht auf die Aufforderung des Vorsitzenden die Dokumente auszuhändigen, aus denen er zitiert hatte. Als Steinacker dem Vorsitzenden vorwarf, das Verhalten des Publikums nicht gerügt zu haben, sagte dieser, das Gericht hätte einige Male Grund gehabt, sich über sein und Laternsers Auftreten aufzuregen. Er habe nicht den Eindruck, dass das Publikum stören wollte. Laternser war für eine erneute Unterbrechung der Sitzung verantwortlich, als der Vorsitzende dessen Verhalten rügte. Mit den Worten, „es steht Ihnen nicht zu, mir Vorschriften zu machen", rannte der Vorsitzende hinaus und verließ den Gerichtssaal.

Dies geschah während der Zeugenaussage von Lilly Majerczyk, geborene Stark aus Antwerpen, die in Auschwitz einige Zeit Bogers Sekretärin gewesen war. Boger brachte die Aufschrift „SB" [Sonderbehandlung] auf den Aktenordnern an, erinnerte sich Majerczyk, was bedeutete, dass eine Person nicht am Leben bleiben sollte: „Boger bedeutete für viele Personen die Endstation." Sie erweiterte die Liste von Spitznamen, die Boger von den Häftlingen bekommen hatte, um die Bezeichnung „Tiger von Auschwitz" und versicherte, dass er stolz darauf gewesen sei. Auch fügte sie Bogers Anklageschrift noch einige Morde hinzu und belastete auch Broad. Über ihn sagte sie: „Seine Tante war Himmlers Freundin, die erreichte, dass er trotz seiner brasilianischen Herkunft in die SS aufgenommen wurde.“ Sie beschuldigte Broad, einen Polen ermordet zu haben, der ihm das Geheimnis seiner beabsichtigten Flucht anvertraut habe. Der Vorsitzende: „War es ihm erlaubt, den Häftling ohne Befehl aus Berlin zu erschießen?“ Die Zeugin: „Dort wurde so viel gemacht ohne Erlaubnis. Ich habe gesehen, dass Kinder, für die nicht genug Gas da war, im offenen Feuer verbrannt wurden. Ihr Spielzeug lag auf der Lagerstraße herum.“

Als absehbar war, dass der Krieg verloren gehen würde, habe Boger eines Tages gesagt: „Wehe uns, wenn wir verlieren!“ Auf die Frage, was dann mit den Häftlingen geschehen würde, habe er geantwortet: „Drei Minuten das Gas aufgedreht, dann bist du weg.“ Aber der Krieg ließ Boger keine Zeit mehr, seine „Aufgabe“ zu Ende zu bringen.

Bericht über den 39. Verhandlungstag am 20. April 1964

In der heutigen Sitzung des Auschwitz-Prozesses herrschte vom Morgen bis zum Abend eine angespannte Atmosphäre. Ein älterer Mann aus dem Publikum wurde von den Gerichtsdienern ohnmächtig hinausgetragen. Die Schöffinnen weinten minutenlang und wischten sich die Tränen aus den Augen. Sogar der Vorsitzende musste mehrmals sein Taschentuch benutzen. Nur wenige Angeklagten waren während der heutigen Verhandlung in der Lage, geduldig auf ihren Sitzen zu bleiben. Die meisten rückten unruhig ihre Stühle zurecht. Journalisten rannten von der Pressegalerie herunter und rauchten eine Zigarette, um ihre Fassung wiederzugewinnen. Die Verteidiger schienen wie gelähmt. Nur der Nazi-Anwalt Laternser verließ den Gerichtssaal, um der auch für ihn unangenehmen Atmosphäre zu entkommen.

Der erste Grund dafür war die Entscheidung des Gerichts, einen Bericht über das Konzentrationslager Auschwitz verlesen zu lassen, mutmaßlich verfasst vom Angeklagten Pery Broad, der heute aber leugnete, der alleinige Autor zu sein. Hermann Rothmann,[56] als britischer Offizier der Military Intelligence Section 1946 im Camp Munster-Lager[57] stationiert, sagte als Zeuge unter Eid aus, dass seines Wissens Broad den Bericht verfasst habe, als er nach dem Krieg im Munster-Lager als Dolmetscher arbeitete. Er war sich seiner Erinnerung gewiss, dass Broad, mit dem er täglich zu tun hatte, ihm Vorfälle aus Auschwitz im gleichen Stil erzählte, wie er sie dann in diesem Bericht niederschrieb. Rothmann verfügte über eine Kopie des Berichts, die er heute der Frankfurter Staatsanwaltschaft übergab, um das wahre Geschehen in Auschwitz zu dokumentieren. Broad hatte ihm seinerzeit gesagt, dass er nur unter Alkohol in der Lage gewesen sei, Auschwitz und insbesondere die Gaskammern zu ertragen.

Der Broad-Bericht war ein journalistisches Meisterstück, das besser als jede bisher gehörte Zeugenaussage die grauenhafte Atmosphäre von Auschwitz, die schrecklichen Geschehnisse, die Folterungen der Häftlinge, die Ohnmacht gegenüber unmenschlichen SS-Männern und den Wahnsinn des Nazi-Systems erkennen lässt. Es war klar, dass nur ein intelligenter und eigenständig denkender SS-Mann in der Lage war, einen derart analytischen Bericht zu verfassen. Er konnte es besser als ein Häftling, der keine vollständige Übersicht

56 Rechtsanwalt Henry Ormond ist es zu verdanken, dass dem Gericht dieses Dokument vorgelegt wurde. Hermann Rothmann gehört zu den von Ormond geladenen Zeugen.

57 Nach der Besetzung des in der Lüneburger Heide gelegenen „Truppenübungsplatzes“ durch britische Truppen richtete die britische Besatzungsmacht 1945 hier ein Entlassungslager für kriegsgefangene Soldaten der Wehrmacht ein.

über das Lager haben konnte. Broad sprach in diesem Bericht vom „größten Vernichtungslager in der Weltgeschichte, in dem zwei bis drei Millionen Juden ermordet wurden". Seine SS-Kameraden nannte er „Mordgesellen". Er sprach von SS-Offizieren, die begierig waren, Vertreter der Intelligenz zu ermorden, weil sie deren Überlegenheit verachteten. Er beschrieb Vernichtungsmethoden als Ausgeburt perverser Gehirne. „Hitler wartete ungeduldig auf Neuigkeiten vom Tod der ungarischen, griechischen, deutschen, französischen, russischen und polnischen Juden"; „Auschwitz wird als unauslöschlicher Makel in die Geschichte eingehen."

Zweifellos war jeder Prozessbeobachter froh, als die restliche Verlesung des Berichts auf die Donnerstagsitzung verschoben wurde. Am meisten Broad selbst, der jetzt Zeit hat, über seine Verteidigung nachzudenken.

Broad verteidigte sich nicht selbst gegen die Beschuldigung von Jenny Schaner, er habe einen Polen, den Boger auf seiner „Schaukel" malträtiert hatte, gegen den Widerspruch eines Arztes zu einem erneuten Verhör geholt. Der Mann war an den Folgen gestorben. Die Zeugin Jenny Schaner (verwitwete Spritzer, geb. Ertel), eine Jüdin aus Berlin, lebt jetzt in Zürich und ist österreichischer Nationalität.

Jenny Schaner, eine Frau mit Brille, rötlichem Haar und weißem Teint, war von Juli 1942 bis zum Ende in Auschwitz inhaftiert. Ihre Aussage war der zweite Grund für die heutige angespannte Atmosphäre im Gerichtssaal. Schaner, die in Auschwitz zunächst bei Straßenarbeiten eingesetzt worden war, sagte aus, sie habe gesehen, wie jüngere SS-Männer Frauen so sehr schlugen, dass viele von ihnen am Abend auf Bahren ins Lager zurückgetragen werden mussten. Die Zeugin erinnerte sich, wie eine Frau gefleht habe: „Um Gottes Willen, schlagen Sie mich nicht, Herr Obersturmführer, ich bin schwanger", worauf der SS-Mann umso fester zuschlug. All das brachte Schaner dazu, das Risiko einzugehen und die SS-Männer zu bitten, sie als Schreibkraft einzusetzen. „Hast du gute Nerven?", fragte der SS-Mann, und als sie das bestätigte, wurde sie beauftragt, die Todesregister zu führen, d. h. Sterbefälle einzutragen, wie sie von Ärzten wie Mengele, Entress, Klein und Lucas bescheinigt wurden. „Wir arbeiteten sehr hart, manchmal 14 oder 16 Stunden, weil es so viele Tote gab. Und wir sahen die wie Gemüse oder Kohlköpfe aufgestapelten Leichen." Sie lernte, als Todesursache statt Totschlag Herzversagen einzutragen oder statt „auf der Flucht erschossen" Herzattacke anzugeben. Sie berichtete, dass an Verwandte Karten geschickt wurden mit dem Text: „Zu meinem größten Bedauern muss ich Ihnen den Tod Ihres Sohnes anzeigen. Er starb trotz größter medizinischer Bemühung. Auf Ihren Wunsch sind wir bereit, Ihnen die Asche zuzusenden." Falls die Familien tatsächlich darum baten, erhielten sie eine Schatulle mit irgendwelcher Asche.

Das Totenbuch von Auschwitz, Band 22 vom 22. September bis 2. Oktober 1942, in dem 1500 Tote registriert sind, übergaben heute Vertreter des Amsterdamer Reichsinstituts für Kriegsdokumentation dem Gericht. Es bestätigt Schaners Aussage bezüglich der Todesrate, jedoch musste diese Zahl in späteren Jahren nach oben korrigiert werden.

„Die Menschen heulten wie Hunde", beschrieb Schaner Bogers Verhörmethoden. Oft sei der Angeklagte Johann Schoberth herbeigerufen worden, um Boger bei den Schlägen zu unterstützen. Er sei ein dummer Kerl gewesen, aber wenn er bei Erschießungen assistierte und danach zurückkehrte, habe er, in offenem Hemd und mit blutunterlaufenen Augen, begeistert gewirkt. „Wir wussten dann sofort, dass er von der ‚SB' [Sonderbehandlung] kam." Schaner, die in Auschwitz viel gesehen hatte („weil ich sehr wissbegierig war") und weil sie offensichtlich starke Nerven hatte, begann zu weinen, als sie sich an das Schicksal von fünfzig Kindern im Alter bis zu sechs Jahren erinnerte. Ein ungefähr vierjähriges Kind ging auf einen SS-Mann zu. Der trat es so heftig, dass es vier Meter weit flog. Alle Kinder schrien und weinten, so laut sie konnten. Sie wurden dann zum Verbrennen gebracht, weil für sie kein Gas mehr zur Verfügung stand. Schaners Aussage war so präzise formuliert, dass nur ein Anwalt eine eher unwichtige Frage an sie hatte. Keiner der Angeklagten äußerte sich zu ihrer Zeugenaussage. Nahum Goldmann,[58] der bei der heutigen Sitzung anwesend war, zeigte sich tief beeindruckt von Schaners Zeugnis, aber auch vom Gericht. „Der Prozess wird sehr klug geführt", äußerte er.

Bericht über den 40. Verhandlungstag am 23. April 1964

Die heutige Sitzung des Auschwitz-Prozesses wurde unterbrochen, weil der polnische Zeuge Dr. med. Czesław Głowacki aus Warschau nicht in der Lage war, seine Aussage fortzusetzen. Die Hände dieses großen blonden Mannes von 45 Jahren zitterten, wenn er immer wieder zu einem Wasserglas griff, als könne es ihm Halt geben. „Die Gegenwart dieser Leute, die meine Kameraden ermordet haben, regt mich so auf, dass ich fast den Verstand verliere", äußerte er. Głowacki war von 1940 bis Ende 1944 Häftling in Auschwitz, weil er der polnischen Widerstandsbewegung angehört hatte. Die meiste Zeit hatte er als Leichenträger gearbeitet. Schon bevor er seine Aussage abbrach, war ihm anzumerken, dass es ihm schlecht ging. Es schien,

58 Nahum Goldmann (1895–1982) war Gründer und langjähriger Präsident des Jüdischen Weltkongresses (WJC).

als hätte er noch nie zuvor über seine grauenvollen Erlebnisse in Auschwitz gesprochen. Den Kopf gesenkt, sagte er mit leiser Stimme: „Ich mache das alles wieder durch, wenn ich darüber spreche." Es herrschte Schweigen, dann berichtete er: „Unsere Aufgabe war es, die Leichen aus den Gaskammern zu holen. Das war ein Bild, das ich nicht beschreiben und nicht vergessen kann. Ich sah Leute, die andere umarmten. Ich sah einige, die Haare in ihrer Faust hielten. Ich sah abgekaute Finger. Beim Versuch, die Leichen nach zwei Tagen im Gas herauszubekommen, blieben Hautfetzen der Vergasten an unseren Fingern zurück, weil die Verwesung der Leichen schon begonnen hatte."

Głowacki war bei fast allen Exekutionen an der Schwarzen Wand anwesend; er musste auf den Tod der Opfer warten. „Einmal waren es 160 Künstler, Maler und Bildhauer aus Krakau. Wir mussten die Leichen aufschichten. Das Blut floss unaufhörlich, es floss sogar aus dem Tor hinaus, das den Bereich der Schwarzen Wand abschloss." Alle Angehörigen der Politischen Abteilung waren dabei, Boger, Broad und Dylewski, und sie alle schossen bei diesen Gelegenheiten, berichtete der Zeuge, ebenso wie bei Erhängungen.

Dann geriet er in Verwirrung in Bezug auf die Zahl der Erschossenen oder Gehängten. Doch der Vorsitzende bestand auf der Angabe von Zahlen, da nach deutschem Recht im Urteil zu belegen sei, dass ein Angeklagter einer bestimmten Anzahl von Morden schuldig ist. Aber ein Mensch wie Głowacki, der als Leichenträger jahrelang Tote aus den Gaskammern holen musste, wie andere Häftlinge in Auschwitz Steine zu schleppen hatten, war einfach nicht in der Lage mitzuteilen, ob es hundert, zweihundert oder Tausende waren. Daher ist seine Zeugenaussage über die Angeklagten Stark oder Broad für das Gericht schwierig zu bewerten, da er lediglich zu Protokoll gab: „Sie schossen, ich habe es gesehen. Wie viele, kann ich nicht sagen."

Um ungefähre Zahlen zu nennen, sprach Głowacki mit Bezug auf Kaduk von Hunderten „Gruppen“. Als er aufgefordert wurde, auch hier genaue Angaben zu machen, sagte er, jede Gruppe habe aus etwa zehn Personen bestanden. Nur bezüglich des Kapos Bednarek konnte er sich an einen bestimmten Vorfall erinnern, als der Angeklagte einen Häftling so lange trat, bis dieser an seinen Verletzungen starb. „Wir fragten ihn, warum er so etwas tun würde. Er sagte, dies sei die einzige Möglichkeit, Ordnung zu halten.“ Der Zeuge beschuldigte Bednarek auch, er habe vier Häftlinge erfrieren lassen.

Befragt nach seiner Mitwirkung bei Erhängungen, sagte Boger: „Es ist durchaus möglich“, und fügte hinzu, niemand sei ohne guten Grund gehängt worden. Die Beschuldigung, er habe einen kleinen Jungen von vier Jahren an den Füßen gepackt, an die Wand geschleudert und danach den Apfel des Kindes gegessen, stritt er aber rundweg ab: „Das ist eine Erfindung, gut für die Presse.“

Dounia Zlata Wasserstrom, geboren in Russland, heute in Mexiko lebend, war von Juli 1942 bis zum Ende in Auschwitz inhaftiert. Sie war dort in der Politischen Abteilung als Dolmetscherin für Russisch, Polnisch und Französisch eingesetzt. Wasserstrom, eine dunkelhaarige Mittfünfzigerin – sie hat in Auschwitz ihren ersten Ehemann verloren –, sagte aus, dass dieser Vorfall mit dem Jungen bei ihr den Entschluss ausgelöst habe, nie selbst Kinder zu bekommen. Boger hatte Wasserstrom gezwungen, bei allen Verhören anwesend zu sein, auch wenn die Häftlinge auf der Schaukel gequält wurden. Er habe zu ihr gesagt. „Du musst hier bleiben, du wirst Auschwitz sowieso nicht lebendig verlassen.“ Die Zeugin berichtete, dass Häftlinge oft schon auf der Schaukel starben. Manchmal habe Boger die Opfer zur weiteren „Behandlung“ geschickt, d. h. zu einem erneuten Verhör nach nur wenigen Stunden. Boger stritt auch ab, dass die Zeugin bei Verhören anwesend war. „Damen waren nicht dabei.“

Das brachte Wasserstrom zum Lachen; sie wiederholte ironisch das Wort „Damen".

Boger habe die Polen mehr als die Juden gehasst. Er habe immer wieder gesagt: „Polen wird nie wieder frei sein." Wenn er wieder einmal mit seinem Fahrrad durch das Lager fuhr, berichtete die Zeugin, seien alle sicher gewesen, dass er mit einem Polen zu seiner Art von „Verhören" zurückkehren würde. „Er musste etwas zu tun haben. Er konnte nie stillsitzen."

Pery Broad hatte eine spezielle Verhörmethode, erinnerte sich die Zeugin. Er forderte das Opfer auf, Platz zu nehmen. Nach einigen weiteren Fragen sprang er auf und schrie: „Wie kannst du Schwein sitzenbleiben, wenn ein SS-Mann steht." Auch er bestand darauf, dass Frau Wasserstrom bei den Verhören dabeiblieb. Übrigens hatte sie ihm damals Französisch- und Russischunterricht gegeben. Einmal traute sie sich bei dieser Gelegenheit zu fragen, weshalb sie die Menschen umbringen würden, und er habe geantwortet, „es muss sein".

Als eines Tages ein Bordell in Auschwitz eröffnet wurde und Prostituierte dafür ausgewählt wurden, habe Broad gerufen: „Ist Auschwitz nicht ein Vorzeigelager? Jeder kann in seinem Beruf arbeiten." Wie auch schon andere Zeugen vorher sagte Wasserstrom in gewisser Weise bedauernd, dass sie nach all den Jahren nicht in der Lage sei, Broad, der intelligenter als andere und außerordentlich clever war, zu verstehen.

Anders als Dr. Głowacki hätte die Zeugin Wasserstrom noch lange über Auschwitz und ihre dortigen Erfahrungen sprechen können. Aber ihre Aussage, die mit der von Głowacki übereinstimmte, genügte, um Bogers Anklageschrift einige Morde mehr hinzuzufügen und die Kenntnis des Gerichts über die Bedingungen in Auschwitz zu erweitern.

Bericht über den 41. Verhandlungstag am 24. April 1964

Dounia Zlata Wasserstrom ist nach ihrer Zeugenaussage am Donnerstag vereidigt worden. Am Freitag bestand der Vorsitzende Hofmeyer darauf, dass sie erneut im Zeugenstand erschien. Der Vorsitzende: „Ich habe über Ihre sehr schwere Anschuldigung gegen Boger nachgedacht und muss Sie noch einmal fragen, ob dies wirklich der Wahrheit entspricht, da sie ein Beweis für schlimmsten Sadismus ist." Wasserstrom hatte ausgesagt, dass Boger einen vierjährigen Jungen an den Füßen gepackt und seinen Kopf an eine Wand geschleudert habe; danach hatte er die Zeugin gezwungen sauberzumachen, während er den Apfel aß, den das Kind in der Hand gehalten hatte. „Ich schwöre es", sagte Wasserstrom fast feierlich. Dann fragte der Vorsitzende die Zeugin, weshalb sie dies nie zuvor in ihren vielen Berichten über Auschwitz veröffentlicht oder es in vorangegangenen Vernehmungen geäußert habe. Die Zeugin erklärte mit bebender Stimme, dass sie dafür persönliche Gründe habe, aber nun bereit sei, die Aussage vor Gericht zu machen: „Die Erinnerung an dieses Kind bin ich nie losgeworden, und nach dem Krieg konnte ich keine spielenden Kinder sehen, ohne diesen Jungen vor Augen zu haben und zu weinen. Als ich schwanger wurde, bat ich den Arzt, die Schwangerschaft abzubrechen, da ich aus gewissen Gründen keine Kinder haben wolle."

Hofmeyer wirkte fast beschämt. Er hielt seinen Kopf gesenkt, während er die Darstellung der Zeugin hörte. Aber die Prozessbeobachter fragten sich, weshalb er die Zeugin einer solchen psychischen Tortur unterwarf. Das Gericht hatte bereits Zeugenaussagen über Bogers Sadismus zu hören bekommen, wie er Menschen auf jede erdenkliche und unvorstellbare Art gefoltert hatte, sodass die Reaktion des

Vorsitzenden auf den Tod eines Kindes seltsam erschien. Sie könnte aber ein Anzeichen für die typische deutsche Sentimentalität sein, die zu solchen Absonderlichkeiten führte, dass ein SS-Mann ohne Hemmungen Menschen erschoss, aber weinte, wenn ein Hund leiden musste.

Der polnische Arzt Dr. Czesław Głowacki zeigte auch am zweiten Tag seiner Vernehmung Anzeichen einer psychischen Überbelastung, sodass die Sitzung erneut kurz unterbrochen wurde, damit er sich erholen konnte. „Es ist sehr schwer für mich, in Gegenwart dieses Mörders auszusagen, der mein direkter Chef war und leicht auch mein Mörder hätte werden können", sagte Głowacki in Erinnerung an die Taten des Sanitäters Josef Klehr, der tödliche Injektionen verabreichte. „Töten war ein Zeitvertreib für ihn." Klehr sei verantwortlich gewesen für den Tod von 20 000 Menschen; 10 000 habe er selbst für die Injektionen ausgewählt. Damit nannte Głowacki die höchste Opferzahl, die bisher einem der 21 Angeklagten vorgeworfen wurde. Klehr antwortete zu seiner Verteidigung: „Wie denn, 16 000 Mann soll ich abgespritzt haben? Dann wäre ja nur der Musikzug übrig geblieben!" Für diesen unpassenden Scherz erhielt er einen Verweis des Vorsitzenden. Klehr habe während der „Arbeit" gelernt, berichtete Głowacki; der Sanitäter habe am Anfang nicht immer ins Herz getroffen, sodass das Opfer nach der Injektion nicht sofort tot war. Klehr habe Gummistiefel, einen weißen Arbeitsmantel und oft auch eine Gummischürze getragen; er zwang das Opfer, den linken Arm vor den Mund zu halten und aufzuhören zu schreien. Damit war die Herzgegend frei für seine Spritze.

Die Türen habe Klehr damals weit offen stehen lassen, er habe kein Geheimnis aus seiner Art von Arbeit gemacht, erwiderte Głowacki, als die Verteidiger versuchten, seine Aussage mit der Behauptung zu erschüttern, er habe Klehrs Injektionen gar nicht beobachten können.

Aber Głowacki hatte als Leichenträger ganz in der Nähe auf den Tod eines jeden Opfers warten müssen. Der Sanitäter Scherpe sei nicht so ein Sadist gewesen wie Klehr, er habe sich freundlicher verhalten, aber auch er habe tödliche Spritzen verabreicht. Głowacki hatte gesehen, wie Scherpe Kinder aus Zamość tötete. Einige wurden in den Block 20 geführt, wo sie auf die Injektionen warteten, während andere noch draußen spielten. Aber Scherpe habe plötzlich das Töten abgebrochen und sei nicht mehr zurückgekehrt: „Wir dachten, sein Gewissen hätte ihn dazu gebracht aufzuhören.“ Głowacki zufolge setzte dann der Sanitäter Hantl die Aktion fort und tötete ungefähr einhundert Kinder im Alter von zehn bis 15 Jahren.

Głowacki beschuldigte auch Dylewski, Broad und Stark, an Erschießungen von Häftlingen teilgenommen zu haben. Dylewski warf er vor, in jeder von drei Gruppen zwei Häftlinge erschossen zu haben. An Broads Beteiligung konnte er sich nicht genau erinnern, aber er wusste zu berichten, dass Stark etwa zehn Häftlinge einer Gruppe selbst erschossen hatte. Dylewski und Stark wurden daraufhin des Mordes angeklagt. Sie befinden sich noch auf freiem Fuß. Ist es deutsche Sentimentalität, dass sie noch nicht verhaftet wurden? Dylewski vielleicht wegen seines schlechten Gesundheitszustandes und Stark, weil er für seine Familie sorgen muss?

Bericht über den 42. Verhandlungstag am 30. April 1964

Am dritten Tag seiner Vernehmung musste der polnische Zeuge Dr. Głowacki, Gynäkologe aus Warschau, der die bisher längste Aussage im Auschwitz-Prozess machte, einen Verweis des Vorsitzenden in Kauf nehmen. Er hatte gewisse Angeklagte Mörder genannt.

Der Vorsitzende belehrte ihn darüber, dass dieser Ausdruck vor der Verurteilung nicht angewandt werden dürfe. Głowacki: „Da ich mit meinen eigenen Augen gesehen habe, dass sie mordeten, kann ich sie nicht anders bezeichnen als das, was sie sind."

Głowacki, Leichenträger in Auschwitz von 1940 bis 1944, setzte seine Beschuldigungen gegen nahezu alle Angeklagten fort. Stark habe bei Exekutionen geschossen oder bei den Vorbereitungen geholfen. Auf die Frage des Gerichts nach Bednarek sagte er, dieser habe den Erfrierungstod von vier Häftlingen herbeigeführt, und in dieser Art ging es weiter: Broad habe ebenfalls bei Exekutionen geschossen, Scherpe habe 800 bis 1000 tödliche Injektionen verabreicht, Hantl „höchstens" 100 bis 300. Außer Schlage, dem Głowacki vorwarf, er habe mindestens zehn Häftlinge in den Arrestzellen verhungern lassen, ging keiner der Angeklagten auf die Beschuldigungen ein. Schlage, der daran festhielt, er habe lediglich Zellen und Tore auf- und zugeschlossen, behauptete, Głowacki habe all das gar nicht sehen können, da Leichenträger erst nach beendeten Exekutionen gerufen worden seien. Głowacki mit lauter Stimme: „Das ist eine freche Lüge." Nie habe eine Exekution ohne die Anwesenheit eines Leichenträgers begonnen. Als die momentan nicht besonders aktive Staatsanwaltschaft überrascht nachfragte, wie Schlage dies wissen könne, da er bisher nur zugegeben habe, Türen auf- und zugeschlossen zu haben, war dieser allerdings irritiert: „Ich habe Exekutionen indirekt gesehen." Diese Antwort löste Heiterkeit im Publikum aus.

Dann nahmen die Verteidiger Głowackis Aussage rücksichtslos auseinander. Ihr arroganter, unverschämter, höchst unfreundlicher Ton, in dem sie den Zeugen angingen, wäre für die Angeklagten angemessen gewesen. Laternser schoss dabei immer den Vogel ab, wenn er aus nicht nachvollziehbaren Gründen beispielsweise fragte, wann Głowacki seine Reifeprüfung abgelegt, wann er sein Studium beendet und wann er zu praktizieren begonnen habe. Ein anderer Anwalt erkundigte sich nach der Länge des Schlauches, mit dem Bednarek seine Opfer bespritzt hatte, die er danach erfrieren ließ. Ein Dritter wollte die Entfernung von der Tür bis zu dem Tisch wissen, an dem Klehr gewöhnlich injizierte. Es erscheint als ein Versehen, ist aber zweifellos vom Unterbewusstsein bestimmt, dass diese nicht gerade brillant agierenden gewissenlosen Anwälte die Zeugen zuweilen wie Angeklagte behandeln.

In seinen Schlussbemerkungen brachte Głowacki zum Ausdruck, dass er lediglich Zeugnis abgelegt habe, um seinen toten Kameraden Gerechtigkeit widerfahren zu lassen.

Ihm folgte der 43-jährige Arzt Dr. Tadeusz Paczuła mit der Auschwitznummer 7725 aus Świętochłowice. Er war von 1940 bis September 1944 in Auschwitz inhaftiert. Danach wurde der aus Oberschlesien stammende Mann in die Wehrmacht gezwungen. Dr. Paczuła, agil, klein, dunkelhaarig, mit raschen Bewegungen und sicherem Auftreten, begann seine Aussage, indem er dem Gericht seine Aufgabe als „Buchhalter des Todes in Auschwitz“ beschrieb. Er musste für alle männlichen Häftlinge im gesamten Lager das Sterberegister führen. In der Zeit von Juli 1942 bis September 1944 habe er 130 000 Todesfälle registriert. Diese Feststellung veranlasste das Gericht zu einer Diskussion über der Zahl im 22. Band des Totenbuchs von Auschwitz, das dem Gericht vor einiger Zeit durch das Amsterdamer Institut vorgelegt wurde. Dort werden nämlich 1500 Tote innerhalb von fünf Tagen angegeben. Paczuła erklärte, dass man nicht fünf Tage als Durchschnitt veranschlagen könne. An einem Tag habe es nur zwei Tote gegeben, am nächsten ein paar hundert. Der Vorsitzende äußerte die Erwartung, dass man mit diesen neuen Zahlenangaben schließlich die exakte Todesrate in Auschwitz werde ermitteln könne.

Paczuła hatte, als er im Krankenbau war, auch Exekutionen beobachtet. „Wir sahen, wie unsere Kameraden an die Schwarze Wand geführt wurden, und durch einen Spalt in der Wand oder im Fenster riefen wir ihnen Trost spendende Worte zu. Einige waren so apathisch, dass sie gar nicht darauf reagierten, andere gaben uns zu verstehen, dass wir ihren Kindern sagen sollten, wie sie starben."

Bericht über den 43. Verhandlungstag am 8. Mai 1964

Auf Schnaps, Zigaretten und Geld bestand der frühere SS-Sanitäter Josef Klehr, wenn er eine „Sonderbehandlung" durchführte, d. h. die tödlichen Injektionen verabreichte. Der Zeuge Dr. med. Tadeusz Paczuła berichtete am zweiten Tag seiner Vernehmung, dass er als Rapportschreiber solche Aufträge für Klehr erledigen musste, da dieser Schwierigkeiten mit dem Schreiben hatte. „Er konnte kaum seinen Namen richtig schreiben." Paczuła, der seine Aussage mit äußerster Genauigkeit machte, schilderte schnell und emotionslos, wie Klehr seine Opfer für den Tod selektierte. Dies tat er hauptsächlich, wenn der Lagerarzt nicht im Dienst war.

Der Angeklagte Klehr hörte sich die Vorwürfe an, den Kopf vornüber gebeugt und auf die Hand gestützt. Zur Stellungnahme aufgefordert, erhob er sich schwerfällig, wechselte die Brille und zog das Mikrofon heran. Dann sagte er, der Zeuge sollte doch wissen, dass er den Krankenbau bereits im Sommer 1942 verlassen habe. Als der Vorsitzende ihn darauf hinwies, dass mehrere Zeugen behaupteten, er sei bis April 1943 Sanitäter gewesen, antwortete Klehr: „Das ist nicht wahr." Darauf warf Paczuła ein, Klehr habe den Krankenbau erst verlassen, als er im April 1943 Oberscharführer und Leiter des

Desinfektionskommandos des Lagers wurde. Klehr bestätigte seine Beförderung zum Oberscharführer zum angegebenen Datum. Der Vorsitzende ging ihn erneut an: „Wenn der Zeuge sich so genau daran erinnert, weshalb sollte er dann nicht ebenso genau wissen, wann Sie den Krankenbau verlassen haben?" Klehr antwortete darauf: „Die Häftlinge hatten einen ausgezeichneten Geheimdienst. Sie wussten mehr als wir."

Paczuła beschuldigte auch die beiden ehemaligen Sanitäter Scherpe und Hantl, Kindern tödliche Injektionen verabreicht zu haben. Er wiederholte die Aussage eines anderen Zeugen, dass Scherpe eine gewisse Zahl von Jungen getötet habe und plötzlich nicht mehr in der Lage gewesen sei weiterzumachen, sodass Hantl sich gezwungen sah, dies zu Ende zu führen. Aber Paczuła leugnete nicht, dass Hantl den Häftlingen gegenüber relativ freundlich gesinnt war. Doch selbst diese ziemlich großmütige Aussage eines ehemaligen Auschwitzinsassen reichte Hantl nicht. Er erhob sich mit verärgertem Gesichtsausdruck, stemmte die Hände in die Hüften und sagte entrüstet: „Ich habe euch allen geholfen. Ich habe euch nicht denunziert, wenn ich Elektrokocher gefunden habe. Es hätte mich viel gekostet, wenn herausgekommen wäre, dass ich Häftlinge unterstützt habe. Ich habe 1200 Liter Extranahrung für euch herbeigeschafft. Ich habe Medikamente in den Krankenbau gebracht, anstatt sie ins SS-Krankenhaus zu geben, wie mir befohlen wurde. Ich habe nicht denunziert, dass Häftlinge Nachrichten an die Außenwelt funkten." Er rasselte alle seine „guten Taten" herunter, was beim Publikum, meist Schülern, die von ihren Schulen hierher geschickt wurden, Gelächter auslöste. „Ihr könnt lachen", rief Hantl ans Publikum gewandt, während sich Capesius und Kaduk hinter Hantls Rücken über die Bemühungen ihres Kumpans, sich als Freund der Häftlinge von Auschwitz darzustellen, amüsierten.

Die reichlich verspätete Rüge durch Staatsanwalt Kügler, dass das Verhalten der Angeklagten überhaupt nicht angemessen sei, beendete dieses ungewöhnliche Schauspiel mit einem Dialog zwischen einem Angeklagten und einem Zeugen. Für die Verteidiger war es schwer, wenn nicht gar unmöglich, Paczułas Zeugenaussage zu erschüttern. Sie brachten wie alle anderen ihre Überraschung zum Ausdruck, dass Paczuła nach zwanzig Jahren noch in der Lage war, Häftlingszahlen und Geburtsdaten anzugeben. „Da ich als Schreiber in Auschwitz war, hatte ich nur mit Zahlen und Daten zu tun. Mein Gedächtnis für Zahlen ist besonders trainiert. Wenn ich einen Kameraden aus Auschwitz treffe, mag es sein, dass ich mich nicht an seinen Namen erinnere, aber an seine Nummer genau." Dr. Paczuła hatte in Auschwitz alle seine toten männlichen Häftlingskameraden registriert. Er wird als „Buchhalter des Todes" in die Prozessakten eingehen. Dem Gericht, das wegen der deutschen Rechtsprechung unbedingt exakte Opferzahlen im Vernichtungslager Auschwitz ermitteln will, nannte er die Zahl von insgesamt 130 000.

Bericht über den 44. Verhandlungstag am 11. Mai 1964

„Überall spionieren sie mir hier nach", sagte der polnische Friseur Leon Czekalski aus Tomaszów als Entgegnung auf die ständige Frage, ob er und der Zeuge Głowacki sich über seine Aussage abgesprochen hätten. Der Angeklagte Dr. Frank, Zahnarzt, behauptete, er habe die beiden früheren Auschwitzinsassen zusammen gesehen, womit er andeuten wollte, dass Głowacki Czekalskis Aussage beeinflusst habe. Rechtsanwalt Laternser bestand darauf, dies zu überprüfen und im Protokoll festzuhalten, weil die Angelegenheit als Argument für eine

Revision verwendet werden kann. Es ist nicht auszuschließen, dass Nazianwalt Laternser in seinem Eifer, seine fünf Angeklagten zu entlasten, zu diesem Zweck tatsächlich einen Detektiv beschäftigt, um die Zeugen auf Schritt und Tritt zu überwachen.

Andererseits ist es offensichtlich, dass das Gericht und die Beobachter von Czekalskis Aussagen kaum beeindruckt waren, da der Zeuge nicht in der Lage war, über das, was er von 1940 an in Auschwitz gesehen hatte, präzise Angaben zu machen. Er verwechselte Daten, Ereignisse und Personen. Eher von schlichten Gemüt, konnte er die ihm gestellten Fragen nicht wie erforderlich beantworten. Nur einmal gab er eine brillante Darbietung seines Gedächtnisses, als er aufgefordert wurde, seine Folterer in Auschwitz zu identifizieren. Czekalski, ein kleiner, bäuerlicher Mann mit faltigem Gesicht, einem großen Schnurrbart, niedriger Stirn und dunklen Augen, erhob sich langsam und ging schweren Schrittes die Reihen der Angeklagten auf und ab. Nur seine beschlagenen Schuhsohlen waren zu hören. Seine durchdringenden Augen blickten den Angeklagten nicht nur ins Gesicht, sondern nahmen auch ihr Genick in Augenschein. Offensichtlich erkannte Czekalski diese SS-Männer am besten an ihrem Nacken, da er auch in Auschwitz als Friseur gearbeitet hatte. Am längsten brauchte er, um zu entscheiden, ob es sich wirklich um Mulkas Hals handelte, aber am Ende erkannte er Kaduk, Boger, Schlage, Bednarek, Mulka, Hantl, Stark, Dr. Frank, Dr. Capesius und Dylewski.

Der 41-jährige Mechaniker Karol Doering aus Warschau, ein korpulenter Mann, offensichtlich an Drüsenproblemen leidend, war ein völlig anderer Zeugentyp. Er war so sorgfältig, dass er einen Teil seiner Anschuldigungen, die er in den Vorvernehmungen gegen Boger erhoben hatte, nun zurückzog, weil er jetzt bemerkte, dass er falsch verstanden worden war. Doch fügte auch er eine Geschichte hinzu, die er bisher nicht berichtet hatte, da er sich erst jetzt an sie erinnerte:

Mitte 1942 hatte sich ein russischer Gefangener einmal während der Arbeitszeit für eine kurze Ruhepause versteckt. Beim Appell wurde er vermisst. Schließlich fand man ihn. Er wurde schrecklich malträtiert. Hundert russische Gefangene begannen zu protestieren, worauf Baretzki befahl, den Appell fortzusetzen. Wer zusammenbrach, wurde von Baretzki in den Löschteich nebenan gestoßen. Auf diese Art starben fünf Männer, erinnerte sich Doering. Baretzkis Verteidiger befragte den Zeugen, ob die Männer wirklich tot waren, worauf Doering antwortete: „Ich habe noch nie einen Menschen lebendig gesehen, nachdem er 90 Minuten im Wasser gelegen hat."

Die Staatsanwaltschaft wird nun zu entscheiden haben, ob dieses Verbrechen Baretzkis Anklagepunkten hinzugefügt werden muss. Doering, der im Kontrast zu seinem schweren Körper mit schwacher Stimme sprach, beschuldigte auch Kaduk, mehrere Häftlinge erschossen zu haben. Einmal habe er Häftlinge gezwungen, den ganzen Tag in Habachtstellung zu stehen, ohne ihnen zu erlauben auszutreten. Einer verlor die Kontrolle über sich. Als Kaduk das sah, schlug er auf ihn ein. Schließlich warf er die Mütze des Häftlings weg, ließ ihn hinterherlaufen und erschoss ihn „auf der Flucht". Ein alter Mann verkroch sich nach dem „Sport" in einer Ecke. Als später seine Leiche gefunden wurde, habe Kaduk angewidert gesagt, man könne im Lager entweder bei der Arbeit oder im Block „verrecken", aber nicht wie ein Schwein in der Ecke.

Doering setzt seine Aussagen am Donnerstag fort. Um den unfreundlichen Anwälten keine Angriffspunkte zu liefern, ist er gut beraten, sich nicht mit anderen früheren Auschwitzinsassen zu treffen, was bedeutet, dass er vor allem mit deutschen Prozessbeteiligten sprechen kann, die er während seiner Zeit in Auschwitz sicher nicht lieben gelernt hat. Es macht in der Tat keine Freude, Zeuge im Auschwitz-Prozess in Frankfurt zu sein.

Bericht über den 45. Verhandlungstag am 14. Mai 1964

Heute ergriff Baretzkis Verteidiger das Wort und teilte dem Gericht mit, dass sein Mandant in den letzten Nächten schlecht geschlafen habe, da in seiner Zelle stündlich das Licht anging. Einige andere Anwälte trugen dieselbe Beschwerde im Namen ihrer Angeklagten vor. Die Beleuchtung in den Zellen hatte der hessische Generalstaatsanwalt Bauer angeordnet, nachdem Zech-Nenntwich[59] aus der Haft geflohen war. Der Vorsitzende Hofmeyer erklärte, das Gericht befasse sich nicht mit solchen Beschwerden, und er setzte die Verhandlung ungerührt fort. Wahrscheinlich wird auch der Angeklagte Schlage, früherer Blockführer des Arrestblocks, in den kommenden Nächten, wenn das Licht an- und ausgeht, nicht schlafen können, da er heute einiger grauenvoller Verbrechen beschuldigt wurde.

Der Zeuge Jan Pilecki, ein 51-jähriger Ingenieur, heute Mitglied der polnischen Auslandsmission in Tokio, war bereits 1940 nach Auschwitz deportiert worden. Er war mit dem zweiten Transport eingetroffen und hatte die niedrige Häftlingsnummer 808 bekommen. Als Blockschreiber im Arrestblock war er in der Lage, Bruno Schlage über Jahre zu beobachten. „Ich sollte sagen, dass es nur noch einen anderen SS-Offizier gab, der mit Schlages Brutalität konkurrieren konnte", stellte der höchst kultiviert aussehende Pilecki fest, und er machte deutlich, dass er Auschwitz vergessen wollte. „Gott sei Dank lebe ich nicht mehr mit Auschwitz in meiner Erinnerung", sagte er, als

59 Hans-Walter Zech-Nenntwich entkam am 21. April 1964 mithilfe zahlreicher, teilweise bis heute unbekannter Komplizen aus der Haftanstalt in Braunschweig. Später stellte er sich den Behörden und wurde erneut in Haft genommen.

er nicht mehr ganz sicher war, wer an einer Erschießung teilgenommen oder wann genau sich etwas ereignet hatte. Doch im Falle von Schlage schien das anders zu sein. „Schlage erschoss eine schwangere Frau." Er habe sie in den Waschraum des Arrestblocks geführt, seine Pistole gezogen und das Wasser aufgedreht, wie es immer geschah, um das Opfer glauben zu lassen, zum Baden hierher gebracht zu werden. Danach sei Schlage allein aus dem Waschraum zurückgekehrt. Anschließend ging ein Arzt in einer Uniform der Luftwaffe, der im Block gewartet hatte, in den Waschraum. (Wie sich herausstellte, war es Horst Schumann, der heute in Ghana lebt.) Er schnitt etwas aus der Frau heraus und nahm es in einem Behälter mit. Als Erklärung, weshalb Schumann auf den Tod der Frau gewartet hatte, kam das Gericht zu der Auffassung, dass die Ärzte für ihre Experimente noch „warme" Leichen benötigten.

Pilecki, der als Blockschreiber des Arrestblocks auch den zum Tode verurteilten Häftlingen die Nummern auf die Brust schreiben musste, berichtete, dass mehrere Gefangene den Hungertod erlitten hätten. In den meisten Fällen habe der Blockführer [gemeint ist Schlage] bestimmt, wer Essen erhielt. In zwei Fällen seien Häftlinge jedoch zum „Tod durch Verhungern" verurteilt worden. Einer von ihnen hatte angeblich Flüchtigen geholfen, der andere hatte sich aus deutscher Sicht etwas anderes zuschulden kommen lassen. Wenn Schlage Dienst hatte, habe es einfach keine Möglichkeit gegeben, diesen armen Männern etwas zu essen zukommen zu lassen. Er sei so pflichteifrig gewesen, dass er die kleinste Kleinigkeit mit der Peitsche bestraft habe, sagte Pilecki. Er warf Schlage auch Erschießungen an der Schwarzen Wand vor.

Auch der Angeklagte Bednarek, zurzeit Untersuchungshäftling im Frankfurter Gefängnis, früherer Kapo einer Strafeinheit in Birkenau, mag sich nun über sein Schicksal Sorgen machen. Der Zeuge

Karol Doering aus Warschau, der heute seine Aussagen beendet hat, beschuldigte ihn, Häftlinge getötet zu haben, indem er einen Stock über ihren Hals legte, auf den Stock trat und darauf schaukelte, bis der Häftling erstickte. Ein anderer Häftling wurde von Bednarek durch Tritte in die Nieren und in den Bauch getötet. Der Zeuge führte aus: „Bednarek war ein extrem primitiver Mann, sodass die Situation im Lager ihn zu einem solchen Verbrecher machen konnte." Aber Doering fügte auch noch eine Anschuldigung gegen den Angeklagten Dylewski hinzu, die bisher unbekannt war: An einem Sonntag wurde ein polnischer Ingenieur, der nach einem Jahr Gefangenschaft sehr geschwächt war und das Tempo seines Arbeitskommandos nicht halten konnte, von dem Aufseher Dylewski bei der Arbeit so heftig geschlagen, dass er stürzte. Immer wenn er sich erheben wollte, wurde er erneut geschlagen. Dabei fiel er jedes Mal auf Steine. Er wurde so schwer verletzt, dass er am nächsten Morgen starb. Der Angeklagte stritt dies ab und behauptete, er sei sonntags nie in Birkenau gewesen.

Dylewski, der wegen seiner polnischen Sprachkenntnisse für die Polen im Lager besonders gefährlich war, hatte nach Aussage von Pilecki auch den Tod des Häftlings Lewandowski zu verantworten, der ursprünglich als Spitzel der Politischen Abteilung eingesetzt war. Nachdem Pilecki seine Häftlingskameraden vor Lewandowski gewarnt hatte, wurde er zu Dylewski befohlen und von diesem geschlagen. „Ich muss ihm hier danken, dass er mich nicht dafür erschossen hat", sagte der Zeuge vor Gericht. Da Lewandowski nach der Warnung für die Politische Abteilung nicht mehr nützlich war, selektierte Dylewski ihn am nächsten Tag „beim Leeren von Arrestzellen", was sein Todesurteil war. Dylewski hatte sich an Lewandowski aber nur erinnert, weil dieser von Fluchtversuchen wusste, die er ermitteln sollte.

Obwohl er inzwischen mehrerer Morde beschuldigt wird, befindet sich Dylewski noch auf freiem Fuß. Die geröteten Augen seiner Frau, die aus nicht nachvollziehbarem Grund auf der Pressegalerie saß, verraten, dass Familie Dylewski nicht mehr so gut schläft, wie es anscheinend die Untersuchungshäftlinge taten, ehe angeordnet wurde, ihre Anwesenheit stündlich zu überprüfen, um eine Flucht zu verhindern.

Bericht über den 46. Verhandlungstag am 15. Mai 1964

Heute betrat Józef Kral, ein 54-jähriger Baumeister aus dem polnischen Podlesie den Gerichtssaal in Frankfurt. Seine Bewegungen erschienen fast mechanisch. Seine Knochen zeichneten sich unter dem Anzug ab, der Rücken war gekrümmt, das verhärmte Gesicht ausdruckslos und grau, die Augen wie erstarrt. Der Zeuge war durch die Folterungen in Auschwitz zu 45 Prozent Invalide. 1940 war er wegen Hochverrats verhaftet und 1941 nach Auschwitz überstellt worden, von wo er 1943 entlassen wurde. Kral nannte seine Häftlingsnummer: 17401. Kaum hatte er diese wenigen Angaben gemacht, brach er in Schluchzen aus. Nach einem Schluck Wasser begann er, seine ungewöhnliche Leidensgeschichte zu schildern. Im September 1942 war er in die Politische Abteilung gerufen worden. Der Chef dieser Abteilung, Grabner, habe ihm versichert, „wir sind nicht die Gestapo, nicht die Kriminalpolizei, wir hören nur zu, du musst sagen, was du weißt". Aber Kral wusste nicht, was er sagen sollte. Daraufhin wurde er so brutal geschlagen, dass er bewusstlos zusammenbrach. Als er mit schrecklichen Schmerzen wieder zu sich kam, beugte sich Boger über ihn: „Steh auf, du Hund". Als er es nicht schaffte, traktierte

Boger ihn weiter. Dann ließ er ihn in den Arrestblock, Zelle Nr. 8 bringen, ohne Luftzufuhr, in der zuvor 18 Häftlinge erstickt waren.

Wieder begann Kral zu schluchzen. Wieder half ihm ein Schluck Wasser, doch seine Stimme wurde immer brüchiger; er sprach weiter, einer aufgezogenen Maschine gleich. Am folgenden Morgen war er erneut in die Politische Abteilung befohlen worden: „Ich wurde auf dieselbe Weise verhört. Dann wurden mir die Hände auf den Rücken gebunden, und ich wurde in den Arrestblock in die Stehzelle zurückgeschickt. Und das setzte sich 60 Tage fort. Am Tag Verhöre, manchmal auch nachts, dann Stehzelle. Alle drei Tage einmal bekam ich ein Mittagessen. In der Zwischenzeit nur Wasser und ein bisschen Kaffee. In den Stehzellen nebenan starben Häftlinge vor Hunger. Sie brauchten 15 Tage, bis sie starben, es war kein leichter Tod. Das Hungergefühl hörte nach fünf oder sechs Tagen auf. Dann begann der Durst, der zehn oder elf Tage dauerte. Die Opfer schrien, leckten an den Wänden, tranken ihren eigenen Urin, wenn sie welchen hatten. Nach 13 Tagen brachen sie zusammen, stöhnten und versuchten, um Hilfe zu rufen. Dann starben sie. Der Häftling Pachala hatte auch das Leder seiner Schuhe gegessen. Das bemerkte ein SS-Mann, als Pachalas Leiche aus der Zelle geholt wurde." SS-Hauptscharführer Gehring[60] habe bei diesem Anblick geschrien: „Was hat dieser Hund mit seinen Schuhen gemacht?"

Beim Bericht über diese Szene begann der Zeuge wieder zu schluchzen. Die Schöffinnen waren schon lange vorher blass geworden. Durch das Mikrofon hörte man den schweren Atem des

60 Wilhelm Gehring (1901–1948) war von Januar 1942 bis Juli 1944 Hauptscharführer im KZ Auschwitz, davor im KZ Sachsenhausen. Er gehörte zu den SS-Männern, die an der Schwarzen Wand Häftlinge erschossen. Im Dezember 1947 wurde er im Krakauer Auschwitzprozess zum Tode durch den Strang verurteilt und 1948 hingerichtet.

Vorsitzenden. Kral führte weiter aus: „Eines Tages wurde ich wieder in die Politische Abteilung gerufen. Dort standen drei Teller mit Heringssalat à la Boger. Ich wurde gezwungen, sie zu essen. Ich erbrach. Boger zwang mich, das Erbrochene aufzulecken. Dazwischen schlug mich Boger. Ich dachte, dass ich das nie würde aufessen können, aber schließlich hatte ich alles hinuntergewürgt."

Während dieser Sequenz wurde eine Frau aus dem Publikum hinausgetragen. Die Schöffinnen weinten.

Kral war dann in den Block 11 zurückgebracht worden. „Mein Durst war schrecklich. Ich wurde an einen Pfosten gehängt, die Hände zusammengebunden. Ich hatte schreckliche Schmerzen. Die SS-Männer lachten, wenn ich vor Schmerzen wimmerte. Alle paar Minuten bewegte Boger mich, sodass die Schmerzen noch stärker wurden. So ging es 50 Minuten lang weiter. Das haben sie dreimal mit mir gemacht."

Inzwischen liefen auch einigen Journalisten die Tränen über die Wangen. Der Vorsitzende Hofmeyer hielt die Hand vor sein Herz. Nur einige Verteidiger gaben sich ungerührt und setzten ihre Zeitungslektüre fort.

Dann berichtete Kral, dass zwei seiner Kameraden nach Bogers „Behandlung" starben; einer von ihnen, der am folgenden Morgen noch lebte, wurde von ihm erschossen. Der Vorsitzende zu Boger: „Sie haben diese schrecklichen Beschuldigungen gehört. Haben Sie immer noch nichts zu sagen?" Boger stand minutenlang schweigend da, dann sagte er: „Nein. Die Aussage ist nicht wahr."

Der Zeuge Kral berichtete auch, der Angeklagte Stark habe zwei polnische Juden in einer mit Wasser gefüllten Baugrube ertränkt. Er habe einige Häftlinge ins Wasser gejagt und ihnen dann befohlen, wieder herauszukommen. Einen jüdischen Insassen namens Isaak zwang er, so viele Häftlinge wie möglich zu ertränken. Zwanzig starben. Als Isaak befohlen wurde, auch seinen eigenen Vater zu ertränken, wurde er wahnsinnig, und Stark erschoss ihn. „Das war die Ernte eines Tages: 22 Opfer."

Dann wandte sich Kral an die Presse mit der Bitte, die Namen von zwei [polnischen] Opfern Starks nicht zu nennen, weil er den beiden Männern vor ihrem Tod versprochen habe, dass ihre Eltern nie etwas über ihr schreckliches Schicksal erfahren sollten. Eines der Opfer hatte Stark mit einem Schaufelstil geschlagen. Als dieser Häftling vor Schmerz „Jesus Maria" schrie, habe Stark geantwortet: „Jetzt hilft dir keine schwarze Madonna!" Der andere, so Kral, starb durch Starks Schüsse.

Darauf kündigte die Staatsanwaltschaft an, dass diese bisher unbekannten Anschuldigungen der Anklageschrift von Stark hinzugefügt würden. Darüber hinaus beantragte die Staatsanwaltschaft dessen erneute Festnahme, da die Anklage gegen ihn jetzt auf Mord lautete, nicht mehr nur auf Beihilfe zum Mord. Das Gericht stimmte nach einigen Minuten Beratung diesem Antrag zu. Stark wurde aufgefordert, bei den Angeklagten Platz zu nehmen. Durch ihn erhöhte sich die Zahl der Inhaftierten auf zwölf. Neun sind noch auf freiem Fuß.

Schwerfälligen Schrittes ging der untersetzte Stark, völlig vor den Kopf gestoßen, zurück zu den Angeklagten und ließ sich zwischen Boger und Capesius nieder.

Kral bat das Gericht, seine Aussage für heute zu unterbrechen, da er sich physisch nicht mehr in der Lage fühle, sie fortzusetzen. Er selbst, die Richter, Schöffen und Journalisten sowie das Publikum, überwiegend 16-jährige Mädchen aus einer nahe gelegenen Schule, verließen den Gerichtssaal wie in Trance. Krals Aussage war zweifellos die bisher schlimmste von allen.

Bericht über den 47. Verhandlungstag am 21. Mai 1964

Der heutige Verhandlungstag des Auschwitz-Prozesses war der erste, der nicht im Geringsten zur Wahrheitsfindung über die Geschehnisse im Vernichtungslager beitrug. Er machte vielmehr den Eindruck einer Naziverschwörung mit dem Ziel, Zeugen davon abzuhalten, Angeklagte weiter zu belasten, wie es der Pole Józef Kral in der letzten Sitzung getan hat, die zu Starks erneuter Verhaftung führte. Die Nazi-Anwälte Laternser und Steinacker, Verteidiger von fünf Angeklagten, überraschten das Gericht mit der Behauptung, der Zeuge Kral habe als Oberkapo zwei der Brüder Bandera ermordet. Sie boten drei Zeugen auf, die sich bereits im Gerichtsgebäude befanden und die dazu aussagen sollten. Kral wies diese Anschuldigung rigoros zurück: „Ich habe niemals jemanden geschlagen, denn ich bin ein Pole und ein Mensch."

Die drei von den Verteidigern aufgebotenen Zeugen waren Mitglieder der ukrainischen Faschisten, deren Mehrheit nun in München lebt, wo sie einen Verlag betreiben. Ihr Anführer Stepan Bandera wurde im Oktober 1959 in München von einem russischen Agenten umgebracht. Die beiden Bandera-Brüder, die der Zeuge Kral in Auschwitz ermordet haben soll, waren ebenfalls Mitglieder einer faschistischen Gruppe, die in Auschwitz bevorzugt behandelt wurden. Nach einer kurzen Zeit als Häftlinge wurden sie Wachmänner unter SS-Führung. Nach Aussagen des polnischen Zeugen Kral hatten diese Ukrainer unter Starks besonderem Schutz gestanden. Offenbar haben sich die ukrainischen Faschisten wegen der plötzlichen Festnahme von Stark vor Pfingsten an die Nazi-Anwälte gewandt und sind aus Paris, Brüssel und München nach Frankfurt angereist.

Nach kurzer Beratung entschied das Gericht, die Ukrainer zu vernehmen. Der 44-jährige Omelan Kowal, Vertreter des Münchner ukrainischen Verlags in Brüssel, behauptete, der Oberkapo Kral habe zusammen mit Hilfskapos im Laufe von drei Monaten acht seiner 24 Kameraden ermordet. Wassil Bandera sei der erste gewesen. Die Frage von Staatsanwalt Kügler, ob er auch etwas über die in diesem Prozess Angeklagten aussagen könne, verneinte Kowal. Sein Hauptziel, weshalb er angereist sei, bestehe darin zu verhindern, dass ein Zeuge, der selbst Verbrechen begangen hat, aussagt.

Der zweite Ukrainer, der 49-jährige Boris Witoszyńsky, bezeichnete sich selbst als Journalist, wohnhaft in Paris. Mit erhobener Stimme verkündete er: „Ich bin hierhergekommen, um die Wahrheit zu offenbaren." Er beschuldigte den Zeugen Kral, mit der SS kollaboriert zu haben, er sei der Schrecken aller Häftlinge gewesen. Vor allem habe er die Hilfskapos angestiftet, Wassil Bandera zu liquidieren. Er habe Freude daran gehabt, „Juden, Ukrainer, Tschechen, Franzosen und auch einen Schweizer Journalisten" zu schlagen und zu quälen. Auf die Frage, in welchen Blocks er in Auschwitz untergebracht war, konnte Witoszyńsky keine Nummern angeben. Des Weiteren behauptete er, sich an keinen Namen von SS-Männern in Auschwitz zu erinnern. „Es gab eine Anzahl krimineller Elemente unter den Häftlingen, die uns leiden ließen."

Witoszyńsky musste zugeben, dass er in der Politischen Abteilung unter Stark gearbeitet hatte, „der uns freundlich behandelte wie gute Pferde". Stark, dazu befragt, leugnete, vorher überhaupt etwas von einer Bandera-Gruppe in Auschwitz oder deren Mitgliedern gewusst zu haben. Der Zeuge Kral dagegen betonte sehr überzeugend, dass er wohl nicht zu einer Aussage nach Frankfurt gekommen wäre, wenn er sich des Mordes schuldig gemacht hätte. Und er fügte hinzu, wenn er wirklich für den Tod eines der Banderas, also eines ukrainischen

Faschisten, verantwortlich gewesen wäre, hätte die SS ihn in Auschwitz niemals am Leben gelassen.

Nazi-Anwalt Laternser, der sich heute zum ersten Mal einem Zeugen wohlwollend zuwandte, stellte den Antrag, Józef Kral auf der Stelle festzunehmen. „Wir sind hier mit einem Verbrechen konfrontiert, und es besteht Fluchtgefahr, da der Zeuge im Ausland lebt.“ Andere Verteidiger, die Laternsers Aktivitäten gegen Kral unterstützten, verlangten, den Zeugen nicht unter Eid aussagen zu lassen, da davon auszugehen sei, dass seine Aussage nicht mit der Wahrheit übereinstimme. Dieser Vorstoß sollte zur Freilassung Starks aus der Untersuchungshaft führen, der vergangene Woche nach Krals Anschuldigungen verhaftet worden war. Dies misslang jedoch, da das Gericht nach kurzer Beratung auf dem Eid bestand, den dann alle drei Zeugen leisten mussten – Kral und die beiden Ukrainer. Auf die inständige Bitte des Vorsitzenden an Kral, vorher noch einmal zu überdenken, ob er die Wahrheit gesagt habe, antwortete dieser klar und fest: „Ich habe die Wahrheit gesagt. Was die beiden Ukrainer hier ausgesagt haben, sind Lügen.“

Dann legten die drei Zeugen den Eid ab, und es war allen Prozessbeobachtern klar, dass in der heutigen Sitzung des Auschwitz-Prozesses Meineide geleistet wurden. Faschisten hatten sich zusammengetan, um SS-Kameraden zu helfen. Auf diese Weise versuchten sie, die Justizmaschinerie zu blockieren. Dies war einzig und allein möglich durch die Nazi-Anwälte, die als willige Werkzeuge für Geld oder um der Ehre willen Nazi-Mördern halfen, ihren Platz in der deutschen Gesellschaft wieder einzunehmen, was sie so lange unbehelligt tun konnten.

Bericht über den 48. Verhandlungstag am 22. Mai 1964

Die Gesichter der 21 Angeklagten im Frankfurter Auschwitz-Prozess verdüsterten sich am Freitag wieder, als der polnische Zeuge Dr. Stanisław Kłodziński, engster Mitarbeiter von Cyrankiewicz in der polnischen Widerstandsbewegung von Auschwitz, dazu beitrug, das Nazi-Komplott gegen den Auschwitz-Prozess zu einer kurzlebigen Episode zu machen. Der 46-jährige Lungenspezialist aus Krakau, von 1941 bis 1944 in Auschwitz, danach in anderen deutschen KZ, beschrieb auf Aufforderung des Staatsanwalts seinen polnischen Kameraden Józef Kral als feinen und vertrauenswürdigen Menschen. Kral war am Donnerstag von ukrainischen Faschisten beschuldigt worden, als Oberkapo Häftlinge ermordet zu haben. Kłodziński, der zeitweilig in Krals Arbeitskommando als Maurer gearbeitet hatte, bevor er als Krankenpfleger und Arzt eingesetzt wurde, sagte mit aller Entschiedenheit aus, Kral habe nie einen Häftling geschlagen und auch niemanden verraten. Leidenschaftslos, aber eindeutig, mit der Stimme eines viel älteren Mannes, berichtete Kłodziński, dass die Bandera-Gruppe in Auschwitz eine Vorzugsposition eingenommen und unter dem besonderen Schutz der Politischen Abteilung gestanden habe. Als Nazi-Anwalt Steinacker, der zusammen mit Laternser die Kampagne für die Faschisten begonnen hatte, in der Donnerstagsitzung versuchte, Kłodzińskis Aussage zu erschüttern, tat er dies vergeblich. „Für mich war Kral ein Held", sagte der Zeuge mit erhobener Stimme, „ein Mann, um den wir uns besonders bemühten, wenn er von Männern der Politischen Abteilung so schrecklich zugerichtet zu uns kam". Nach dieser Zeugenaussage war es klar, dass auch der zu Beginn der Sitzung gestellte Antrag der Verteidiger, den Angeklagten Stark aus der Untersuchungshaft zu entlassen, gescheitert war. Das

Gericht lehnte dies am Ende der Sitzung ab. Frau Stark, die an diesem Verhandlungstag anwesend war, wartete vergeblich auf ihren Gatten.

Kłodzińskis Zeugenaussage über die Zustände im Häftlingskrankenbau ging fast unter wegen der Aufregung darüber, dass er den Zeugen Kral von den Nazi-Beschuldigungen entlasten konnte. Aber sein Bericht gibt praktisch die Geschichte des Krankenbaus wieder, beginnend im Juli 1941, „als 500 Personen von einer Kommission, der Dr. Schumann angehörte, für das Gas selektiert wurden. Ende August entdeckte ich die ersten ‚Abspritzungen'. Im September 1941 wurden sowjetische Kriegsgefangene für das Gas selektiert". Das führte dazu, dass die meisten Kranken nicht krank gemeldet wurden. Als sich 1942 bis 1943 Fleckfieber ausbreitete und auch SS-Männer sich infizierten, „wurde es mit Phenolspritzen bekämpft". Wenn Häftlinge krank gemeldet wurden, entschied der Lagerarzt, der sie kaum untersuchte, über ihr Schicksal. Die SS-Sanitäter erhielten die Fieberkarten der für die Injektionen ausgewählten Häftlinge. „Der Mord wurde extrem schnell ausgeführt. Nach meiner Erinnerung konnten zwei bis drei Personen in einer Minute getötet werden."

Der Zeuge beschrieb auch, wie Klehr zu Werke ging. Da er die Verabreichung einer Injektion einmal gesehen hatte, konnte er darüber draußen berichten. Immer wenn Klehr die Zahl der Ermordeten nicht ausreichend fand – „er mochte aufgerundete Zahlen" –, suchte er sich Personen unter den anderen Kranken aus. Dr. Kłodziński sprach auch von großen Selektionen im Krankenbau, „manchmal einmal im Monat, manchmal zwei- oder dreimal. Dann nannte er Zahlen wie 300, 500 oder 700, die bei solchen Gelegenheiten Mordopfer der SS wurden, entweder durch Gas oder tödliche Injektionen.

Die SS-Sanitäter Scherpe und Hantl bezeichnete er im Vergleich zu Klehr als viel menschlicher, obwohl auch sie mit Phenolinjektionen getötet hätten. Im Januar 1943 waren zwei etwa zehnjährige

Jungen die ersten Kinder, die auf diese Art umgebracht wurden. Im Februar 1943 wurden 40 Kinder selektiert; sie spielten im Hof, dann kam der Befehl: Die Kinder seien zu töten. „Es herrschte Totenstille, und nach dem üblichen Vorgehen hörten wir, wie ihre Körper auf den Boden fielen.“ Doch dann erinnerte sich Kłodziński, dass Scherpe plötzlich aufhörte, wegrannte und rief, er könne es nicht machen, worauf Hantl kam und diese Aufgabe für ihn beendete.

Nur einen Monat später wurden 80 Kinder mit Phenol getötet. Kłodziński erinnerte sich auch an spezielle Experimente, für die die SS-Lagerärzte von den Bayer-Werken Medikamente zur Erprobung erhielten, „und dann starben gesunde Häftlinge, die als ‚Versuchskaninchen‘ dienten, einen schrecklichen Tod“. In diesem Zusammenhang berichtete Kłodziński von Capesius, der einem Häftling in seiner Apotheke eine kaffeeartige Flüssigkeit verabreichte. Nach einer Stunde testeten SS-Männer, unter ihnen Capesius, die psychische Widerstandskraft des Häftlings. Wenn solche „Versuchskaninchen“ starben, sagte Lagerarzt Rohde: „Nun, sie hatten einen angenehmen Tod.“

Rapportführer Kaduk, der nach dem Krieg ein beliebter Krankenpfleger in einem West-Berliner Krankenhaus war, habe in Auschwitz auf eigene Initiative und auf seine eigene Art selektiert. Die Häftlinge mussten sich ausziehen und dann an ihm vorbeilaufen. Mit einem langen Stock habe er diejenigen, die er für die Gaskammern bestimmte, berührt.

„Keine medizinischen Gründe, weder ein Ausschlag noch hohes Alter, spielten eine Rolle, um als ausreichender Grund für das Töten zu dienen“, erklärte Kłodziński. Er berichtete, wie er half, ein Exemplar des Verzeichnisses der Arrestzellen zu sichern. Er befestigte es mit Pflaster am Bein eines Häftlings, der es so [auf dem Weg zur Arbeit] aus dem Lager nach draußen mitnahm und einem Kontaktmann der Widerstandsgruppe an einer verabredeten Stelle übergab. Es handelt sich um das „Bunkerbuch“, das dem Gericht jetzt oft hilft, die Wahrheit über das Schicksal der Häftlinge herauszufinden. Bei den Angeklagten verdüstert es die Stimmung, weil eine Verteidigung dann nicht mehr möglich ist.

Ihre Gesichter waren mit Sicherheit am Freitag am finstersten, als Kłodziński dazu beitrug, das Nazi-Komplott wie eine Seifenblase zerplatzen zu lassen.

Zusammenfassender Artikel

Verteidiger, die Prozessminen legen, und Verteidiger, die schweigen, 24. Mai 1964[61]

Die Anwälte Laternser und Steinacker, die fünf der Angeklagten verteidigen, starteten ihren Großangriff gegen den Auschwitz-Prozess, indem sie ukrainische Faschisten aufmarschieren ließen, um die Glaubwürdigkeit eines polnischen Zeugen zu erschüttern.

Diese ukrainischen Faschisten, der Bandera-Gruppe angehörig, standen nach Hitlers Versprechen, der Ukraine die Selbstständigkeit zu garantieren, im KZ Auschwitz unter dem besonderen Schutz der SS. So war es auch zu erklären, dass keiner der zwei Zeugen, aus Paris und Brüssel herbeigeeilt, die das Gericht auf Drängen der Anwälte hörte, auch nur ein Wort gegen die Angeklagten vorbrachte. „Nur die kriminellen Elemente unter den Häftlingen fügten uns Leid zu", so formulierte es einer von ihnen und beschwor, dass der ehemalige Oberkapo Józef Kral andere Häftlinge, darunter zwei Brüder des berüchtigten und vor ein paar Jahren in der Bundesrepublik erschossenen Stepan Bandera, zu Tode gebracht habe. Der Rechtsanwalt Laternser forderte sogar, den ehemaligen Oberkapo, der aufgrund

61 Am 1. Juni 1964 erschienen in der deutschsprachigen israelischen Zeitung *Jedioth Chadashot*.

von Misshandlungen in Auschwitz zu 45 % Invalide ist, sofort in Haft zu nehmen, da er nach seiner Rückkehr nach Polen für die deutsche Justiz nicht mehr greifbar sei. Auf keinen Fall aber dürfe dieser „verdächtige" Zeuge während der Mittagspause das Gerichtsgebäude verlassen. (Man bedenke dabei, dass neun der 21 Angeklagten des Auschwitz-Prozesses frei herumlaufen!). Der Zeuge Kral hingegen, durch dessen Aussage nicht nur Boger erheblich belastet, sondern auch der Angeklagte Stark in Haft genommen wurde, beschwor das Gegenteil: Er habe nie einem Menschen etwas zuleide getan, er sei schließlich Pole und Mensch.

Diese groß aufgezogene Kampagne, die ganz offensichtlich von den Anwälten Laternser und Steinacker organisiert wurde, um weitere Belastungszeugen aus dem Ausland abzuschrecken und ihr Kommen zu verhindern, zerplatzte wie eine Seifenblase nach kaum 24 Stunden. Der polnische Zeuge Dr. Kłodziński, einst enger Mitarbeiter von Cyrankiewicz, berichtete dem Gericht, welch aufrechter Mensch Kral in Auschwitz gewesen sei. „Für mich war er ein Held", äußerte er. Und der Gedanke, er habe irgendeinem Häftling etwas zuleide getan, sei absolut absurd. Die Tatsache, dass der Angeklagte Stark entgegen dem Antrag seines Anwalts in Haft blieb, ließ keinen Zweifel darüber aufkommen, welchen Wert das Gericht den Aussagen der ukrainischen Faschisten beimaß.

Diese Kampagne des Rechtsanwaltes Laternser und seines Kompagnons ist nicht der erste Versuch, den Auschwitz-Prozess zu stören oder Zeugen zu diskreditieren, die den ehemaligen SS-Schergen auf der Anklagebank in Frankfurt Verbrechen nachweisen können. Mit geradezu unerträglicher Penetranz pflegte Laternser Zeugen aus Polen nach ihrer Parteizugehörigkeit zu befragen, bis das Gericht ihm dies energisch untersagte. Ebenso versuchte er die Beeinflussung der Zeugen vor ihrer Aussage zu beweisen, indem er Nachforschungen über ihr Zusammentreffen mit anderen ehemaligen Auschwitz-Häftlingen anstellte.

Es gibt wenig Zweifel daran, dass dieser Anwalt Laternser, der bereits in Nürnberg mit wenig Erfolg verteidigte und zurzeit auch noch als Rechtsanwalt von Mengele auftritt, der aus irgendeinem Dschungel heraus gegen die Aberkennung seines Doktorgrades kämpft und der Dr. Frey, den Chefredakteur der Deutschen Soldaten- bzw. Nationalzeitung, zu seinen Kunden zählt, diese Arbeit aus politischer Überzeugung leistet. Immerhin brachte sie ihm einen Mercedes 300 ein, den normalerweise in der Bundesrepublik nur der Kanzler oder gewichtige Industriekapitäne fahren. Dr. Laternser aber ist nur der Wortführer einer Gruppe von Verteidigern in diesem Prozess, die ganz offensichtlich auf der politischen Linie der Angeklagten zu stehen scheinen. Ihre Taktik hat auch nichts mehr mit Verteidigung zu tun. Die Haltung des Anwaltes Erhard – er verteidigte den Angeklagten Stark und ist auch Abgeordneter der CDU im Hessischen Landtag – gibt darüber Aufschluss.

Während der Aussage des Zeugen Kral, der ungeheure Grausamkeiten hatte erdulden müssen, las Erhard ungerührt in einer Zeitschrift und später in einem Taschenbuch. Ihn störte es wenig, dass zur gleichen Zeit eine Frau aus dem Publikum ohnmächtig hinausgetragen wurde, die Schöffinnen weinten und der Vorsitzende vor Erregung kaum sprechen konnte. Stattdessen aber forderte er, ebenfalls um die Aussage des Zeugen zu erschüttern, die Eltern zweier Auschwitzopfer vorzuladen, von denen der Zeuge gesagt hatte, dass er sie im Unklaren über das Schicksal ihrer Kinder gelassen hatte. Von ihnen wollte der Anwalt nun erfahren, ob ihnen tatsächlich nichts über den Tod ihrer Kinder bekannt sei.

Außer dieser sehr aktiven und allem Anschein nach politisch homogenen Gruppe von Anwälten gibt es im Auschwitz-Prozess eine Minderheit, die wirklich die Arbeit von Verteidigern leisten will. Dazu zählt in erster Linie der sehr geschickt operierende Anwalt Aschenauer aus München. Auch er ein Verteidiger aus Nürnberg, der neben der Verteidigung des berüchtigten Boger nun auch als Rechtsbeistand des Himmler-Adjutanten [Karl] Wolff auftreten wird. So scheint auch seine politische Haltung nicht strittig zu sein, doch die Art seiner Verteidigung ist fair und geschickt. Von den anderen Verteidigern dieser Gruppe sei gesagt, dass sie diesem Prozess eigentlich nicht gewachsen sind. Fragen der Art, wie lange der Schlauch gewesen sei, aus dem der Angeklagte seine Opfer mit Wasser überschüttete, um sie bei vielen Graden unter Null im Freien erfrieren zu lassen, mögen in einem gewöhnlichen Strafprozess angehen. Im Auschwitz-Prozess klingen sie dumm und fehl am Platz.

Die dritte Gruppe der Anwälte tut nur ihre „Pflicht" im Sinne der Pflichtverteidigung. Einige von ihnen haben trotz der sechsmonatigen Dauer des Prozesses noch nie ein Wort gesagt, und man hat den Eindruck, dass sie das geregelte Einkommen, das ihnen dieser Prozess über Monate hinweg bietet, zu schätzen wissen. Ein höheres Maß an Aktivität scheint ihnen angesichts der Verbrechen, die verhandelt werden, sinnlos zu sein. Wenn man dafür auch Verständnis aufbringen mag, so hätte man sich doch gewünscht, dass diese Herren sich von der lautstarken Wortführung des Herrn Dr. Laternser energisch distanzieren, der mit seiner Vorgehensweise im Auschwitz-Prozess dem Ansehen der deutschen Anwaltschaft keinen Dienst erweist.

Berichte von Ende Mai bis Oktober 1964

Bericht über den 49. Verhandlungstag am 25. Mai 1964

Am Jahreswechsel 1943 seien bereits drei Millionen[62] in Auschwitz ermordet worden, sagte in der heutigen Sitzung des Auschwitz-Prozesses Kazimierz Smoleń, 44 Jahre, Häftling in Auschwitz von Juli 1940 bis zum Ende. Seit 1955 ist er Leiter des Auschwitz-Museums. Smoleń, der seit Frühjahr 1941 in der Schreibstube der Politischen Abteilung eingesetzt war, erschloss diese Zahl aus den Listen, die er von den ankommenden Transporten erstellen musste, „Liste a) für Personen, die ins Lager gelassen wurden, Liste b) für die, die sofort ins Gas geschickt wurden".

Es sei extrem schwierig, sagte Smoleń auf Nachfrage, die genauen Zahlen aller in Auschwitz Ermordeten zu bestimmen. Das Auschwitz-Museum mache momentan den Versuch einer realistischen Schätzung, die bald abgeschlossen werden soll. Beispielsweise sei jetzt sicher, dass von 73 000 nach Auschwitz deportierten französischen Juden 49 000 vergast wurden. Nach seiner Schätzung wurden im Durchschnitt 20 bis 25 % der Personen eines jeden Transports zur Arbeit ins Lager abkommandiert.

62 Siehe Fußnote 50, S. 115.

Smoleń hatte dem Angeklagten Hans Stark unterstanden, der damals nicht älter als 20 oder 21 Jahre war. Auch Smoleń sprach leidenschaftslos und sehr präzise, was auf den ausgebildeten Juristen schließen ließ. „Stark nahm seinen Dienst an der Rampe leicht", erinnerte sich Smoleń, der Angeklagte habe, wenn er von Selektionen zurückkam, über die Menschen, die er dort in ihrer Todesangst gesehen hatte, gespottet. Anders verhielt er sich nach Erschießungen, erinnerte sich Smoleń. Er war dann sehr aufgeregt, verlangte Wasser, wusch sich gründlich die Hände, wechselte die Kleidung, der Kalfaktor musste ihm die Stiefel putzen, „und dann rauchte Stark, der sonst kein starker Raucher war". So habe er sich auch verhalten, nachdem er eine Frau mit einem Säugling auf dem Arm und einem kleinen Jungen an ihrer Seite ins Krematorium geführt hatte. Er war an der Schreibstube vorbeigekommen und hatte seine Pistole genommen, „während ich mit der Frau sprach", berichtete Smoleń. Der kleine Junge, der gar nicht zu dieser Frau gehörte, hatte mit einem Kaninchen gespielt, was als Diebstahl ausgelegt wurde, wozu ihn die Frau angestiftet habe. Sie wurden alle erschossen. Genauso aufgeregt war Stark, als er russische Kriegsgefangene zum Block 11 zur Exekution führte. „Sein Verhalten ließ uns annehmen, dass er die Russen erschossen hatte." Bevor er von solchen „Aktionen" zurückkehrte, fingen die Häftlingsschreiber in der Schreibstube sogar Fliegen, die Unterscharführer Stark hätten stören können, weil er so erregt war.

Die erste polnische Zeugin war Maria Świderska-Świeratowa, eine elegante, schlanke und mit ihren 59 Jahren sehr gut aussehende Frau. Sie war von Januar 1943 bis zum Ende Häftling in Auschwitz und hatte ebenfalls in der Schreibstube gearbeitet, jedoch im Frauenlager. Vom Abortfenster aus konnte sie die Rampe und die Selektionen sehen. Sie erinnerte sich an ein slowakisches Mädchen, das mit ihr zusammen das Geschehen beobachtete. Das Mädchen erkannte seine Mutter, Großmutter und Schwester mit ihrem Baby. Sie waren gerade mit einem Transport angekommen. Durch Zeichen bedeutete das Mädchen seiner Schwester, dass sie das Baby der Großmutter übergeben solle. Sie wusste genau, welches Schicksal der Großmutter bevorstehen würde, aber auch der Schwester, wenn sie das Baby in ihren Armen behielt. So konnte sie die Schwester vor der Vergasung bewahren.

Frau Świderska-Świeratowa erinnerte sich, wie im Winter 1942/43 Transporte aus Wilna, Białystok und Suwałki eintrafen, „jeder mit 2000–5000 Menschen". Nach Aussage der Zeugin gelangten nur zehn Prozent dieser Menschen ins Lager; die Zahl bestimmte die Politische Abteilung je nach der Lagerkapazität oder dem Arbeitskräftebedarf für die Fabriken. Aber es gab auch im Lager Selektionen, von denen einige beim Morgenappell begannen. „Wir mussten stundenlang dort stehen. Dann kamen die SS-Männer und -Frauen. Eine SS-Frau legte dann immer den Griff eines Stocks um den Hals einer Frau, die sie ausgewählt hatte, und zog sie so aus der Reihe." Diese unglücklichen Frauen wurden zum Block 25 gebracht, wo sie manchmal tagelang ohne Essen und Trinken blieben, bis der Block so gefüllt war, dass er geleert werden musste. „Dann kamen Lastwagen, und SS-Männer fuhren die Frauen unter Schlägen und Fausthieben weg." Es gab auch Selektionen bei „normalen Appellen", wie die Zeugin sie nannte. Auf dem sogenannten Rasen mussten die Frauen den ganzen Tag warten, bis ihnen befohlen wurde, an der Selektionskommission vorbeizugehen. Diejenigen, die nach dem langen Stehen nicht mehr richtig laufen konnten, wurden direkt in den Block 25 geschickt, „nach drei oder vier Tagen konnten wir sie noch nach Wasser rufen hören".

Bericht über den 50. Verhandlungstag am 29. Mai 1964

Am 50. Verhandlungstag des Auschwitz-Prozesses verhielten sich die Angeklagten trotz der Anschuldigungen durch die überwiegend polnischen Zeugen immer noch unverschämt und scheinheilig. Schon jetzt rundet sich ein Bild von der Vernichtung in Auschwitz, wie es größtenteils unbekannt war. Der Metzger-Sanitäter und Rapportführer Oswald Kaduk schrie das Publikum an, als sich Gelächter erhob, nachdem er dem Gericht auf barsche Weise versichert hatte, er hätte es nicht nötig gehabt, seine Frau von einem Häftlingsarzt untersuchen zu lassen. Dieser Zwischenfall ereignete sich während der Aussage von Professor Dr. Władysław Fejkiel, 53 Jahre, Vize-Kanzler der Universität Krakau, eine bekannte Persönlichkeit im medizinischen und gesellschaftlichen Leben Polens. Er war von 1940 bis zum Ende Häftling in Auschwitz gewesen, weil er Freunden bei der Flucht nach Ungarn geholfen hatte.

Der Zeuge charakterisierte den Angeklagten Kaduk als brutal und vulgär. „Einmal forderte er mich auf, eine ärmlich aussehende Frau zu untersuchen. Danach fragte er mich, wie lange die Hure noch leben würde", und er habe hinzugefügt, dass sie seine eigene Frau sei. Fejkiel beschuldigte Kaduk des Auspeitschens, Erschießens, Tötens und Selektierens von Häftlingen, „in betrunkenem Zustand". Außerdem habe er stundenlange Appelle bei jeder Witterung angeordnet, bei denen er die Häftlinge aus der „Kaduk-Kapelle" beobachtete, einer Holzhütte, aus der er von Zeit zu Zeit heraustrat, um eine Runde zu schlagen. Kaduk stritt dies ab und sagte: „Herr Direktor, manchmal nahmen die Häftlinge nicht schnell genug ihre Mütze vom Kopf, dann haben wir es eingeübt." Kaduk bestritt nicht, dass er am 20. Juli 1944, dem Tag des Attentats auf Hitler, im Glauben, der Krieg würde enden, seine Pistole und sein Koppel Häftlingen übergab und nach Hause gehen wollte.

Fejkiel, der seine Aussage präzise und leidenschaftslos vortrug, halb auf Deutsch und halb auf Polnisch, war schon zu einem „Muselmann" geworden, als 1941 Fleckfieber ausbrach und die deutschen Ärzte, die das nicht bewältigen konnten, Hilfe bei den polnischen Ärzten suchten: „Innerhalb eines Tages stieg ich vom ‚Muselmann' zu einer Person auf." Bis 1942 durfte er nur als Pfleger Dienst tun, später wurde er leitender Häftlingsarzt.

Aus dieser Zeit erinnerte sich Fejkiel an Abspritzungen, „insgesamt starben 30 000 Menschen diesen grauenvollen Tod". Der Lagerarzt Entress, „ein Teufel von einem Arzt", wandte im Rahmen seiner Tests, bei denen er tödliche Injektionen verabreichte, zuerst Benzin an, was sich aber als „unpraktisch" herausstellte. Fejkiel berichtete von einem Fall, in dem die Injektion erst nach 45 Minuten ihre Wirkung tat. „Danach suchten sie eine schnellere Methode." Sie [die deutschen Ärzte] hätten dann Wasserstoff benutzt, sich aber schließlich für Phenol entschieden, „direkt ins Herz, das war schneller". Klehr habe es benutzt und sei stolz auf seine Geschicklichkeit beim Verabreichen der Injektionen gewesen, gab Fejkiel als Beweis dafür an, dass dieser SS-Mann getötet hat, was er aber nicht selbst beobachtet habe.

Auch Fejkiel erkannte im Gerichtssaal die Sanitäter Scherpe und Hantl, die in Auschwitz an Abspritzungen beteiligt waren, bezeichnete aber dennoch beide als „anständige Männer". Klehr dagegen beschuldigte er, auch Zyklon B bei den Vergasungen eingeworfen zu haben, wofür er anschließend eine Extra-Ration an Fleisch und Schnaps erhalten habe. Um Lagerarzt Entress zu charakterisieren, berichtete er, wie sich der frühere polnische Gesundheitsminister und Militärarzt Dr. Bujalski bei einer Selektion an Entress gewandt und gesagt habe: „Ich bin Arzt, Sie sind Arzt, in bin Offizier, Sie sind

Offizier.“ Entress habe darauf erwidert: „Ich kenne Sie [...], es geht in erster Linie um Erfrischung, bitte kommen Sie rein“, und er habe Bujalski in den Lastwagen zur Gaskammer gestoßen.

Ganz anders habe sich nach Fejkiel der Angeklagte Dr. Franz Lucas verhalten, den er einen „Ehrenmann“ nannte. Über Lucas, der auch schon zuvor von Lagerinsassen positiver als die anderen Angeklagten beurteilt wurde, sagte Fejkiel, er habe in Auschwitz geholfen, wann immer er konnte, er habe alles getan, um das Leben erträglich zu machen, und die Selektionen hätten während seines kurzen Aufenthalts in Auschwitz aufgehört. Ein Mitglied des Gerichts nannte Fejkiels Aussage für Lucas einen vollkommenen Freispruch.

Stark sei auf sowjetische Kriegsgefangene spezialisiert gewesen: „Er wollte politische Meriten.“ Fejkiel berichtete, dass Stark sowjetische Kriegsgefangene erschossen habe. Der Zeuge beschuldigte auch Boger grauenvoller Verbrechen: „Mit aufgekrempelten Ärmeln und geradezu freudig erregt kam er von Exekutionen zurück und sagte zu den Häftlingen: Das Dritte Reich hat euch noch einmal verschont.“ Der Vorsitzende befragte Boger daraufhin ein weiteres Mal, ob er eine Schusswaffe getragen habe, da bisher so viele Zeugen dies bestätigt hätten. Boger antwortete: „Ich habe nie eine Schusswaffe getragen. Der Zeuge irrt sich.“ Unter erneutem Druck des Vorsitzenden schrie Boger geradezu ins Mikrofon: „Nein, ich habe nie eine Schusswaffe getragen.“ Darauf Fejkiel, der zum ersten Mal die Geduld zu verlieren schien: „Höchstwahrscheinlich haben die Gewehre von allein geschossen.“

Man wird sehen, ob die Angeklagten ihre Lügen und ihr unverschämtes Verhalten angesichts der grauenhaften Anklagen gegen sie bis zum Ende des Prozesses, der mindestens weitere 100 Verhandlungstage erfordern wird, aufrechterhalten können.

Bericht über den 51. Verhandlungstag am 4. Juni 1964

Es war ein Tag mit vier Zeugen von eher dubiosem Charakter:

Nr. 1: Emil de Martini, ein deutscher Journalist, war seit 1941 politischer Häftling in Auschwitz gewesen. Nach seiner Freilassung 1943 wurde er in die Wehrmacht eingezogen. Mit SS-Sanitäter Klehr, den er von seiner Arbeit als Schreiber im Häftlingskrankenbau kannte, schien er auf ziemlich gutem Fuße gestanden zu haben. „Werter Kamerad", schrieb de Martini an Klehr, als er bei der Wehrmacht war. „Das machte ich aus Spaß", und Klehr antwortete ihm. Zwei solcher Antwortschreiben hatte de Martini als Souvenir behalten und übergab sie heute dem Gericht, das sie zweifellos als Beweisstücke gegen Klehr verwenden wird. Denn am 15. April 1943 hatte Klehr in seinem unbeholfenen Deutsch geschrieben: „Entschuldigung, dass ich dich habe warten lassen auf die Antwort, aber habe viel zu tun auf meinem neuen Posten. Wäre lieber im Krankenbau geblieben." Um nicht für die tödlichen Injektionen am Weihnachtsabend, womit ihn viele Zeugen belastet hatten, verantwortlich gemacht zu werden, hatte Klehr bisher immer darauf bestanden, er sei schon im September 1942 aus dem Krankenbau versetzt worden. Der Vorsitzende befragte Klehr daraufhin, weshalb er die Arbeit im Krankenbau vorgezogen, also „Abspritzungen" zum „Desinfizieren" vorgenommen habe. Klehr: „Sie glauben, es war angenehm, infizierte Baracken zu betreten?" Vorsitzender: „Sie haben es dann vorgezogen zu töten?" Klehr: „Das war auf Befehl."

Einmal hatte Emil de Martini, der sich als Blockältester umsehen konnte, Klehr bei der Arbeit beobachtet, wie er auch Menschen für das Gas selektierte, „als der Block 21 überfüllt war, d. h. als anstatt 600 Personen 1800 drin waren". Der Zeuge erinnerte sich an ein

Dutzend polnische Jungen im Alter von acht bis 14 Jahren, die wegen Kohlediebstahls nach Auschwitz gekommen waren. Eines Tages hätten es die Verantwortlichen in Auschwitz plötzlich für unmoralisch gehalten, dass die Jungen mit alten Männern in denselben Baracken schliefen. „Um die Moral zu wahren, wurden die Jungen abgespritzt."

Zeuge Nr. 2: Der 55-jährige Zahntechniker Friedrich Ontl, ehemaliger SS-Hauptscharführer, der im zweiten Auschwitz-Prozess auf der Anklagebank sitzen könnte, war zuerst „Spieß" des Standortarztes [Dr. Wirths] gewesen und als solcher zuständig für den Dienstplan für die Ärzte und andere Dienstgrade an der Rampe. Auf die Frage, ob er wisse, wer alles an der Rampe eingesetzt war, antwortete Ontl, er wisse es nicht, aber als er gedrängt wurde, Namen zu nennen, sagte er: „Sie standen auf dem Plan, aber ob sie es gemacht haben, weiß ich nicht." So ging es weiter. Vorsitzender: „Was wussten Sie über Selektionen?" Der Zeuge: „Nichts". Vorsitzender: „Was wussten Sie über Vergasungen?" Der Zeuge: „Nichts". Schließlich fragte der Vorsitzende den Zeugen Ontl, ob er vor dem Prozess von einem gewissen Herrn besucht worden sei, der auch andere Zeugen, die Capesius belasteten, aufgesucht und einigen von ihnen Geld angeboten hatte. Ontl bestätigte, dass dieser auch zwei Mal bei ihm war und ihn einmal zur Jagd einlud, versicherte aber dem Gericht, von Geld sei nicht die Rede gewesen. Ontls „Zusicherungen" waren so zweifelhaft, dass das Gericht beschloss, ihn nicht unter Eid zu nehmen, da nach deutschem Recht ein Zeuge nicht vereidigt wird, wenn er sich selbst damit belasten würde.

Zeuge Nr. 3: Der 80-jährige Johann Kremer, früher Professor an der Universität Münster, war nach zwei Prozessen degradiert worden. Einer der Prozesse hatte in Polen stattgefunden, wo er zuerst zum Tode verurteilt worden war, dann zu lebenslänglicher Haft. Nach seiner vorzeitigen Entlassung 1958 und Rückkehr nach Münster wurde er in einem zweiten Prozess zu zehn Jahren Freiheitsentzug verurteilt. 1942 war er drei Monate als Lagerarzt in Auschwitz gewesen. Kremer sah genauso aus, wie man sich Naziverbrecher im Alter vorstellt; auch er wurde nicht vereidigt. Vorsitzender: „Warum haben Sie selektiert?" „Aber ich wusste doch nicht, dass das Selektionen waren. Ich dachte, die Leute würden von einem anderen Lagerarzt noch einmal untersucht werden." Kremer, der diese Taktik weiter fortsetzte, wurde schließlich durch sein eigenes Tagebuch widerlegt, in dem es beispielsweise heißt: „Sechs Frauen von der Revolte in Budy[63] abgeimpft (Klehr)." Kremer sah sich gezwungen einzuräumen: „Ich hatte den Befehl zuzuschauen, lief aber nach der ersten Abspritzung weg."

Auf die Frage, ob er je als Arzt gearbeitet habe, antwortete er zögernd: „Es kann sein, dass ich einmal einem Häftling wirklich Medizin gab. Sehen Sie, die Leute wurden leicht krank in Auschwitz. Das Klima war sehr ungesund." Ja, die SS-Männer seien gierig auf besondere Rationen gewesen, die als Belohnung für Selektionen gegeben wurden, sagte Kremer in seinem rheinischen Dialekt, und es wirkte, als plauderte er über einen geselligen Abend.

Zeuge Nr. 4: Fritz Adolf Putzker aus Wien war ein krimineller Häftling und seit 1943 Kapo in Auschwitz. Wegen seiner Tätigkeit in „Kanada" hatte er in Polen vor Gericht gestanden, war aber freigesprochen worden. Er erzählte im Plauderton einfacher Leute unter anderem, einmal sei ein Transport aus Łódź angekommen. Die Juden hätten den Polizeichef erkannt, ihn gepackt und geschlagen und ihn dann, in Decken gewickelt, ins offene Feuer geworfen, während die SS dies mit offensichtlichem Vergnügen beobachtete.

63 Seit Juni 1942 existierte eine Strafkompanie für Frauen, zunächst in Budy bei Auschwitz (später im Frauenlager des KZ Auschwitz-Birkenau). Anfang Oktober 1942 wurden etwa 90 französische Jüdinnen unter dem Vorwand, eine Revolte geplant zu haben, ermordet.

Bericht über den 52. Verhandlungstag am 5. Juni 1964

Die Einschätzung, dass der vorherige Verhandlungstag des Auschwitz-Prozesses einen entscheidenden Wendepunkt einleitete, ist sicher nicht falsch. Denn Pery Broad sah sich gezwungen zuzugeben, dass der 1946 im Munster-Lager[64] für den britischen Geheimdienst entstandene Auschwitz-Bericht tatsächlich von ihm stammte. Freiwillig machte er diese Aussage nicht; er wurde aufgefordert, zu seinem Bericht Stellung zu nehmen, der genaue Einzelheiten über die Vernichtung und die dabei angewandten Methoden enthielt. Er war klarer und inhaltsreicher als alles, was bisher von Zeugen geäußert wurde, da Broad als Mitglied der Politischen Abteilung offensichtlich über Informationen aus erster Hand verfügt hatte. Henry Ormond, der Vertreter der Nebenklage war es, der Broad dazu zwang, seine Autorenschaft zuzugeben, da er Broads in den Nürnberger Prozessen unter Eid abgelegte Erklärung von 1947 entdeckt und auch den Originalbericht ausgegraben hatte. Ab jetzt wird es für die anderen Angeklagten im Auschwitz-Prozess unmöglich sein, ihr taktisches Vorgehen, sie hätten über die Verbrechen nichts gewusst, fortzusetzen, nachdem ihr eigener Kumpan sie eindeutig gestanden hat. Der Vorsitzende zu Broad: „Aber waren das alle Verbrechen?“ Broad darauf: „Ja, das ist meine Überzeugung.“ Und er fuhr fort: „Überdies war jede Art von Aktivität in Auschwitz Beihilfe zum Mord.“

Abgesehen davon, dass die Zahlen in diesem Bericht seinem Wissen entsprachen, bestätigte Broad, nach bestimmten Details befragt, unter anderem die Existenz der Boger-Schaukel, die Vernichtung von 12 000 russischen Kriegsgefangenen, die Selektionen an der Rampe,

64 Siehe Fußnote 57 auf S. 151.

die Gaskammern, die Erschießung des Sonderkommandos beim Aufstand und die Vernichtung von über 10 000 Sinti und Roma. Der Vorsitzende las aus dem Bericht sinngemäß vor: „Manchmal hörte man unter einem Kleiderbündel die Stimme eines Säuglings. Ein SS-Mann deckte ihn dann auf und schoss in seinen Kopf." Broad dazu: „Das ist richtig." Es treffe auch zu, dass ein 16-jähriger Junge wegen Brotdiebstahls zum Tode verurteilt wurde. Auf Fragen nach solchen grausamen Verbrechen antwortete er in der ihm eigenen gepflegten Redeweise: „Ja, Herr Vorsitzender, es ist alles korrekt."

Vor Broads Geständnissen hatte der 45-jährige Österreicher Hermann Reineck, Druckereileiter aus Wien, den Beschreibungen grauenvoller Verbrechen weitere hinzugefügt. Dieser hochgewachsene Mann war von Oktober 1942 bis 1944 als politischer Häftling in Auschwitz gewesen. Als Schreiber im Häftlingskrankenbau habe er „tausende und abertausende von Todesurkunden" ausgestellt, in die er gemäß einer Liste von sechzig möglichen Ursachen eine Todesart eintrug. Als Reineck dann berichtete, wie er den SS-Sanitäter Klehr mit der Spritze in der Hand, bereit zum Töten, gesehen hatte, verlor er die Fassung: „Es war so ein Schock für mich", sagte er unter Schluchzen. Auch als er über einen Wiener Juden sprach, dessen erfrorene Hände ganz schwarz geworden waren, konnte er die Tränen nicht zurückhalten, „ein Mann ohne Hände in Auschwitz – das war wie ein Todesurteil". Der Häftling wurde auf einen Lastwagen getrieben und in die Gaskammer transportiert. „Sein zehnjähriger Junge, der genau wusste, was das Schicksal seines Vaters war …", der Rest des Satzes war nicht mehr hörbar. Als es dem Zeugen im ersten Moment nicht gelang, sich an einen bestimmten Vorfall zu erinnern, über den er in der Vorvernehmung ausgesagt hatte, entschuldigte er sich: „Sehen Sie, das kam jeden Tag vor." Gemeint war, dass Klehr Häftlinge, die nur zwei Wochen Erholung gebraucht hätten, für das Gas selektierte.

Der österreichische Jude Ernst Toch hatte Klehrs Bekanntschaft in Auschwitz gemacht, als dieser sehr gefürchtete SS-Sanitäter im Kostüm eines Leierkastenmannes auf der Hochzeit seiner Nichte erscheinen wollte. Toch, ebenfalls Schreiber im Krankenbau, erhielt die Aufforderung, die Melodie von „Ich liebe Gold und Silber", einem deutschen Volkslied, für Klehr zu arrangieren, damit er es in seinem Kostüm spielen konnte. Auch Toch hatte gesehen, wie Klehr zwei Häftlingen Phenol spritzte, und bestätigte damit Reinecks Darstellung. Toch, der stockend sprach, erinnerte sich weiterhin daran, dass Kaduk („er bedeutete immer Gefahr") am 20. Januar 1945, als Auschwitz bis auf 1300 kranke Häftlinge im Krankenbau schon leer war, einen niederländischen Arzt erschoss. Daraufhin ergriff Kaduk mit seinem üblichen derben Grinsen das nächste Mikrofon und rief: „Das ist alles nicht wahr." Das hatte er gesagt, noch bevor sein Mitangeklagter Broad gezwungen war zuzugeben, dass seine Auschwitzberichte der Wahrheit entsprachen.

Bericht über den 53. Verhandlungstag am 8. Juni 1964

Der Nebenklagevertreter Henry Ormond, jüdischer Rechtsanwalt, brachte heute den Vorschlag ein, das Frankfurter Schwurgericht solle den Lagerkomplex Auschwitz besuchen, um sich ein besseres Bild vom Schauplatz und den äußeren Umständen der Verbrechen machen zu können. Ormond, der nach und nach die Aufgaben der Staatsanwaltschaft übernommen hat, die zurzeit sehr schwach agiert, gab bekannt, dass er vom polnischen Justizministerium bereits die Zustimmung für eine solche Unternehmung bekommen habe. Nazi-Anwalt Laternser lehnte ein solches Unterfangen sogleich mit der Begründung ab, die Anwesenheit eines deutschen Gerichts im Ausland würde die Souveränität des anderen Landes verletzen; ein solcher Vorschlag verstoße gegen internationales Recht. Zum ersten Mal in diesem Prozess wagte es einer der Verteidiger, Laternser zu widersprechen und Ormonds Vorhaben zu unterstützen. Seiner Meinung nach stehe diese Position in Übereinstimmung mit modernem Vorgehen in der Justiz und eröffne neue Möglichkeiten. Das Gericht erklärte sich einverstanden, Ormonds Vorschlag in Betracht zu ziehen, wenngleich der Vorsitzende auf die zahlreichen Schwierigkeiten politischer und technischer Natur hinwies, vor allem, da keine diplomatischen Beziehungen zwischen der Bundesrepublik Deutschland und Polen existierten. Für Polen sei es beispielsweise fast unmöglich, die Sicherheit der [ehemaligen] Häftlinge zu garantieren.

Während das Gericht noch verblüfft war über den sensationellen Antrag und besonders über die Bereitschaft Polens, diese Unternehmung zu ermöglichen, trat Imrich Gönczi in den Zeugenstand, ein 39-jähriger tschechischer Jude aus Töplitz-Schönau. Er ist gerade dabei, nach Haifa zu emigrieren, um dort als Zahnarzt zu arbeiten. Im Juni 1942 war er von Majdanek nach Auschwitz überstellt worden. Gönczi wusste im Auschwitz-Prozess noch über eine andere Art grauenvoller Erfahrung zu berichten. In Auschwitz hatte er für einige Zeit als Laborgehilfe im Hygiene-Institut gearbeitet. In großen Behältern kochte er Fleisch, und während die Brühe für Experimente benutzt wurde, teilten die Gefangenen das Fleisch untereinander aus, bis sich eines Tages herausstellte, dass es sich um menschliches Fleisch handelte. Tierisches Fleisch hielt die SS offenbar für den eigenen Verzehr zurück.

Der kleine Herr Gönczi sprach sehr klar und leidenschaftslos, auch als er sich an seinen ersten Tag in Buna erinnerte. Ein SS-Mann hatte die Mütze seines Vaters weggeworfen und diesem befohlen, sie aufzuheben. Dabei erschoss er ihn. Als Gönczi sich in seiner Aufregung auf den SS-Mann stürzte, zwang der ihn, die Leiche seines Vaters zurück ins Lager tragen. „Ich habe noch das warme Blut gespürt", berichtete Gönczi.

Nachdem er bei der Arbeit in Buna verunglückt war, wurde er als Hilfspfleger im Häftlingskrankenbau eingesetzt, wo es seine Aufgabe war, Häftlingen Nummern auf die Brust zu schreiben, bevor er sie in Klehrs „Labor" führte. Dort beobachtete er zwei Mal „Abspritzungen": „Klehr stieß die Spritzen in die Brust des Häftlings, dann kam ein langer Atemzug, und alles war vorbei." Über Selektionen im Krankenbau sagte er, dass manchmal ein SS-Mann, der kaum auf die Krankenkarte sah, Häftlinge für das Gas oder für Injektionen selektierte. Gönczi schwor einen Eid auf jüdische Art.

Der polnische Bürger Ignacy Golik, ein 42-jähriger Journalist aus Warschau, in Auschwitz von Februar 1941 bis November 1944, hatte als Desinfektor für die SS gearbeitet. Dann wurde er in ein anderes deutsches Konzentrationslager verlegt. Er belastete hauptsächlich den Apotheker und ehemaligen SS-Sturmbannführer Dr. Capesius: „Die SS-Apotheke in Auschwitz war die merkwürdigste Apotheke der Welt. In ihr wurden nicht in erster Linie Medikamente gelagert. Die Dinge, die in ihr gelagert wurden, dienten der Vernichtung."

Während Capesius sich diese Anschuldigungen mit breitem Grinsen anhörte, warf Golik ihm auch vor, er habe über den Schlüssel zum alten Krematorium und zum Heizungsgebäude verfügt, wo das Zyklon B gelagert wurde. „Ein mit einem Eisengitter verschlossener Raum enthielt die Phenolbehälter", sagte Golik, über deren Verwendung Capesius verfügt habe. Dann berichtete der Zeuge über eine Kiste im Keller der SS-Apotheke, in die die SS nach der Ankunft von Transporten Gold und Devisen geworfen habe. Bald danach sei die Kiste, die nicht eingeweihten Personen verschlossen schien, leer gewesen. „Capesius könnte darüber nähere Auskunft geben."

Golik, der ebenfalls sehr ruhig sprach, bestätigte, dass neben den Ärzten auch Zahnärzte und Apotheker gezwungen waren, Dienst an der Rampe zu tun, besonders bei der Ankunft der Massentransporte 1944.

Die Angeklagten „waren nicht in Vertretung dort, sondern als verantwortliche Selektierer", sagte er und beschrieb, wie Capesius sich in einen Rotkreuzwagen zu setzen pflegte, der auch die SS-Desinfektoren sowie Zyklon-B-Büchsen zu den Gaskammern transportierte, nachdem die Ankunft eines Zuges angekündigt worden war. Keiner der Angeklagten, weder die Ärzte noch Zahnärzte oder der Apotheker, äußerten sich zu dieser Anschuldigung, der sie vorher widersprochen hatten.

Bericht über den 54. Verhandlungstag am 11. Juni 1964

„Herr Zeuge, wir saßen im selben Boot", sagte Klehr und wandte sich fast flehentlich an den früheren Auschwitzinsassen Adolf Gawalewicz, einen 47-jährigen Juristen aus Krakau. Mit seinem Appell wollte der Angeklagte zum Ausdruck bringen, dass der ehemalige Häftling wie auch sein Bewacher ganz genau gewusst habe, dass Personen, die nach Birkenau „überstellt" wurden, d.h. in die Gaskammern, nicht lebend ins Stammlager Auschwitz zurückkehrten. In einfacher Sprache wollte Klehr die Aussage von Gawalewicz erschüttern, der nach Klehrs preußischem SS-Denken gar nicht mehr am Leben sein konnte. Denn der schmächtige Gawalewicz, der von Januar 1941 bis Juni 1944 Häftling in Auschwitz war – „ich war die ganze Zeit ein

‚Muselmann'" –, wurde im April 1942 von Klehr im Block 20 [im Krankenbau] selektiert und nach Birkenau transportiert, „kurze Zeit vor Hitlers Geburtstag, ich erinnere mich deshalb daran, weil wir hofften, an diesem Tag eine bessere Suppe zu bekommen". „Wir waren überrascht, dass wir weder geschlagen noch gefoltert wurden. Klehr bewachte nur unsere Abfahrt in Lastwagen." In Birkenau befand sich Gawalewicz bis September 1942 in Block 4, dem „Wartesaal zum Tod". Er sah, wie alle, die mit ihm gekommen waren, weggebracht wurden, und war sich sicher, dass er einer der wenigen Überlebenden dieses Transports war. Gawalewicz entging dem Hungertod im Block 4, den er erwartet hatte, weil ein polnischer Arzt ihm etwas Brot abgab, wann immer er für ihn polnische Gedichte deklamierte.

Am 4. Mai begann die massenhafte Vergasung: „Mit meinen eigenen Augen sah ich, wie 10 000 Menschen auf Lastwagen geladen und in die Gaskammer gefahren wurden." Im September 1942 kehrte Gawalewicz, wahrscheinlich dank der Bemühungen seiner Freunde, nach Auschwitz [I] zurück. „Nach meiner Rückkehr habe ich entdeckt, dass meine Karteikarte schon bei denen der Toten abgelegt war", was bedeutete, dass er nach den Unterlagen von Auschwitz schon tot war.

Genau wie Klehr, der Schwierigkeiten hatte, ehemalige Auschwitz-Häftlinge zu verstehen, erfasste auch das Gericht manchmal ihre Sprache nicht. „Wir wurden zum Tode verurteilt", sagte der Zeuge Stanisław Głowa aus Krakau, was den Vorsitzenden zu der Frage veranlasste, wer das Todesurteil gefällt habe, während der Zeuge damit ausdrücken wollte, dass Auschwitz Tod bedeutete.

Der Beamte Głowa sprach zögernd und in fast dramatischem Tonfall. Mit seinen 65 Jahren wirkte er alt und müde. Seine Aussage war voller Missverständnisse, die manchmal den Eindruck erweckten, als widerspreche er seinen eigenen Angaben in den Vorvernehmungen.

Viele Nachfragen waren nötig, damit das Gericht schließlich seine Kenntnis über Auschwitz und die dortigen Täter um signifikante Punkte erweitern konnte. Głowa war von 1941 bis August 1944 aus politischen Gründen in Auschwitz inhaftiert. Er war Schreiber in Block 20. Wie auch andere Zeugen beschuldigte er Klehr, 30 000 Personen mit Phenolinjektionen getötet zu haben, während der Angeklagte darauf besteht, dass es sich höchstens um 300 gehandelt habe.

Głowa erinnerte sich auch an Scherpe und Hantl, die Klehr als Sanitäter folgten, und an vier Häftlinge, die Klehr beim Töten assistieren mussten. „Scherpe und Hantl erschienen uns wie Engel. Sie sagten ‚Guten Morgen' zu uns, und wir erniedrigten Menschen sahen dies als Zeichen von Menschlichkeit." Doch auch sie haben getötet, fügte der Zeuge hinzu. Er erinnerte sich an 120 [polnische] Jungen aus Zamość zwischen acht und 16 Jahren, die von diesen beiden Männern getötet wurden. Die Jungen hätten schrecklich geweint und gerufen: „Warum bringt ihr uns um?" Der Zeuge: „Es war so unerträglich, dass ich beschloss, das Leiden der Jungen abzukürzen; ich nahm sie an ihrer Hand und brachte sie in den Raum zum Töten." Der Angeklagte Scherpe entgegnete: „Ich habe nie in meinem Leben einen Menschen getötet." Und Głowa darauf fast entschuldigend: „Ich möchte betonen, dass alle Häftlinge Scherpe mochten. Aber ich muss feststellen, dass er einige von den Kindern aus Zamość getötet hat." Bezüglich Klehr erinnerte sich der Zeuge, dass er ihn zwei bis drei Mal gesehen hatte, wie er ein Paket, in dem irgendetwas in Watte eingepackt war, in den Ofen der Zentralheizung [im Block 20] warf. Als er weggegangen war, hätten die Häftlinge die Leiche eines Kindes entdeckt.

„Es sah fast komisch aus", sagte der Zeuge über die Hatz, die Klehr veranstaltete, als er von dem niederländischen Arzt Samson mit einem Schüreisen geschlagen worden war. Schließlich erwischte er Samson, der bewusstlos umfiel. Dann tötete Klehr ihn in seinem „Arbeitszimmer“ mit Phenol.

Auch einen Russen, einen politischen Agenten, hatte Klehr, wie der Zeuge beobachten konnte, im Sommer 1942 mit einer Injektion getötet. Der Russe wusste, was ihm bevorstand, und warf einen Schemel nach Klehr, aber dieser schlug ihn mit einem Schürhaken nieder, sodass Klehr und seine Gehilfen den Russen überwältigen und ihm die Spritze in die Brust geben konnten. „Mit Tränen in den Augen war ich gezwungen, meinen eigenen Lehrer in Klehrs Raum zum Töten zu führen“, berichtete Głowa, und seine Stimme drohte zu brechen. Er schien viele ähnliche Erlebnisse aus dem Lager berichten zu können, doch passten solche Fälle von einzelnen Morden kaum in das Bild von Auschwitz mit seinen Millionen Toten. Kein Wunder, dass Klehr zu diesen „geringfügigen Leidensgeschichten“ nichts zu sagen hatte.

Bericht über den 55. Verhandlungstag am 12. Juni 1964

Boger, der notorische Folterer, hatte in Auschwitz Angst gehabt. Dies sagte der 42-jährige Ökonom Edward Pyś, heute Betriebsleiter einer Baufirma in Rzeszów. Er war im Juni 1940 aus politischen Gründen als einer der ersten Häftlinge nach Auschwitz deportiert worden. „Damals waren nur deutsche Kriminelle in Auschwitz“, erinnerte sich Pyś. Er musste bis zum Ende bleiben. Der kultiviert aussehende Herr im schwarzen Anzug und mit einer grauen Krawatte war in Auschwitz überwiegend im SS-Lazarett als Reinigungskraft eingesetzt gewesen. Dort hatte er Boger zwei Mal als Patient mit einem „nervösen Defekt“ erlebt. „Er hatte die ganze Zeit Angst, dass wir

Häftlinge ihn vergiften könnten." Einmal brachte Pyś ihm Apfelwein in einer bereits geöffneten Flasche, aber Boger habe ihn weggejagt und verlangt, dass die Flasche vor seinen Augen geöffnet werden müsse. Während dieser Aussage des Zeugen hielt Boger den Kopf gesenkt; offenbar fühlte er sich durch diese Darstellung mehr erniedrigt als durch die Beschreibungen seiner Foltermethoden.

Den Angeklagten Klehr kannte Pyś am besten, weil dieser ständig nach seinem „Dolmetscher" rief, womit er seinen Stock meinte, den er immer mitnahm, wenn er zu den Gaskammern ging. „Manchmal war der Stock bei der Rückkehr voller Blut." Klehr war für die Vergasung zuständig, stellte der Zeuge fest. Er erinnerte sich, wie Klehr seinen Männern, die auf dem Dach des Krematoriums standen, wo sich die Öffnungen für das Zyklon B befanden, von unten Befehle erteilte. Einmal hatte Pyś Mitte 1942 eine solche Aktion beobachtet. Es kamen Lastwagen an, mit denen etwa 200 Menschen zur Gaskammer gefahren wurden. Trotz der dicken Mauern habe man die Schreie der Opfer hören können, die nicht einmal von einem laufenden Motor übertönt wurden. Pyś habe danach immer Milch und Schnaps für die Desinfektoren geholt, ihre spezielle Zuteilung für die Arbeit mit dem Gas; auch Klehr habe eine solche Zuteilung erhalten.

Klehr erhob sich, um sich dazu zu äußern, und sagte in seiner zweifelhaften Art von Humor: „Meine Milch war immer schwarz. Ich habe nie weiße Milch gehabt." Und er fügte hinzu, dass er niemals etwas mit dem Gaskommando zu tun gehabt habe, worauf Pyś mit erhobener Stimme erwiderte: „Das ist lächerlich und ekelhaft."

Dr. Jerzy Tabeau, ein 45-jähriger Arzt und Dozent aus Krakau, war von März 1942 bis zum Herbst 1943 Häftling in Auschwitz gewesen. Im November 1943 gelang ihm die Flucht zu den Partisanen. Tabeau war ein höchst selbstbewusster Zeuge und trat sowohl dem Gericht als auch den Angeklagten gegenüber mit offensichtlicher

Ablehnung auf. Er war der erste von achtzig Häftlingen, denen die Flucht aus Auschwitz gelang, war in Frankfurt zu hören. Der Zeuge konnte nicht dazu gebracht werden, Einzelheiten über seine Flucht anzugeben, obwohl mehrere Verteidiger danach fragten. Er sagte lediglich: „Ich nehme an, dass der Angeklagte Broad (in der Politischen Abteilung für Fluchten zuständig) meine Route kennt", und fügte hinzu, dass er es geschafft habe, einen Kurzschluss zu verursachen, um den Stacheldraht zu durchschneiden.

In dem einen Jahr in Auschwitz war Tabeau unter falschem Namen Pfleger im Block 20, nachdem er Klehrs Selektion im Block 28 entkommen war: „Ich war bereits selektiert, als ein Freund Klehr dazu brachte, mich zu retten. Dieser verlangte, mich zu sehen, und er sonderte mich aus der für das Gas bestimmten Gruppe aus." Damit war klar, dass Klehr Herr über Leben und Tod war. Auf jeden Fall hatte Klehr so getan, als hätte er ärztliche Fähigkeiten. Tabeau erinnerte sich auch, dass er Klehr mit Spritzen in der Hand gesehen hatte, die er Häftlingen ins Herz injizierte. Während der Zeuge den Angeklagten beschuldigte, auf eigene Initiative Häftlinge zum Gas selektiert zu haben, sagte er aus, Scherpe habe das nie ohne Arzt getan. Um seine Flucht vorzubereiten, hatte Tabeau sehr sorgfältig das Geschehen an der Rampe beobachtet, daher sei er heute in der Lage zu sagen, dass jeder SS-Mann, der Dienst an der Rampe tat, auf eigene Faust selektiert habe. Tabeaus Anschuldigungen betrafen besonders Pery Broad („er war oft da"), und er erinnerte sich an die Deportierten eines Transports, die von Broad und einem anderen SS-Mann gezählt und dann alle zum Krematorium gebracht worden seien. Dies war der bisher schwerste Vorwurf gegen den Angeklagten Broad, von dem die meisten Zeugen bisher gesagt hatten, er sei undurchsichtig gewesen.

Der 47-jährige Tadeusz Holuj, heute Generalsekretär des [Internationalen] Auschwitz Komitees, Schriftsteller aus Krakau, war von Juli

1942 bis Oktober 1944 aus politischen Gründen in Auschwitz inhaftiert. Er war Schreiber im Block 21. Holuj hatte zahlreiche Exekutionen an der Schwarzen Wand beobachtet: „Obwohl Klehr angeordnet hatte, dass die Fenster verhängt werden mussten, konnten wir die Exekutionen sehen." Über Selektionen im Krankenbau sagte der Zeuge: „Klehr fragte immer: Bist du Jude? Dann schaute er vielleicht auf die Fieberkurve; wenn sie über 38 Grad anzeigte, war ein Jude verloren."

Der Zeuge bezeichnete die Selektion von sechzig Jungen im Alter von 8 bis 14 Jahren als die „dramatischste", weil sie nach der Größe ausgesucht worden seien. Als im September 1944 SS-Männer und Häftlinge gleichermaßen durch Bomben getötet und verletzt wurden und die Häftlingspfleger ihnen erste Hilfe leisteten, „erhielten wir Alpenveilchen und Schokolade aus Paketen vom Roten Kreuz, während die verletzten Häftlinge vergast wurden".

Das genaue Schicksal eines Salomon aus Köln, der in Claubergs berüchtigtem Block 10 gearbeitet hatte, kannte Holuj nicht. Der Mann hatte an Himmler geschrieben, „um seine Tochter zu retten". In dem Brief war zu lesen: „Im Ersten Weltkrieg wurde ich verwundet und erhielt das Eiserne Kreuz." In der Weimarer Republik war er für seinen Einsatz im Rheinland ausgezeichnet worden. Holuj erinnerte sich an die Sterbeurkunde, die er mit Salomons Namen ausfüllen musste.

56. Verhandlungstag am 18. Juni 1964

Der Angeklagte Capesius, ehemaliger Apotheker in Auschwitz, strahlte über das ganze Gesicht – jedoch nicht, weil sich irgendetwas Vorteilhaftes für ihn ergeben hätte. Er wurde im Gegenteil zum ersten Mal durch den 67-jährigen Wilhelm Prokop schwer beschuldigt.

Der freundliche weißhaarige Drogist aus Wodzisław Śląski (Loslau) hatte von Juli 1943 bis Oktober 1944 in der SS-Apotheke unter Capesius gearbeitet. Der Zeuge, der aus Oberschlesien stammt, sprach frei, aber voller Entschlossenheit in einer Mischung aus Deutsch und Polnisch. Prokop erinnerte sich, wie Capesius eines Tages beim Inspizieren des Dachbodens, wo er Medikamente sortierte, dort etwa sechzig bis hundert Koffer vorfand, voll mit goldenen Zahnprothesen, Zähnen mit Wurzeln oder mit Gold- oder Platinfüllungen, mit kleinen Fleischresten. „Alles war am Verfaulen und stank schrecklich." Capesius habe sich gesetzt und begonnen, darin zu wühlen. Er habe eine Prothese herausgezogen und sie vor seine gierigen Augen gehalten, um ihren Wert zu schätzen. „In diesem Moment bin ich davongelaufen. Ich habe gefühlt, dass ich keinen Menschen mehr vor mir sehe." Der Zeuge sagte aus, dass er die Koffer danach im Auge behielt und feststellte, dass ihr Inhalt von Tag zu Tag weniger wurde.

Einmal sei Capesius von der Rampe in Birkenau mit einem Wagen voller Koffer, Taschen und Netzen zurückgekommen, die Medikamente enthalten sollten. Während die Häftlinge diese noch entluden, habe Capesius zwei Lederkoffer genommen, sie geöffnet und – so der Zeuge – „zu meiner Überraschung waren keine Medikamente drin, sondern erstklassige Anzüge". Als Capesius sich von dem Zeugen beobachtet fühlte, habe er zu ihm gesagt: „Früher oder später sind Sie ein Todeskandidat. Es liegt in Ihrem Interesse, wann dieser Zeitpunkt eintritt. Wenn Sie aber etwas gesehen haben sollten und darüber sprechen, so kann dieser Augenblick schneller eintreten, als Sie vermuten."

Bei dieser Sequenz wirkte Capesius höchst vergnügt, was den Vorsitzenden zu der Warnung veranlasste: „Sie haben gar keinen Grund zu lachen. Dieser Zeuge hat soeben ausgesagt, dass Sie eine

Todesdrohung ausgesprochen haben." Darauf ermahnte Capesius' Verteidiger Laternser den Vorsitzenden, er habe kein Recht, dies so zu bezeichnen, er habe keinen Beweis dafür. Der Vorsitzende beachtete den Einwurf des Nazi-Anwalts kaum.

Der Zeuge Prokop beschrieb ein Regal im Keller, in dem Zyklon-B-Behälter aufbewahrt wurden: „Capesius hatte den Schlüssel dazu." Der Zeuge erinnerte sich, dass eines Tages SS-Sanitäter Klehr erschienen sei, um die Behälter zu holen. „Läuft gerade eine große Aktion?", habe ein SS-Mann Klehr gefragt. Dieser habe genickt und versucht, sechs bis acht Behälter in seine Aktentasche zu stecken und noch Platz für eine Phenolflasche zu lassen. Die habe Klehr ebenfalls von Capesius erhalten. Prokop sagte aus, dass Capesius auch den Schlüssel zu dem Kellerverschlag gehabt habe, in den die SS-Männer üblicherweise Wertgegenstände legten.

Capesius besitzt heute eine Apotheke in Göppingen und einen Schönheitssalon in Reutlingen, die er beide nach dem Krieg ohne Hilfe von außen erwarb, was Anlass zur Vermutung gibt, dass er diese mit den Goldzähnen etc. finanziert hat. Er lachte nun nicht mehr, als er begann, eine offensichtlich von seinem Nazi-Verteidiger Laternser vorbereitete Stellungnahme zu verlesen, wobei er manchmal Schwierigkeiten beim Entziffern hatte. „Das waren Koffer, die für ‚Kanada' bestimmt waren. Sie waren nicht für mich, ich fand bei der Inspektion einen kleinen Pappkarton voll von Zähnen und Prothesen, bot sie den Zahnärzten an, aber die wollten sie nicht. In der Apotheke gab es kein Zyklon B im Keller, nur Flaschen mit Alkohol, und dieser Keller war immer verschlossen. Phenolbehälter gab es im Keller, aber nur für Reinigungszwecke." Das Gericht schien diesem unglaubwürdigen Statement gar nicht zuzuhören.

Bartosz Oziemkowski, ein Volkswirt aus Warschau, war 16 Jahre alt, als er im August 1940 nach Auschwitz gebracht wurde, wo er bis Februar 1942 blieb. Er scheint ein besonderes Objekt für Klehrs „Vergnügen“ gewesen zu sein. Klehr habe ihn in den Bauch geschlagen, wo immer er ihn sah: „Einmal trieb er das typische Spiel der SS-Männer mit mir. Er fragte mich freundlich: Hast du Angst vor mir? Aber ich antwortete mit Nein, weil ich dachte, er scherze; das war der Grund dafür, dass er mich schlug und sagte: ‚Das kriegst du, weil du keine Angst vor mir hast.‘“ Der Zeuge [Torwächter] hielt von morgens bis abends Wache beim Appell vor dem Krankenbau Block 28. „Ich ging, um die Rasenfläche vor unserem Block zu bewachen, da die sowjetischen Kriegsgefangenen, die zum Erschießen an die Schwarze Wand geführt wurden, darüber trampelten, und dann wurde ich für den beschädigten Rasen bestraft.“ Er hörte Schüsse und sah die Leichenträger ihre Pflicht verrichten. Klehr habe von dem Zeugen gewöhnlich verlangt, die Spritzen und das Phenol für ihn vorzubereiten, als dieser im Einsatzbereich beschäftigt war. „Ich sah ihn mehrmals, wie er sich mit der Spritze in der Hand über die Brust seiner Opfer beugte.“ Es seien Häftlinge gewesen, die zu dieser Zeit die Injektionen gaben, behauptete Klehr, doch der Zeuge, der einen Eid leistete auf das, was er mit eigenen Augen gesehen hatte, fügte hinzu: „Sicher hätte man uns gesagt, wir sollten uns von einem Häftling fernhalten, der eine solche Arbeit bei unseren Kameraden verrichtete.“

Klehr lacht nicht mehr, ebenso wenig wie sein Mitangeklagter Capesius. Heute gab auch Dr. Lucas die Hoffnung für sich auf, als der Staatsanwalt zwei neue Zeugen ankündigte, die beweisen wollen, dass Lucas an der Rampe selektierte.

Bericht über den 57. Verhandlungstag am 19. Juni 1964

Die Freitagsitzung, die genau sechs Monate nach Prozessbeginn stattfand, verwandelte den Auschwitz-Prozess für einige Minuten in eine Verhandlung über einen regelrechten Kriminalfall. Der 68. Zeuge, Dr. Jan Sikorski, ein 47-jähriger Apotheker aus Warschau, mit schneeweißem Haar, aber jugendlichem Gesicht, war zuerst als Arzneimittelexperte tätig gewesen. Von 1942 bis Januar 1945 arbeitete er als Häftling in der Apotheke in Auschwitz [Kommando Apotheke]. Was genau Phenol sei, welche Arten es gebe, wofür sie verwendet worden seien, erkundigte sich der Vorsitzende. Sikorski dozierte: „Jede Apotheke hat Phenol auf Lager, um es z. B. mit Ohrentropfen zu mischen. Zieht man die Größe des Lagers in Betracht, hätten wir 20 g pro Jahr gebraucht." Aber die Auschwitzapotheke habe zwei bis fünf Kilo davon im Monat gebraucht und es aus einem Arzneimittellager in Berlin erhalten, nachdem vorgedruckte Formulare eingereicht worden seien. „Es gibt nicht viele Apotheker auf der Welt, die solche Bestellungen schrieben, wie ich es manchmal tun musste." Sikorski sagte freimütig, dass auch er „auf Befehl des Chefs", d.h. von Dr. Victor Capesius, an SS-Sanitäter Klehr Phenol ausgehändigt habe. Weiter berichtete Sikorski, dass für die Zyklon-B-Behälter spezielle Dosenöffner aus Berlin geschickt wurden. Capesius habe die Schlüssel zu allen Lagerräumen gehabt, „für die für Zyklon B und die für Phenol". Manchmal habe er Sikorski einen Schlüssel gegeben, wenn er zu faul war, etwas selbst zu holen. Er habe ihm zweifellos vertraut, was die Tatsache belegt, dass er ihm auch die mit Zähnen gefüllten Koffer auf dem Dachboden gezeigt und ihm befohlen habe, dem Häftling Sulikowski zu sagen, er solle die Zähne und Prothesen in etwa 15 Koffern ordnen. Normalerweise sei das Gold schon im

Krematorium ausgebrochen und sogar dort eingeschmolzen worden. Aber diese 15 Koffer („später waren es viel mehr") seien von Capesius in die Ambulanz gebracht worden. „Ich war froh, dass Capesius alles für sich selbst nahm", sagte der Zeuge zur allgemeinen Überraschung. „Wenn es nach Berlin gegangen wäre, wäre ich vielleicht nie wieder in Freiheit gekommen, weil der Krieg dann vielleicht nicht beendet worden wäre." Capesius habe auch Kleidung aus Koffern an sich genommen, die er von der Rampe mitbrachte, „offenbar hatte jeder, der nach Auschwitz kam, seine besten Kleider eingepackt". Dies habe, so der Zeuge, besonders auf die Transporte aus Ungarn 1944 zugetroffen, mit denen reiche Leute kamen. Alles, was Capesius nicht brauchen konnte, habe er nach „Kanada" zurückgeschickt. Es musste eine allgemein bekannte Tatsache gewesen sein, dass Capesius erpresst werden konnte, denn Häftlinge hatten ihm Wertsachen gegeben, und in einem Fall gab Capesius drei bis vier Liter Alkohol im Austausch für eine Verfehlung.

Zweifellos bedeutet Sikorskis bisherige Zeugenaussage eine schwere Anschuldigung gegen den Angeklagten Capesius, aber sie kann nicht mehr geahndet werden. Als der Zeuge befragt wurde, was er über Capesius' eigentliche Tätigkeiten als Apotheker gewusst habe („Versorgte er die Krankenbauten angemessen mit Medikamenten?"), antwortete er, Capesius sei menschlich gesehen ein guter Mann gewesen, der alles für die Häftlinge getan habe, was er konnte. Mit dieser Äußerung, die er später zur Überraschung der Prozessbeobachter näher ausführte, widersprach er allen vorhergehenden Häftlingsärzten, die ausgesagt hatten, dass Capesius jegliche medizinische Versorgung der Häftlinge beschnitten habe und für den Tod von Tausenden verantwortlich sei. Sikorskis Aussage wirkte etwas gezwungen, besonders als ihn der Staatsanwalt fragte, ob er an Capesius noch geschrieben habe, als er nicht mehr in Auschwitz war. Der

Zeuge bejahte diese Frage. Nun war klar, dass Sikorski unter dem Verdacht steht, mit dem Angeklagten, der ihn „mein Kollege Dr. Sikorski" nannte und mit dessen Aussage fast völlig einverstanden war, gemeinsame Geschäfte gemacht zu haben. Die Tatsache, dass Verteidiger Laternser keine weiteren Fragen an Sikorski hatte, zeigt deutlich, dass dieser für die Verteidigung ein exzellenter Zeuge war.

Bericht über den 58. Verhandlungstag am 22. Juni 1964

„Als Anwalt war ich immer der Meinung, dass Prozesse gegen Nazi-Täter nicht nach dem üblichen Strafgesetzbuch geführt werden sollten. Nicht die Staatsanwaltschaft sollte, wie es jetzt läuft, gezwungen sein, deren Schuld zu beweisen, sondern diese Männer sollten versuchen, ihre Unschuld zu beweisen." Dies äußerte der Zeuge Dr. Heinrich Dürmayer aus Wien, 59 Jahre, letzter Lagerältester. Er war von Januar 1944 bis zum Ende politischer Häftling in Auschwitz gewesen und prominentes Mitglied der Widerstandsbewegung im Lager. Nach dem Krieg wurde Dürmayer Chef der österreichischen Staatspolizei, und als solcher habe er Grabner, den Chef der Politischen Abteilung in Auschwitz, gejagt und verhaftet. „Er hat vor mir ausgesagt, bevor er nach Polen ausgeliefert und dort erhängt wurde."

Ormond schlug vor, den von Grabners Vernehmung erstellten Bericht, teilweise von Grabner selbst geschrieben, vor Gericht zu verlesen, da er zur Klärung der Rolle der Politischen Abteilung in Auschwitz und möglicherweise der Aktivitäten gewisser SS-Männer beitragen könnte. Über diesen Antrag soll am Donnerstag entschieden werden, was dem Zeugen die Zeit gibt, um sicherzustellen, dass die Kopie mit dem Original übereinstimmt. Der Zeuge Dürmayer reizte den Angeklagten Kaduk mit der Beschuldigung, selektiert zu haben: „Er und andere SS-Männer prahlten vor mir mit den Sachen, die sie von der Rampe mitgebracht hatten, als wären sie von einer Jagd zurückgekommen."

Dies brachte Kaduk dazu zu rufen, indem er seine Hände als Mikrofon benutzte: „Ich habe nie über Leben und Tod in Auschwitz entschieden. Dass ich dabei war, habe ich nie bestritten, aber entschieden haben andere." Als Dürmayer aussagte, dass sich ausnahmslos alle SS-Offiziere, einschließlich der Blockführer und Rapportführer, „zum Rampendienst gedrängt" hätten, um von den Juden Ringe oder Schnaps zu ergattern, und sich darüber unterhalten hätten, was Juden immer noch besaßen, rief Kaduk unartikuliert, solche Dinge seien nicht geschehen. Der Zeuge sei nicht an der Rampe gewesen und könne das nicht beurteilen.

Dürmayer beschuldigte Kaduk auch der Beteiligung an der Selektion von etwa 1000 Häftlingen für das Gas im Herbst 1944, worauf Kaduk erwiderte, sie seien zur Arbeit in anderen Konzentrationslagern selektiert worden. Der Zeuge charakterisierte Kaduk als jemand, der versucht habe, sich mit Brutalität hervorzutun, ein „Wasserpolacke". Er berichtete über den Todesmarsch im Januar 1945: „Die Leichen der Häftlinge lagen links und rechts." Es habe auf Betreiben von Baer, „einem kalten und zynischen Mann", einen Befehl aus Berlin gegeben, dass kein Häftling lebend zurückgelassen werden sollte.

„Ihr Gedächtnis muss seit 1962 wohl stark gelitten haben", sagte der Vorsitzende Hofmeyer zu Karl Heinrich Hykes. Der Zeuge war seit 1933 SS-Mitglied und seit 1937 NSDAP-Mitglied gewesen. 1946 wurde er in Krakau zu einer Gefängnisstrafe von acht Jahren verurteilt und kehrte 1954 in die Bundesrepublik Deutschland zurück. Er erinnerte sich an sehr wenig und zog einen Teil seiner Aussage aus den Vorvernehmungen zurück. Hykes, der in Auschwitz 1944 hauptsächlich an der Rampe Wache gestanden hatte („Wir sollten aufpassen, dass das Gepäck der Häftlinge ordentlich auf die Lastwagen verladen wurde für ‚Kanada'"), war später in der Lagerverwaltung [„Verwaltung der Häftlingsfinanzen"] eingesetzt worden, wo er wohl die Voraussetzung für seine jetzige Beschäftigung als Angestellter im Finanzamt Braunschweig geschaffen hat. Hykes, der aussah wie ein heruntergekommener Geschäftsmann, behauptete, er habe nie gesehen, dass in Auschwitz jemand getötet oder geschlagen worden sei. Über Boger sagte er, dass dieser tatkräftig und etwas gefürchtet gewesen sei, auch von anderen SS-Männern. Nach den Geschehnissen an der Rampe befragt, äußerte Hykes, die Behandlung der Ankömmlinge sei dort nicht sehr freundlich gewesen, auch nicht vonseiten der Häftlingsgruppen. Sie hätten die Arbeit gemacht, während die SS nur bewacht habe. Er bestätigte, dass es besondere Zuteilungen für den Dienst an der Rampe gegeben habe, „Schnaps und Wurst wegen der Infektionsgefahr".

Der Melker Erich Callehn aus Frankfurt, 54 Jahre, mehrfach verurteilt wegen krimineller Vergehen, zuletzt 1954 zu vier Jahren Zuchthaus, war von 1943 bis zum Ende in Auschwitz inhaftiert. Er erinnerte sich nur daran, dass Kaduk brutal und an der Erhängung von zehn oder zwölf Häftlingen beteiligt gewesen sei, wie auch der Angeklagte Hofmann, der im Sommer 1943 die Hinrichtungsbefehle verlesen und die Kommandos gegeben habe.

Nazi-Verteidiger Laternser opponierte gegen die Unterstützung der Staatsanwaltschaft für Ormonds Vorschlag, den einstigen Lagerkomplex Auschwitz zu besuchen, um die Wahrheit herauszufinden. Als Argument führte er „Eichmanns Entführung von einem Kontinent auf einen anderen unter Anwendung drakonischer Maßnahmen und Verletzung der Souveränität" und gegen internationales Recht an. Laternser war der Meinung, in Polen könne die Sicherheit der Verteidiger und der Angeklagten niemals garantiert werden.

Eine solche Besichtigung in Ausschwitz bezeichnete er als in jeder Hinsicht nutzlos, auch weil im Laufe der Zeit in Auschwitz Veränderungen stattgefunden hätten. Übrigens nannte er den Besuch eines Landes hinter dem Eisernen Vorhang unerträglich.

Schallock dagegen, einer von Bogers Verteidigern, trat erneut für Ormonds Vorschlag ein und brachte zum Ausdruck, wie peinlich ihm Laternsers Ansichten seien. Die Staatsanwaltschaft bat in ihrer Stellungnahme zu Ormonds Antrag das Schwurgericht, die Gesetzeslage bei einem Aufenthalt in Polen zu prüfen, und verwies auf die rechtliche Möglichkeit, ohne die Angeklagten zu reisen oder eine Gerichtskommission dazu zu ermächtigen. Ormond erklärte, er werde rechtzeitig ein Dokument überreichen, das alle bisher vom Gericht angeführten gesetzlichen und technischen Punkte im Zusammenhang mit einer solchen Reise nach Auschwitz berücksichtige.

Der Vorsitzende Hofmeyer, der mit allen seinen Bemerkungen zum Thema zeigte, dass er jegliche Bedenken sorgfältig prüfte, schlug vor, bei der Bundesregierung anzufragen, ob zwischenstaatliche Verträge unterzeichnet werden könnten, um eine solche Reise nach Auschwitz für ein deutsches Gericht zu ermöglichen. Dies bedeutet, dass die Entscheidung über diesen Antrag nicht so schnell getroffen werden wird.

Bericht über den 60. Verhandlungstag am 2. Juli 1964

Die meisten Verteidiger saßen wie gewöhnlich regungslos auf ihren Stühlen und machten den Eindruck, als erfüllten sie als Verteidiger im Auschwitz-Prozess nur ihre Pflicht und erfreuten sich des regelmäßigen Einkommens. Sie hatten keine Fragen an den Sachverständigen Dr. Hans Buchheim, Historiker am Institut für Zeitgeschichte in München, der vor dem Gericht sein Gutachten über „Das Problem des Befehlsnotstandes bei den vom nationalsozialistischen Regime befohlenen Verbrechen in historischer Sicht" vortrug. Er machte es leicht für sie, da er in seiner Einführung sagte, dass es unter historischem und wissenschaftlichem Gesichtspunkt nicht möglich sei nachzuweisen, ob ein SS-Mann physischen Schaden erlitten hätte, wenn er Mordbefehle verweigert oder versucht hätte, davon entbunden zu werden. Doch nach der Untersuchung der politischen und intellektuellen Situation in verschiedenen Zeitabschnitten kam er zu anderen Schlussfolgerungen: Es war möglich gewesen, Mordbefehlen zu entgehen. Jedoch war es riskant und konnte empfindlich bestraft werden, wenn jemand sich weigerte, jüdische Frauen und Kinder zu erschießen. Schwache Nerven oder religiöse Überzeugung konnten als Gründe angegeben werden. Himmler, der in verschiedenen Dokumenten und Reden bewiesen hatte, dass er sich der verbrecherischen Befehle bewusst war, zeigte in solchen Fällen Toleranz. Entlassung aus der SS, Fronteinsatz, keine Beförderung oder Auszeichnung konnten die Folge sein, wenn aus diesen Gründen verweigert wurde, Verbrechen zu begehen. Kein SS-Mann musste erwarten, dafür erschossen oder in ein KZ eingewiesen zu werden. Er konnte allerdings nicht offen aussprechen, dass er Erschießungen ablehnte.

Jene Anwälte, die durch ihre Verteidigungspraxis von Nazi-Tätern seit 1945 und ihre eigene Affinität zum Regime zeigten, dass sie das Thema in- und auswendig kannten, erhoben unter Führung von Bogers Verteidiger Dr. Aschenauer Zweifel an der Qualifikation des Sachverständigen oder am deutschen Forschungsstand zu der Fragestellung. Sie brachten Dokumente bei, die belegen sollten, dass beispielweise Himmler die Erschießung eines ungehorsamen SS-Mannes befohlen habe, oder dass Heydrich verboten habe, Mitglieder des

Sicherheitsdienstes auf ihren Wunsch hin an die Front zu schicken. Der Sachverständige räumte ein, sie nie gesehen zu haben. Aschenauer warf dem Sachverständigen – nicht ungerechtfertigt – vor, dass er sein Gutachten nicht sorgfältig genug erstellt habe.

Es war nur logisch, dass der ostdeutsche Nebenklagevertreter Kaul vorschlug, im Anschluss daran den Oberstaatsanwalt und Chef der Zentralen Stelle der Landesjustizverwaltungen [zur Aufklärung nationalsozialistischer Verbrechen] in Ludwigsburg zu hören, der beweisen sollte, dass es keinen Fall gab, in dem ein SS-Mann wegen der Verweigerung des Befehls, Verbrechen zu begehen, ernsthaft bestraft wurde. Eine dritte Gruppe von Anwälten, die normalerweise versucht, ihre Mandanten wenigstens wie in einem normalen Strafverfahren zu verteidigen, waren bezüglich der Mitverantwortlichkeit eines jeden ihrer Angeklagten viel mehr beunruhigt, vielleicht unbewusst, da sie selbst betroffen waren. Und hier stellte Buchheim auf sicherer Grundlage fest, dass die Mitgliedschaft in der SS bis 1942 freiwillig gewesen war, dass jeder seit 1934 ganz genau wusste, wofür die SS stand, und dass jeder noch während des Krieges in gewissen Fällen die Mitgliedschaft aufgeben konnte, da nach der Nazi-Idee die SS eine Elite-Truppe war. „Es war keine Mitläufer-Organisation", und die Deutschen seien sich dessen sehr bewusst gewesen.

Diese Organisation basierte auf Kameradschaft, an der Männer freiwillig teilnahmen, die begierig waren, dem Führer und seinen Ideen zu dienen. Die Ausführung von Führer-Befehlen, auch wenn sie verbrecherisch waren, wurde als „Treuepflicht" betrachtet, ohne gesetzliche oder formale Begründung. Jeder wusste, dass er dafür nicht bestraft werden konnte. Die Tatsache, dass sowohl Mörder als auch Opfer aus ihrem normalen sozialen Umfeld herausgerissen wurden und die Morde völlig im Geheimen stattfanden, wodurch sie aus dem Bewusstsein verdrängt werden konnten, erleichterte es, Verbrechen zu begehen. Der Grund, weshalb Menschen ohne kriminelle Neigungen verbrecherische Befehle ausführten, liegt in der Tatsache, dass der Mensch von Natur aus danach strebt, sich im eigenen sozialen Umfeld zu beweisen und sich an dessen grundlegende Bedingungen anzupassen. Es erforderte Mut, gegen das soziale Umfeld zu handeln. Schwache Charaktere schrecken vor Grenzüberschreitungen zurück, wenn sie versuchen, mit dem bestehenden System kooperieren.

Der Angeklagte und frühere Rapportführer Kaduk grinste über das ganze Gesicht, als der Sachverständige besonders die Rolle des Rapportführers in Konzentrationslagern hervorhob, in dessen Hand es lag, die Situation der Häftlinge über die befohlene Härte hinaus noch unerträglicher zu machen.

Wie die meisten Verteidiger hörten auch die meisten Angeklagten reglos zu, als das 100-seitige Gutachten verlesen wurde, dem es an Genauigkeit und Klarheit mangelte.

Bericht über den 61. Verhandlungstag am 3. Juli 1964

Olga Grossmann aus Tel Aviv hatte ihre aus Ungarn stammenden Eltern in Auschwitz verloren. Ihre Reaktion auf den 54-jährigen Zeugen Karl Hölblinger, früher SS-Rottenführer, heute Kraftfahrer in Wien, ist vollkommen verständlich. Während der Pause bezeichnete sie ihn als Mörder. Als der Gerichtsvorsitzende sie dazu befragte, weil Hölblinger sich beklagt hatte, gab sie es freimütig zu. Sie entschuldigte sich ausdrücklich beim Gericht, aber nicht bei dem Mörder. Dieser hatte als Ambulanzfahrer in Auschwitz die SS-Sanitäter und den Arzt, die „Vergaserfritzen“, wie er sie nannte, zur Rampe und später zu den Gaskammern gefahren, wenn Sirenen in der Nacht die Ankunft von

Transporten angekündigt hatten. An das Geschehen an der Rampe konnte er sich nur mit Schwierigkeiten erinnern. Der Zeuge, der mit Hitler-Bärtchen und seinen rohen Gesichtszügen wahrhaftig wie ein „Schicklgruber" übelster Sorte aussah, redete in einem primitiven Wiener Dialekt. Mit unbestimmtem Schulterzucken sagte er: „Die Ärzte sind an der Rampe im Wagen geblieben." Als das Gericht Ungläubigkeit zum Ausdruck brachte, gestand er zu: „Manchmal sind sie herausgekommen, um sich die Beine zu vertreten, und haben möglicherweise mit Leuten gesprochen, wenn welche vorbeikamen." „Warum kamen sie dann überhaupt an die Rampe?", lautete die Frage. „Weil man auf dem Weg zu den Gaskammern daran vorbeikam", antwortete Hölblinger. Er hatte die Aufgabe gehabt, den Schauplatz mit seinen Autoscheinwerfern zu beleuchten, denn die Vergasungen fanden zu dieser Zeit noch in dem umgebauten Bauernhaus statt. (Der Zeuge kann keine genauen Angaben über die Zeit seines Aufenthalts in Auschwitz machen.) Er sah, dass die Menschen entkleidet durch einen Eingang mit der Aufschrift „Desinfektion" in die Gaskammern gingen. „Sie waren alle immer ganz friedlich und ahnungslos [...] Sie fingen an zu schreien, wenn sie bemerkten, was geschah. Nach einer Minute war alles still", sagte er gleichgültig. Als ihm vorgehalten wurde, dass er bei den Vorvernehmungen zwei Jahre zuvor noch in der Lage war, mehr Einzelheiten anzugeben, sagte er, das Ganze sei nun 20 Jahre her. Er wurde nicht vereidigt, da gegen ihn wegen des Verdachts, an Verbrechen in Auschwitz beteiligt gewesen zu sein, ermittelt wird.

Auf Antrag der Staatsanwaltschaft ließ das Gericht die Zeugenaussage von Dr. Fritz Klein verlesen. Der Arzt war 1945 in Lüneburg von einem britischen Militärgericht zum Tode verurteilt und [im Dezember] hingerichtet worden. Von Dezember 1943 bis Dezember 1944 war er als Lagerarzt in Auschwitz gewesen. In den früheren Vernehmungen hatte er alle Ärzte in Auschwitz beschuldigt, an

Selektionen teilgenommen zu haben, und u. a. auch Dr. Franz Lucas genannt. Dies war die erste wirkliche Anklage gegen ihn. Bei Klein heißt es, er habe gewusst, dass Menschen, die er selektierte, in die Gaskammern geschickt wurden, was kein Vergnügen gewesen sei. Es habe ein Bordell in Auschwitz gegeben, sagte Klein aus, „und die Mädchen boten sich selbst dafür an. Ich suchte unter ihnen diejenigen aus, die ich für die Geeignetsten hielt."

In der ebenfalls verlesenen Zeugenaussage des 1958 verstorbenen Polen Aleksander Górecki wurde Wilhelm Boger, der „Henker von Auschwitz", beschuldigt, verlangt zu haben, ihm eine frisch operierte Person zur Erschießung zu übergeben. Als sich der SS-Arzt weigerte, habe Boger einen Brief hervorgeholt und den Arzt überzeugt, dass der Mann erschossen werden musste. Er wurde auf einer Bahre zur Exekution getragen. Auch die Aussage des ebenfalls verstorbenen Polen Władysław Zając belastete Boger: Demnach hatte er vier Russen, die einen Fluchtversuch unternommen hatten, exekutiert; einer von ihnen hatte sich trotz seiner gefesselten Hände auf Boger geworfen. Boger schlug ihn mit einem Schraubenschlüssel und trat ihn. „Wo sollte ich einen Schraubenschlüssel hergehabt haben?", fragte Boger darauf mit gespielter Empörung.

Bericht über den 62. Verhandlungstag am 6. Juli 1964

Wer und was war der Zeuge Rudolf Kauer, ein 62-jähriger Bauingenieur aus Salach bei Göppingen, dessen Zeugenaussage schließlich von allen Beteiligten im Auschwitz-Prozess zurückgewiesen wurde? Sein Gesicht, sein Gang, sein wirres Haar ließen ihn fast wie das erste menschliche Wesen erscheinen. Kauer, 1934 angeblich aus politischen Gründen verhaftet, hatte zahlreiche KZs durchlaufen und war von Mai 1941 bis September 1944 in Auschwitz gewesen. Dort war er außer einigen Monaten beim Bau hauptsächlich in der Politischen Abteilung eingesetzt. Seine Aufgabe war es, Landkarten mit Fluchtrouten zu zeichnen. Er war mit zahlreichen Privilegien ausgestattet, wie z. B. einem Einzelzimmer und einem dauerhaften Passierschein, der es ihm erlaubte, sich im gesamten Lager frei zu bewegen. Alles, was er in Auschwitz zu erleiden hatte, sei durch die Kriminellen geschehen, nicht durch die SS, gab er an, und diese Aussage klang sehr überzeugend. Sie wurde noch überzeugender, als er plötzlich das Gericht darauf aufmerksam machte, dass er seine früheren Aussagen über die Angeklagten unter Alkoholeinfluss gemacht habe. Alles sei gelogen gewesen. Auch wenn er jetzt dafür bestraft würde, könne er nicht anders. Auf die Aufforderung, dies genauer auszuführen, sagte er über Dylewski, dieser sei „ein harmloser Mann" gewesen. 1962 hatte er Dylewski noch „Killer" genannt. In Bezug auf Boger gestand er lediglich zu, dieser habe einen extrem schlechten Ruf gehabt, was aber bei ihm auch nicht anders gewesen sei, da auch er für die Politische Abteilung gearbeitet hatte. Der Zeuge unterbrach wiederholt den Vorsitzenden, als dieser aus seinen beiden vorherigen Vorvernehmungen vorlas. „Herr Vorsitzender, das ist alles unwahr, ich war ein Knallkopf, als ich das ausgesagt habe."

Doch gab er zu, dass Boger einmal in seiner Anwesenheit einen Häftling auf seine spezielle Art verhört hatte: „Es war ein bisschen tragisch, aber der Häftling hatte es verdient." Und er berichtete, dass sich der polnische Häftling an einem Ofen aufwärmen wollte, aber nichts hatte, womit er dafür „bezahlen" konnte. Er zog sich dann mit einer Zange, wie sie die Häftlinge bei Bauarbeiten benutzten, einen goldenen Zahn heraus. Später wurde er von Boger schwer misshandelt. Dass Boger ein 23-jähriges polnisches Mädchen so schlimm auf den Brustkorb geschlagen hatte, dass die linke Brust zerfetzt war und in Stücken herabhing, leugnete Kauer jetzt: „Ich weiß, dass ich es 1962 ausgesagt habe, aber es war eine Lüge." Kein Häftling aus Auschwitz könne behaupten, dass er von Mitgliedern der Politischen Abteilung grob misshandelt worden sei, die Häftlinge hätten sich gegenseitig misshandelt oder sogar unter sich für das Gas oder für Phenolinjektionen selektiert. „Wer nahm an Selektionen teil? Es machten so viele, hauptsächlich Häftlinge, aber auch SS."

Aus dieser nun ungültigen Zeugenaussage kann man schlussfolgern, dass sich der Zeuge selbst der Falschaussagen in den vorherigen Vernehmungen bezichtigt hat, wofür er jetzt von der Staatsanwaltschaft belangt werden wird, obwohl es allgemein das Gefühl gibt, dass alles, was er zuerst ausgesagt hatte, die korrekte Version ist, da so viele Zeugen sich ebenso geäußert haben. Die einzige Erklärung für das Verhalten dieses Zeugen ist, dass er davor gewarnt wurde, seine frühere Aussage aufrechtzuerhalten, wenn er nicht riskieren wollte, von den Angeklagten und ihren Verteidigern mit den eigenen Verbrechen als SS-Spion belastet zu werden, der er in Anbetracht all seiner Privilegien in Auschwitz zweifellos gewesen war. Grau im Gesicht verließ Kauer den Gerichtssaal und kehrte zu seinem Bauberuf zurück, über den er keine Einzelheiten angeben wollte.

Ebenfalls grau sah der Zeuge Kurt Jurasek aus, ein 41-jähriger Apotheker, zurzeit Handlungsreisender für Arzneimittel. Der gebürtige Wiener ist jetzt in Heidelberg wohnhaft. Das Gericht beschloss, ihn nicht unter Eid zu nehmen, da er unter Verdacht steht, Beihilfe zu Verbrechen in Auschwitz geleistet zu haben. Jurasek, der im zweiten Auschwitz-Prozess auf der Anklagebank sitzen könnte, war freiwilliges Mitglied des Waffen-SS-Regiments „Der Führer" im Rang eines SS-Oberscharführers gewesen. Seit Frühjahr 1943 war er in Auschwitz in der SS-Apotheke beschäftigt, wo er – nach eigenen Worten –

die Aufgabe hatte, die dort arbeitenden Häftlinge zu bewachen. Als er einen Häftling ins Krematorium begleiten musste, der den Leichen die Goldzähne zog, habe er es nicht mehr ausgehalten. Es gelang ihm, aus Auschwitz versetzt zu werden. An all diese Dinge konnte er sich detailliert erinnern. Doch als er aufgefordert wurde, die Bedingungen und Zustände in der Apotheke zu beschreiben, litt sein Gedächtnis offenbar. Ja, er habe hier nur einmal einen Verschlag voll mit Zyklon-B-Behältern gesehen, von denen jeder wie eine grau-blaue Zwei-Pfund-Packung Kaffee aussah. Auch er hatte in der Vorvernehmung Capesius beschuldigt, an der Rampe selektiert zu haben. Heute sagte er aus, dieser habe die Ankömmlinge lediglich in seiner rumänischen Muttersprache angesprochen, aber niemanden selektiert.

Der Zeuge gab auf Befragen zu, dass auch er vor dem Prozess von einem gewissen Dr. Eisler und einem Rechtsanwalt, an dessen Namen er sich nicht erinnerte, aufgesucht worden sei, die ihn über seine Zeugenaussage befragten. Eisler, ein Bekannter von Capesius, hatte die meisten Zeugen besucht, die gegen den angeklagten Apotheker ausgesagt hatten. Jurasek bestritt, dass ihm für eine bestimmte Zeugenaussage vor Gericht Versprechungen gemacht wurden. Er wirkte ziemlich servil in seiner Art, sich zu verhalten und zu sprechen – wie ein obrigkeitshöriger, glatter Geschäftsmann, der um alles viele Worte machte.

Bericht über den 63. und 64. Verhandlungstag am 9. und 10. Juli 1964

„Kein Kommentar, kein Kommentar!“, rief der Angeklagte Oswald Kaduk, früherer Rapportführer in Auschwitz, ins Mikrofon, nachdem er aufgeregt zwischen den Reihen der Angeklagten und ihrer

Verteidiger auf und ab gegangen war. In seinem bulligen Gesicht stand der blanke Hass. Der Zwischenfall wurde durch das Verlesen der schriftlichen Zeugenaussage des verstorbenen Max Mahlberg ausgelöst. Laut Mahlberg hatte Kaduk zwei Juden, die er beim Fleischdiebstahl gefasst hatte, gezwungen, über zwei Bajonetten Kniebeugen zu machen, bis sie zusammenbrachen und in die Bajonette fielen. Mahlberg beschuldigte Kaduk auch, jüdische und polnische Häftlinge in Bottichen mit Wasser ertränkt zu haben.

Der 52-jährige jüdische Geschäftsmann Alfred Korn aus Stuttgart, der 1942 in Krakau verhaftet worden war, kam Ende 1943 nach Auschwitz. „Es muss Winter gewesen sein, wir standen stundenlang nackt vor dem Bad", erinnerte er sich. Er berichtete von einer Selektion, die Rapportführer Kaduk und Claussen[65] in der Nacht durchführten. Rittlings auf einem Stuhl sitzend, mit Stöcken „wie Dirigentenstäbe" in der Hand, zwangen sie die Häftlinge, in Einzelreihen an ihnen vorbeizugehen, „und dann zeigten sie mit ihren Stöcken auf einige von uns, deren Nummern von bereitstehenden Schreibern notiert wurden. Etwa achtzig oder hundert Personen wurden in dieser Nacht ins Gas selektiert", erinnerte sich der Zeuge, und er erwähnte, dass diese Menschen, die schon so gut wie tot waren, wenn die Nummern abgenommen worden waren, noch eine Woche auf ihren Tod warten mussten.

Das Gesicht komme ihm bekannt vor, sagte Kaduk, wie üblich grinsend, auf die Frage, ob er sich erinnere, dass er auf den kleinen jüdischen Zeugen eingetreten habe und auf ihm herumgetrampelt

65 Wilhelm Claussen [auch Clausen] (1915–1948) war SS-Oberscharführer und Rapportführer im KZ Auschwitz. Er wurde nach dem Krieg wegen seiner als Mitglied der Politischen Abteilung in Auschwitz begangenen Verbrechen an Polen ausgeliefert. Er starb noch vor der Verurteilung in der polnischen Untersuchungshaft.

sei, an dessen Häftlingsanzug er einmal bei einem Appell einen fehlenden Knopf bemerkt hatte. „Herr Vorsitzender, wir mussten 17 000 Häftlinge unter Kontrolle haben in Auschwitz, wir mussten sie an der kurzen Leine halten, aber wir haben nie jemanden grob misshandelt." Kaduk erklärte, er sei bereit zuzugeben, dass er ein- oder zweimal Häftlinge auf die Ohren geboxt hatte. „Einige sind schon kollabiert, bevor ich noch meine Hand gehoben habe", sagte er aus, als er unter Druck gesetzt wurde, sich an alle Einzelheiten zu erinnern.

„Ja, ich war betrunken", gab er zu, „ich konnte meine Pflichten in Auschwitz nur im betrunkenen Zustand erfüllen", antwortete Kaduk dem Staatsanwalt, und er schien das Bild von Werner Krumme zu bestätigen, dem hochgewachsenen deutschen Zeugen aus München, der gleichzeitig Nebenkläger ist. Krumme hatte seine jüdische Frau in Auschwitz verloren. Er war 1942 [in Breslau] verhaftet worden, weil er versucht hatte, zwei jüdischen Mädchen zur Flucht aus Deutschland zu verhelfen.[66] Nach Auschwitz kam er im Januar 1943: „Ich erinnere mich, dass Kaduk am Tor stand, wenn die Arbeitskommandos zur Arbeit ausrückten oder von der Arbeit zurückkehrten. Er war betrunken, gestikulierte wild, spielte mit seiner Pistole herum, sprang zwischen die Häftlingskolonnen, griff sich einige, trat andere, wieder andere sortierte er aus." Was mit ihnen geschah? Sie wurden

66 Werner Krumme (1912–1972) hatte 1943 Anita und Renate Lasker, die als Jüdinnen verfolgt wurden, bei ihrem Fluchtplan unterstützt. Die jungen Zwangsarbeiterinnen wollten versuchen, aus Breslau nach Frankreich zu entkommen. Kurz vor der Abfahrt des Zuges wurden Krumme und seine Frau Ruth zusammen mit den beiden Schwestern auf dem Bahnhof festgenommen und später nach Auschwitz deportiert. Ruth Krumme, die in „Mischehe" lebte, wurde ermordet, weil sie ebenfalls jüdisch war. Anita und Renate Lasker konnten überleben, weil sie in Birkenau im Mädchenorchester eingesetzt waren. Werner Krumme wurde als Funktionshäftling eingesetzt und 1944 aus dem KZ Auschwitz entlassen.

vergast. Auf die Frage, woher er das gewusst habe, sagte Krumme in seiner leidenschaftslosen und klaren Art: „Ich habe sie nicht in die Gaskammer begleitet, aber das war allgemein bekannt." Krumme, 1944 aus Auschwitz freigelassen, war für den Arbeitseinsatz Stammlager zuständig gewesen, was bedeutete, dass er die Arbeitskommandos zusammengestellt hatte. Eines Tages wurde er zur Politischen Abteilung befohlen, wo man ihm mitteilte: „Sie werden froh sein zu hören, dass Sie das jüdische Schwein losgeworden sind." Das war die Nachricht von der Ermordung seiner Frau.

Fenny Herrmann, eine 59-jährige jüdische Zahnärztin aus München, deren deutscher Ehemann sich 1942 hatte scheiden lassen, sodass sie sogleich verhaftet wurde, kam im März 1943 in Auschwitz an und wurde in den Block 10 eingewiesen. Sie erinnerte sich an ein Baby, das in den frühen Morgenstunden geboren worden war; auf Anordnung des Lagerarztes sollten Mutter und Kind am Leben bleiben. Eines Nachts jedoch betrat Kaduk den Block und holte die Frau und ihren Säugling heraus, um sie zusammen mit einem aus der Tschechoslowakei angekommenen Transport zur Vergasung zu schicken. Es klang wenig überzeugend, als Kaduk mit erhobenen Händen in seinem Kauderwelsch sagte: „Nein, nie, ich war nie im Block 10. Dort hatte ich nichts zu tun." Fenny Herrmann, eine Dame mit sehr energischer Stimme, berichtete, wie sie und 35 weitere Frauen aus München diejenigen beneideten, die mit Lastwagen aus dem Lager abfuhren, ohne zu wissen, dass sie zur Vergasung gebracht wurden.

„Ich kann Kaduk nicht als Menschen bezeichnen", sagte der 55-jährige Friedrich Eder aus Sindlingen, früher Vorarbeiter im IG-Farben-Werk, der 1943 verhaftet worden war. Eines Sonntagnachmittags seien Häftlinge, die im Lager umhergegangen waren, in die Baracken geflohen, als jemand rief, dass Kaduk kommt, der Schrecken des Lagers, berichtete Eder. Kaduk habe seine Pistole gezogen und in eine

Gruppe von „Zigeunern“ geschossen. Kurz danach wurde ein Toter zu der Stelle geschleppt, wo normalerweise die Leichen lagen. Zweifellos sei Kaduk betrunken gewesen, fügte der Zeuge hinzu, auch wenn sich dies strafmildernd auswirken solle. Generell sei Kaduk immer an vorderster Front gewesen, wenn es um Auspeitschung, Erschießung und Schlagen ging, sagte Eder. Kaduks Kommentar dazu war, er gebe nun keine weiteren Erklärungen mehr ab.

Der 56-jährige Jakob Laks, heute wohnhaft in Weiden, war im Januar 1943 zusammen mit 12 000 bis 14 000 Juden aus dem Ghetto Prużana nach Auschwitz deportiert worden. Mit Ausnahme von 2000 oder 3000 wurden alle unmittelbar nach der Ankunft vergast. Auf die Frage, was an der Rampe geschah, antwortete der Zeuge: „Ich weiß es nicht, ich habe nur nach meiner Frau gesehen …“ Dann brach seine Stimme, er konnte den Satz nicht beenden. „Wie haben Sie überlebt?“, fragte der Vorsitzende Hofmeyer, als er erfuhr, dass Laks zwei Jahre lang in den schwierigsten Arbeitskommandos eingesetzt war. „Mein Lebenswille war stärker.“ Auch Laks beschuldigte Kaduk, oft an Selektionen teilgenommen zu haben. Dann beschrieb er eine Selektion eines Nachts im Bad, die auch der Zeuge Krumme erwähnt hat.

Bericht über den 65. Verhandlungstag am 13. Juli 1964

Er möge es nicht, Tote zu sehen, sagte etwas entrüstet Henry Storch aus Wattenscheid, 53 Jahre alt, von Beruf Apotheker, früher SS-Untersturmführer. Von Juli 1940 bis November 1941 war er in Auschwitz gewesen, „um dort eine Apotheke aufzubauen“. Dies erklärte er, als er vom Staatsanwalt aufgefordert wurde, detailliert zu beschreiben, was er nach der ersten Vergasung in Auschwitz im Bunker gesehen habe und weshalb er nicht mehr darüber sagen könne, als dass die Getöteten Männer waren: „Die Toten lagen auf dem Fußboden. [...] Sie waren bekleidet, ich glaube, einheitlich grau-braun." Um welche Uniformen es sich gehandelt hatte, konnte der Zeuge nicht sagen. Er war vom Lagerarzt beauftragt worden festzustellen, ob sich noch Spuren von Gas im Bunker befanden. Ob er Häftlinge allgemein nicht gemocht habe, wurde er gefragt, weil er so wenig über die Lebensbedingungen in Auschwitz berichtete. Er erwiderte darauf: „Ich bin Sportler. Deshalb mag ich aus Gründen der Fairness keine Leute anschauen, die schwächer sind als ich", sagte Storch, der aussah wie ein pedantischer Bürokrat, hochnäsig, mit schwarz gerahmter Brille, höchst selbstbewusst. Obwohl er vergaste Menschen zu sehen bekommen hatte, sagte er, habe er nie einen einzelnen Zyklon-B-Behälter im Lagerraum seiner Apotheke gesehen, aber er wusste sehr wohl, dass in Berlin spezielle Kurse zur Handhabung des Gases und der Vergasung abgehalten wurden, „schließlich war es ein gefährliches Gas".

Storchs Kollege war der jetzt 52-jährige Bankkaufmann Friedrich Otto Schlupper aus Wiesbaden, ein gut aussehender jungenhafter Mann mit kultivierten Manieren, der wie ein typischer Vertreter der modernen gehobenen Mittelschicht in Deutschland wirkte. Er wusste mehr über Einzelheiten des Vergasungsvorgangs und erinnerte sich an die Vergasung von sowjetischen Kriegsgefangenen: „Ich erfuhr die Geschichte, als wir an einem Sonntagmorgen zum Fußballspielen gingen. Da wurde erzählt, dass in der vergangenen Nacht russische Kriegsgefangene im alten Krematorium vergast worden sind." Der Zeuge sagte aus, es sei Arthur Breitwieser gewesen, der dies getan hatte: „Jedes Mal, wenn ich beim alten Krematorium vorbeigegangen bin, habe ich mich gefragt, wie der Arthur denn das gemacht hat."

Der Zeuge, 1933 in die NSDAP und die SS eingetreten, erreichte den Rang eines SS-Oberscharführers. In Auschwitz war er von 1940 bis zum Ende gewesen, erst als Wachmann, „eigentlich hatte man uns gesagt, dass wir dort bei der Ernte helfen würden", später als Lagerist. Als Breitwiesers Verteidiger [Dr. Zarnack] versuchte, Schluppers Aussage zu erschüttern, antwortete dieser fast nachdrücklich: „Es wusste jeder im Lager, dass Breitwieser vergast hat." Damit war er der erste SS-Mann in diesem Prozess, der einen anderen SS-Mann belastete. Es ist schwierig festzustellen, weshalb er nicht bereit war, mehr über Auschwitz und über Selektionen an der Rampe zu offenbaren. Dort sei er, wie er behauptete, nur einmal anwesend gewesen. Er rief: „Sie [die Selektionen] wurden für das Leben gemacht, nicht für den Tod." Er erinnerte sich, dass SS-Männer nach der Ankunft von Transporten nach Schuhmachern und Schneidern gerufen hätten.

Nach Schluppers Zeugenaussage wirkte der Antrag von Klehrs Verteidiger Rechtsanwalt Göllner, Professor Paul Rassinier[67] anzuhören, ziemlich lächerlich. Rassinier hatte bisher wegen seiner aktiven Unterstützung faschistischer Elemente in der Bundesrepublik keine Erlaubnis bekommen, am Prozess teilzunehmen. Er hatte die Absicht auszusagen, dass in Auschwitz überhaupt keine Vergasungen stattgefunden hätten.

Es war nicht überraschend, den Angeklagten Kaduk heute auf seinem Stuhl herumrutschen zu sehen. Er war sich offenbar bewusst, dass ihn der heutige Zeuge Dr. Friedrich Skrein, ein 46-jähriger Rechtsanwalt aus Wien, schwer belasten würde. Dieser sagte aus, Kaduk habe beim Einmarschieren der Arbeitskommandos am Tor

67 Paul Rassinier (1906–1967) war ein französischer Politiker und Historiker. Im Zweiten Weltkrieg war er Gefangener der KZ Buchenwald und Dora-Mittelbau. Nach dem Krieg entwickelte er sich zum Geschichtsrevisionisten und Holocaustleugner.

gestanden und geprügelt, wenn einer nicht stramm marschierte: „Kaduk war das gefürchtetste Wesen. Er hat mit den Köpfen der Häftlinge Punchingball gespielt." Der hochgewachsene, kultiviert aussehende Zeuge, der seit Ende 1942 bis zum Ende als politischer Häftling in Auschwitz gewesen war, erinnerte sich, wie Kaduk und sein Kollege Claussen einem Häftling, der bereits „Muselmann" war und nicht zum Appell erscheinen konnte, abwechselnd auf den Brustkorb traten. „Ich habe gehört, wie die Knochen brachen", sagte Skrein. Einmal, so Skrein, hätten Kaduk und Claussen im Zigeunerlager Frauen beobachtet, die sich [wegen einer angeordneten Entlausung] entkleiden mussten. Eine sehr schöne Frau weigerte sich zuerst, ihren Büstenhalter auszuziehen. Der Zeuge: „Kaduk riss ihn herunter. Bei dieser Gelegenheit erzählte er den anderen, wie angenehm es sei, wenn man nackte Frauen in die Gaskammer treibt und ihnen dabei an die Brust greift."

Skrein beschuldigte Kaduk auch, einen „Zigeuner" getötet zu haben, als er eines Nachmittags plötzlich [im Zigeunerlager] auftauchte und blind in eine Menschenmenge schoss. Kaduk ergriff das Wort, obwohl er in der letzten Sitzung erklärt hatte, dass er nun nicht mehr sprechen werde: „Herr Direktor, das ist alles unwahr. Ich hätte solche Sachen über Frauenbrüste nie vor Häftlingen erzählt."

Der weitere Antrag von Verteidiger Göllner, alle Urteile deutscher Gerichte über Nazi-Täter, die sich auf den Befehlsnotstand berufen hatten und freigesprochen worden waren, vor Gericht zu berücksichtigen, erschien noch absurder, da sich weder sein Mandant Klehr noch Kaduk, wie heute offensichtlich wurde, auf Befehle berufen konnten, sondern in den meisten Fällen auf eigene Initiative gehandelt hatten.

Bericht über den 66. Verhandlungstag am 16. Juli 1964

Die 66. Sitzung des Auschwitz-Prozesses stellte sich als ein Tag der Sensationen heraus:

1. Der Zeuge Georg Engelschall, 53 Jahre, Elektriker aus Bodelshausen bei Dachau, SS-[Haupt-]Scharführer, der 1940 „nur als Elektriker“ nach Auschwitz gekommen war, wurde von der Verteidigung benannt, um den Angeklagten Hans Stark zu entlasten. Doch er wurde im Gerichtssaal verhaftet. Der große, grobschlächtige und sonnengebräunte Mann kam zum Haupteingang herein, vor dem der Verteidiger noch versucht hatte, ihn zu beeinflussen. Dies hatte der ostdeutsche Nebenklagevertreter Kaul mitgehört und dem Gericht offenbart. Engelschall verließ das Gerichtsgebäude noch während der Sitzung durch die Hintertür, abgeführt von Polizisten in Zivil. Dies alles geschah aufgrund der Aussage des polnischen Zeugen Jozéf Kral, der im Mai angegeben hatte, der Angeklagte Stark habe zusammen mit Engelschall 22 Menschen ertränkt. Stark, obwohl wegen Beihilfe zum Mord in Auschwitz angeklagt, war bis dahin auf freiem Fuß gewesen. Gegen Engelschall war nichts unternommen worden, bis er heute ins Gericht kam. Er wurde von Starks Verteidiger aufgefordert auszusagen, dass in den Gräben, die Kral als die Tatorte des Mordes benannt hatte, kein Wasser gewesen sein konnte. Am seltsamsten war, dass er das trotz der Überzeugungsversuche des Verteidigers nicht bestätigen konnte. Die Staatsanwaltschaft verkündete, als wolle sie sich von dem Vorwurf, Engelschall übersehen zu haben, entlasten, dass Ermittlungen gegen Engelschall bereits eingeleitet wurden, jedoch in Verbindung mit anderen Verbrechen, die er als SS-Rapportführer oder Blockführer begangen hatte. Engelschall leugnete, je in einer dieser Funktionen gewesen zu sein, worauf Kaduk über das

ganze Gesicht grinste. Auf die Frage, ob er etwas über Engelschalls Funktionen in Auschwitz gewusst habe, erhob sich Kaduk schwerfällig und griff zum Mikrofon. „Ich verweigere die Aussage", sagte er mit dem bekannten sadistischen Lächeln im Gesicht. Der Zeuge Jakob Fries, ein 51-jähriger Bauarbeiter aus Albertshofen in Franken, ebenfalls von der Verteidigung bestellt, um Stark von den oben genannten Verbrechen zu entlasten, konnte dies ebenfalls nicht leisten. Der primitiv aussehende [ehemalige] SS-Unterscharführer, gegen den ebenfalls Ermittlungen laufen, konnte sich nicht erinnern, dass ein anderer SS-Mann als der Angeklagte Stark zur Zeit der Morde Arbeitsdienstführer war.

2. Der Angeklagte Dr. Lucas, von dem immer wieder gesagt wurde, dass er Häftlingen in verschiedenen Konzentrationslagern geholfen habe, wurde heute von einem 53-jährigen Textilkaufmann aus Hannover entlarvt. Der Zeuge war von März 1942 bis August 1944 als „Zigeuner" in Auschwitz inhaftiert gewesen und dann nach Ravensbrück überstellt worden. „Ich bin selbst von ihm am 4. Januar 1945 sterilisiert worden." (Die Presse wurde gebeten, den Namen des Zeugen nicht preiszugeben.) Der hagere dunkelhaarige Mann mit traurigen Augen und einem langsamen Gang erinnerte sich: „Eine Woche lagen wir im Häftlingskrankenbau nach einer Operation, die wohl zu Versuchszwecken gemacht wurde, denn einmal riss Lucas die Wunde wieder auf, sobald sie zu heilen begann." Über 40 Männer teilten dieses Schicksal, erinnerte sich der Zeuge, „jeden Tag wurden ungefähr sechs frisch operierte Fälle hereingebracht". Auf die Aufforderung, dazu Stellung zu nehmen, führte Lucas aus, er habe nur zwei oder drei Männer auf ausdrücklichen Befehl des Reichsgesundheitsamtes sterilisiert. Der Zeuge wandte sich dann direkt an Lucas: „Erinnern Sie sich nicht an die Familie mit dem zwölfjährigen Jungen, den Sie sterilisiert haben und der vor Schmerzen schrie und

sogar noch rief, Hitler, das Schwein, soll verrecken?" Darauf antwortete Lucas mit seinem bemüht milden Lächeln: „So etwas habe ich nie getan, und schon gar nicht Kindern." Diese Anschuldigungen gegen Lucas sind verjährt. Da sie sich auf Verbrechen beziehen, die in einem anderen Lager begangen wurden, konnten sie nicht verfolgt werden. Sie dienen nur dazu, Lucas zu charakterisieren, der wiederholt, auch heute, von seinen vielen guten Taten sprach.

3. Peter Budan, ein 67-jähriger Kaufmann aus München, der von 1942 bis zum Ende wegen seiner Mitgliedschaft in dem von Hitler verbotenen rechtsgerichteten Stahlhelm[68] Häftling in Auschwitz gewesen war, klagte vor Gericht als Zeuge der Staatsanwaltschaft einen anderen Zeugen der Staatsanwaltschaft an und half, einen Angeklagten zu entlasten. „Was Scheidel hier gesagt hat, ist alles Lüge. Manche Leute geben gern an." Scheidel, ebenfalls aus München, hatte hauptsächlich Boger beschuldigt und vor Gericht das von ihm gefertigte Modell der „Boger-Schaukel" demonstriert. Der ziemlich heruntergekommen aussehende Mann, klein und blond, nach seinen Angaben Anwalt von Beruf, musste zugeben, dass er momentan in Österreich wegen krimineller Delikte vor Gericht steht. „Es war viel humaner, an Baretzkis Schlägen zu sterben, als zum Beispiel in den Bauch getreten zu werden", sagte der Zeuge im Gesprächston. Damit wurde er auch zum Zeugen der Verteidigung. „Es ist wahr, dass mir Baretzki die Nase gebrochen hat, aber trotzdem verdanke ich ihm mein Leben. Er rettete mich, als mir die Russen am Kriegsende nicht mehr gehorchten und mich umbringen wollten", und er gab zu, dass er Blockältester von Block 10 gewesen war. „Herr Vorsitzender, ohne

68 Der „Stahlhelm, Bund der Frontsoldaten" wurde nach Ende des Ersten Weltkrieges im Dezember 1918 in Magdeburg als Wehrverband gegründet. Die Vereinigung galt als bewaffneter Arm der rechten Deutschnationalen Volkspartei (DNVP).

Schläge gab es keine Ordnung, Ich hatte viele galizische Juden in meinem Block. Sie haben keine Disziplin gehalten. Einmal habe ich gesehen, wie ein Pole einen anderen schlug. Ich bin dazwischengegangen und habe auch geschlagen. Die SS-Männer wurden von Häftlingen nur angesteckt, wenn sie uns schlugen." Baretzki stand auf und erhob seine großen Hände, die so oft getötet haben sollen: „Ja, ich habe ihm auf die Nase geschlagen. Aber was konnte man machen. Juden haben nie genug zu essen bekommen, obwohl sie am härtesten gearbeitet haben. Polen und Deutsche haben sich alles geschnappt." Budan, an Baretzki gewandt: „Ja, ja, ich hatte keine andere Wahl und musste Sie holen, weil ich den Block nicht mehr beherrschen konnte." Dass Budan seiner eigenen Aussage in der Vorvernehmung widersprach, in der er Baretzki mehrerer Morde bezichtigt hatte, lässt sich wohl damit erklären, dass er versuchte, für seine Wiedergutmachungsforderungen Baretzki als Zeugen seines Leidens in Auschwitz zu benennen.

Bericht über den 67. Verhandlungstag am 17. Juli 1964

Der Vorsitzende Hofmeyer gab den Journalisten die besondere Erlaubnis, ihre Jacketts abzulegen. Die Anwälte in ihren dicken schwarzen Roben schauten neidvoll und missvergnügt zu ihnen hinauf. Sie haben ohnehin keine Freunde unter den Journalisten, die dem über ihre Pflichten hinausgehenden Einsatz der Verteidiger kritisch gegenüberstehen. Auch die Frage des Verteidigers Gerhardt an Frau Helene Cougno aus Thessaloniki, ob sie eine Klatschgeschichte erzählt habe, als sie über Gerüchte im Lager sprach, dass Kaduk Menschen totgeschlagen habe, wurde auf der Tribüne mit empörtem

Gemurmel aufgenommen. „Für uns war dieser Sadismus natürlich ein Thema, Mord kam jeden Tag vor", sagte die lebhafte 58-jährige, gut aussehende Frau, geboren in Karlsbad. Sie sagte aus, dass die Selektionen Tausender jüdischer Häftlinge für die Gaskammern auf Befehl des Gestapochefs Kaltenbrunner stattgefunden hatten. Frau Cougno hatte in Auschwitz als Schreiberin in der Politischen Abteilung gearbeitet, „in der Abteilung für die Toten, während meine 16-jährige Tochter in der Abteilung für die Lebenden war".[69] Die Zeugin erinnerte sich an jene „Zahlen-Befehle", da die Telegramme von Kaltenbrunner nur Zahlen enthielten; „tausend" oder „zweitausend" bedeutete, dass entsprechend viele jüdische Männer, Frauen und Kinder vergast werden sollten.

Beim Abendappell selektierten die SS-Ärzte und SS-Wachen entsprechend Kaltenbrunners Befehlen wahllos aus den Reihen der Häftlinge. „Die Ausgewählten wurden dann isoliert. Sie mussten stehen bleiben, bis die Politische Abteilung bestätigt hatte, dass die ausgesuchten Opfer keine arischen Verwandten hatten." Wenn jemand ausfindig gemacht wurde, wurde er oder sie nicht vergast, sondern kehrte ins Lager zurück. „Ich erinnere mich an eine Frau, die jetzt in England lebt, die zweimal zur Vergasung selektiert wurde und zweimal wegen ihrer arischen Großmutter wieder zurückkehrte." Aber anstelle einer solchen Person wurde ein anderer Jude oder eine andere Jüdin bestimmt, da die Zahl der Vergasten mit der in Kaltenbrunners Telegramm verlangten übereinstimmen musste. Wurde das Zeichen für die Vergasung gegeben, wurden die Zahlen dieser Opfer an die Todesabteilung gemeldet und dort registriert. Frau Cougno konnte

69 Die Politische Abteilung hatte auch die Leitung des Lagerstandesamtes inne. Dort wurden die Häftlinge jeweils bei ihrer Einweisung, Entlassung, Verlegung, Flucht oder Tod registriert. Dafür wurden Häftlingsakten angelegt.

keinen der Angeklagten mit Verbrechen belasten, die sie mit eigenen Augen gesehen hatte. Sie hatte lediglich gehört, dass auch Broad und Dylewski an der Rampe selektiert hatten, und sich gewundert, dass „so intelligente Männer“ so etwas tun konnten.

Aber der 40 Jahre alte polnische Arbeiter Władysław Gwoździk, jetzt in Lübeck wohnhaft, hatte „mit eigenen Augen“ gesehen, wie der Kapo Emil Bednarek einen „Zigeuner“ zwang, sich in eine Wanne zu legen, und befahl, ihn mit Sand und einer harten Bürste abzureiben. Danach wurde der bewusstlose Häftling an die Außenwand des Blocks geworfen, wo er am folgenden Tag tot gefunden wurde: „Es war sehr kalt damals, obwohl schon April war. Es schneite in der Nacht.“ Der Zeuge, ein einfacher, aber integrer Mann, berichtete, dass man Baretzki im Lager „Menschenfresser“ genannt habe. „Einmal führte er einen jüdischen Häftling vom Appell weg, und es ist bekannt, dass er ihn dann tötete.“

„Töten war eigentlich verboten“, sagte der frühere SS-[Unter-]Scharführer Kurt Leischow, 43 Jahre alt, seit 1940 in Auschwitz. Der Zeuge, ein Ingenieur aus Hamburg, erklärte, selbst das Schlagen von Häftlingen sei nicht erlaubt gewesen, als er nach Auschwitz gekommen war, „es war Höß’ sanfte Welle“. Aber alles habe sich geändert, als die Juden 1942 eintrafen, „alles ging dann drunter und drüber“, von da an hätten die SS-Männer getan, was ihnen passte, „aber es war immer noch verboten, Häftlinge zu töten“. Leischow, zuerst Blockführer in Auschwitz I [Stammlager], dann Chef eines Arbeitskommandos in Buna und später Arbeitsdienstführer in Birkenau, war es 1944 gelungen, von Auschwitz an die Front verschickt zu werden. Auf die Frage, weshalb er von Auschwitz weggewollt habe, antwortete er: „Stellen Sie sich vor, Sie stehen am Tor und sehen, wie diese armen Gestalten am Abend an dir vorbeimarschieren mit ihren Toten. Das konnte nicht jeder ertragen. Ich nicht.“ Zu dieser Aussage wurde der Zeuge vom Gericht und dem Nebenkläger hart in die Mangel genommen, denn alle Angeklagten hatten behauptet, dass es keine Versetzung von Auschwitz gegeben habe. Aber Leischow war nicht zu erschüttern, er bestand darauf, dass es jederzeit möglich gewesen sei, von Auschwitz wegzukommen, „wann immer es jemand wollte und den Mut dazu hatte". Leischow war danach nach Warschau geschickt worden, wo er an der Niederschlagung des jüdischen Aufstands beteiligt war.[70] Leischow wusste wenig über die Verbrechen der in Frankfurt Angeklagten zu sagen, lediglich, dass die Häftlinge bei Verhören schrecklich geschlagen wurden und Stark die Häftlinge trat und sie hysterisch anschrie.

Am Montag findet keine Verhandlung statt wegen des 20. Jahrestags des Attentats auf Hitler vom 20. Juli 1944.

Bericht über den 69. Verhandlungstag am 24. Juli 1964

Sie war, was wir gewöhnlich eine „Nazisse" nannten, die große blonde Hildegard Bischoff, Idol der Nazi-Frauenschaft, jetzt 51 Jahre alt, mit Falten im Gesicht. Möglicherweise war es ihre frühere bedingungslose Liebe zum Führer gewesen, was sie veranlasst hatte, den ehemaligen Höß-Adjutanten Robert Mulka 1943 bei der Berliner Gestapo zu denunzieren, weil er Goebbels als „Idiot" bezeichnet habe, der dem deutschen Volk großen Schaden zufüge. Die unerwiderte Liebe zum Führer war es wohl, die ihre Züge verbittern ließ. Dieser Schock wog sicher schwerer als der Verlust ihres Mannes Karl Bischoff, der in

70 Da Kurt Leischow angibt, dass er 1944 nach Warschau kam, handelte es sich wohl um den Warschauer Aufstand 1944, nicht um den Aufstand im Warschauer Ghetto von 1943.

Auschwitz beim Bau der Gaskammern und Krematorien beschäftigt gewesen war.[71] Von 1941 bis „zu unserer Flucht 1945", so die Zeugin, hätten sie in einem Haus innerhalb der Außengrenze des Lagers gelebt. Wofür die Krematorien, die ihr Mann gebaut hatte, bestimmt waren, wusste Frau Bischoff nicht: „Ich dachte, sie wären für normale Verstorbene."

Vergasung? Frau Bischoff schweigt für einige Minuten. Als der Vorsitzende Hofmeyer die Frage wiederholte, sagte sie: „Eines Tages wurde ich von einer anderen Frau gefragt, was der Gestank bedeute, und sie spielte auf Gas an." Aber Hildegard Bischoff bestand darauf, dass sie nie mit ihrem Mann darüber gesprochen habe. Einmal habe sie gesehen, wie jemand getötet wurde. „Eine Frau wurde offenbar bei einem Fluchtversuch in meinem Garten erschossen. Sie war schon tot, als ich zu ihr kam." Ja, Höß-Adjutant Mulka sei ihr gut bekannt gewesen. Er sei in Auschwitz eine Art Spielleiter (Conférencier) gewesen, d. h. er hatte Feste und Unterhaltungsveranstaltungen für Truppen organisiert. Aber offensichtlich hatte SS-Sturmbannführer Bischoff Mulka um seine Position beneidet, denn Frau Bischoff gab zu, dass sie manchmal mit ihrem Mann über Mulkas friedliches Leben in Auschwitz gesprochen habe. Das hatte ihr genügt, ihn zu denunzieren. Mulka war daraufhin festgenommen worden. Mulka mit seinem gesenkten Adlerkopf erhob sich und griff zum Mikrofon: „Herr Vorsitzender, ich wurde für drei Monate verhaftet, und was mich vorm Erhängen rettete, war der Terrorangriff auf Hamburg. Das Gefühl eines alten Soldaten brachte mich dazu, Verwundeten helfen", worauf Staatsanwalt Kügler ausrief: „Sie waren kein Soldat, sie waren ein uniformiertes Mitglied einer Mördereinheit."

71 Leiter der Zentralbauleitung der Waffen-SS.

Mulka und der Angeklagte Höcker, ehemaliger Adjutant von Baer, mussten über die Ereignisse in Auschwitz Bescheid gewusst haben. Sie leugneten es, aber Mulkas früherer Chef Höß wusste es besser. Denn er schrieb vor seinem Tod im Gefängnis aus dem Gedächtnis die Lagerordnung des KZ nieder, die 1936 erlassen und nie zurückgenommen oder geändert worden war. Häftlinge sollten streng, aber gerecht behandelt werden. Sie sollten anständig ernährt und nie misshandelt werden. Letzteres sollte den Wachen immer wieder gesagt werden. „In Fällen eines unnatürlichen Todes muss der Chef der Lager-Gestapo die Staatsanwaltschaft informieren und eine Untersuchung post mortem anordnen", Wertsachen der Häftlinge waren in Tresoren einzuschließen und ihnen nach ihrer Entlassung auszuhändigen. Jeder Häftling sollte 15 Reichsmark im Monat erhalten, um sich in der Kantine zusätzliches Essen kaufen zu können. Die SS-Ärzte sollten mit besonderer Sorgfalt über die hygienischen Bedingungen im Lager wachen.

Bericht über den 70. Verhandlungstag am 27. Juli 1964

„Zehn oder 15 SS-Männer kamen gewöhnlich an die Rampe, Witze reißend, ausgelassen, möglicherweise angetrunken, als gingen sie zum Tanz", berichtete der jüdische Zeuge Simon Gotland. Der 65-jährige Schuhmacher, gebürtig in Warschau, seit 1929 in Frankreich ansässig, war im Juli 1942 nach Auschwitz deportiert worden. Einige Zeit hatte er an der Rampe beim Entladen von Waggons Dienst getan. Er berichtete von den Geschehnissen an der Rampe, und seine Stimme hob und senkte sich vor Aufregung. „Meine Wunden waren schon vernarbt, jetzt haben sie wieder zu bluten begonnen", sagte er. Einmal kam ein Transport aus Weißruthenien. Bei der Ankunft waren alle tot: „Wir haben drei Tage arbeiten müssen, bis alle Leichen aus den Waggons herausgeholt waren. Der Transport war zehn oder zwölf Tage unterwegs gewesen. Nur ein kleines Mädchen – vielleicht sieben Jahre alt – lebte noch, sie war im Arm ihres toten Vaters. Das Mädchen ist mit den Leichen zusammen ins Krematorium gekommen. Dort hat [SS-Unterscharführer] Moll[72] es in Stücke gerissen."

Und so ging es bei Gotland weiter. „Am 17. Mai 1944 kam ein Transport aus Frankreich mit Kindern von nur 4, 5, 6, 9 oder 10 Jahren. Sie wurden sofort zusammen mit ihren Kindergärtnerinnen in die Gaskammern gebracht." Ebenso erinnerte er sich an einen Transport aus der Tschechoslowakei, von dem 90 Prozent ins Gas geschickt worden seien. Als die Transporte aus Ungarn kamen, seien mehr Menschen als üblich ins Gas geschickt worden, weil es im Lager keinen Platz mehr gab. „Wir waren froh zu sehen, dass die Leute aus Theresienstadt mit Hunden und Katzen ankamen, und wir dachten nun, dass wir nicht mehr sterben müssten, das schienen die Tiere zu beweisen. Aber nur sechs Monate später waren 15 000 Menschen aus Theresienstadt vergast worden, nur die Tiere waren zurückgeblieben, die jetzt herrenlos umherliefen." Nicht anders sei es mit dem Zigeunerlager gewesen, erinnerte sich der Zeuge. Als die Insassen in die Gaskammern geschickt wurden, hätten sie geschrien: „Was macht ihr, wir sind keine Juden! Unsere Kinder haben im Krieg für Deutschland gekämpft!"

72 Otto Moll (1915–1946) war SS-Hauptscharführer und im KZ Auschwitz-Birkenau für den Betrieb der Krematorien verantwortlich. Im Dezember 1945 wurde Moll im Rahmen der Dachauer Prozesse von einem amerikanischen Militärgericht als Kriegsverbrecher zum Tod durch den Strang verurteilt. Das Urteil wurde am 28. Mai 1946 im Kriegsverbrechergefängnis Landsberg vollstreckt.

Der Zeuge Gotland, ein dunkelhaariger, schlichter Mann, verursachte mit seiner Mischung aus Jiddisch und Französisch Übersetzungsschwierigkeiten, weil er sich weder auf Deutsch noch auf Französisch wirklich verständlich machen konnte. Dies wurde erst besser, als ihm ein Dolmetscher zugeteilt wurde, der ihn aus dem Polnischen übersetzte. Gotland beschuldigte den Angeklagten Baretzki vieler Verbrechen. Er habe einen tigerartigen Gang gehabt und sei immer „dort" gewesen, d.h. an der Rampe. Einmal kam ein Transport mit 3000 kranken Menschen an, berichtete Gotland. „Eine Frau schrie laut, sie war gerade dabei zu gebären. Ich zog das Kind heraus und habe es neben der Frau auf den Boden gelegt. Als Baretzki das sah, gab er dem Kind einen Tritt, dass es ein paar Meter weit flog. Dann befahl er: ‚Bring die Scheiße hierher!' Das Kind war tot. Als ich später wieder an die Stelle kam, war auch die Mutter tot." Gotland benannte Baretzki und Kaduk auf einer Liste von zehn Personen als die Schlimmsten. Kaduk betreffend erinnerte er sich, wie dieser eine Selektion von Häftlingen, die von der Arbeit zurückkehrten, überwacht habe: Er habe ihnen befohlen, die Hosen auszuziehen, und jene ausgewählt, die geschwollene Füße oder wunde Haut hatten. 500 von ihnen habe er nach Birkenau in die Gaskammern geschickt.

Charles Corrin, ein 39-jähriger jüdischer Franzose aus Vincennes, einem Vorort von Paris, ebenfalls in Polen geboren, hatte im Sommer 1944 nur vier Monate in Auschwitz verbracht. („Für mich war dort ein Tag wie ein Jahr.") Er war in seiner Zeugenaussage weniger präzise. Der schmächtige und grau wirkende Mann, von Beruf Ledersortierer, konnte seine Anschuldigungen gegen Baretzki nicht aufrechterhalten. In der Vorvernehmung hatte er angegeben, diesen beim Selektieren gesehen zu haben. Jetzt beschränkte er sich darauf, dass Baretzki bei Selektionen anwesend gewesen sei: „Ich kann nicht mit

Sicherheit sagen, dass Baretzki selbst mit seinem Stock in der Hand auf Leute deutete, weil ich selbst nur daran interessiert war, möglichst kräftig auszusehen, nicht wie ein ‚Muselmann'." Er habe auch gesehen, dass Baretzki einen Transport aus Łódź zu den Gaskammern begleitete. Daran erinnere er sich wegen zweier Vorkommnisse:

> 1. Einer [der Ankömmlinge] habe ein Päckchen fallenlassen, ein anderer hob es auf. „Ich dachte, wenn er wüsste, wohin es geht, würde er das nicht tun."
> 2. „Ein älterer Mann konnte auf dem Weg zur Gaskammer nicht mehr weitergehen. Da nahm ihn ein anderer Häftling auf Befehl eines SS-Mannes auf die Schultern, so wie man einen Sack mit Kartoffeln schleppt."

Vom Hörensagen erinnerte sich Corrin, dass einmal jemand stolperte, als er gehängt werden sollte. Baretzki habe ihn zur Seite genommen und ihn mit dem Messer aufgeschlitzt. „Nur Geheimnisträger konnten ins Krematorium, ich war kein Geheimnisträger, ich war nur ein kleiner Mann und durfte das Krematorium nicht betreten", trumpfte Baretzki mit seiner unangenehmen Stimme und unartikulierten Sprechweise auf. Es war bemerkenswert, dass er keinen anderen Kommentar zu Gotlands schweren Anschuldigungen hatte. Aber das ist das Übliche: Je präziser die Aussagen der Zeugen waren, desto weniger fragten die Angeklagten und ihre Verteidiger bei diesen nach, weil sie erkannten, dass der Versuch, die Zeugenaussage zu erschüttern, zwecklos war.

Von heute an gibt es nur noch 20 Angeklagte, da auch der Angeklagte Neubert wegen eines Krankenhausaufenthalts aus dem Prozess ausschied.

Bericht über den 71. Verhandlungstag am 30. Juli 1964

„Ich bin völlig erschöpft", sagte Dov Kulka, der erste israelische Zeuge aus Jerusalem zu mir. Der 31-jährige ist Assistent der Fakultät für Jüdische Geschichte an der Hebräischen Universität. „Ich konnte diese Zeugenaussage nur mithilfe eines Beruhigungsmittels überstehen, das mir ein unnatürliches Gefühl von Selbstvertrauen gab." Und dieses Selbstvertrauen war deutlich zu sehen, als sich der kleine Mann mit der schwarzen Haartolle und intelligenten großen Augen langsam und gelassen vor jeden einzelnen Angeklagten hinstellte, um ihn zu identifizieren. Wie ein Bild personifizierter Gerechtigkeit musterte er jeden eingehend, erhob dann den Arm, um auf einen zu deuten: „Dieser war der zweite Lagerarzt, dessen Namen ich nicht kannte. Er ist in das Theresienstadtlager und den Kinderblock gekommen, zusammen mit Mengele, und ich habe ihn auch an der Rampe gesehen." Der Angeklagte Dr. Lucas lief rot an.

Kulka war am 9. September 1943 als zehnjähriger Junge zusammen mit 5000 Menschen nach Birkenau in das sogenannte Theresienstadtlager gekommen. Der Zeuge bat, das grelle Licht im Gerichtssaal zu verändern, um besser sehen zu können. Als die Vorhänge zugezogen wurden und ihn vor dem blendenden Sonnenlicht schützten, blickte Kulka zu Capesius und sagte aus, dass er auch ihn an der Rampe gesehen habe. Seine Stimme vibrierte zwar, aber seine Sprache klang sehr fest. Ohne lange nachzudenken, erkannte er mit Leichtigkeit Bednarek und Baretzki, an die er spezielle Erinnerungen hatte. Er hatte die beiden Männer beobachtet, als die 5000 Menschen aus dem Theresienstadtlager auf Lastwagen verladen und zu den Gaskammern transportiert worden waren. „Es war nur sechs Monate nach ihrer Ankunft", rief Kulka aus, der an jenem 9. März

1944 seine Mutter verloren hatte. „Ältere Häftlinge hatten uns gesagt, welches Schicksal uns erwarten würde, doch trotz des Rauchs, der Rampe und Schornsteine konnten die meisten Leute nicht glauben, dass sie der Tod erwartete." Um die Opfer zu täuschen, seien die Menschen in ein Quarantänelager verlegt worden, um sie glauben zu machen, dass sie in Arbeitslager kommen sollten. So sei ihr Widerstand gebrochen worden, bemerkte Kulka. Aber bevor die 5000 Menschen weggebracht wurden, hatte man sie gezwungen, um zwei Wochen (auf den 25. März) vordatierte Postkarten an Verwandte und Freunde im Ghetto Theresienstadt und außerhalb zu schreiben mit der Mitteilung, dass sie wohlauf seien. Kulka legte dem Gericht eine solche Postkarte vor. Er selbst war zusammen mit anderen Kindern in dieser Nacht vom 9. März aus dem Häftlingskrankenbau zum Kinderblock geführt worden und hatte auf dem Weg eine „gespenstische Szene" gesehen.

Die Reflektoren der Lkw waren auf die Leute gerichtet, und er sah, dass sich einige dagegen wehrten, auf die Lastwagen verladen zu werden. Der Blockälteste Bondi, ein großer und starker Mann, rief den Leuten auf Tschechisch zu, dass sie nicht aufsteigen sollten. Daraufhin wurde dieser von Blockführer Baretzki und Kapo Bednarek niedergeschlagen. Kulka berichtete, er habe dann Gesänge gehört. Er wisse nicht, ob dies aus der Aufregung heraus geschah oder als letzter Widerstand. Einige sangen die „Hatikva", andere die tschechische Nationalhymne. Dann wurden die Opfer auf dem Umweg über die Rampe zu den Gaskammern gefahren. Kulka, der im Kinderlager zurückgeblieben war, erinnerte sich: „Von da an wussten auch wir Kinder, wie viele Tage uns noch bleiben würden." Der erste Transport aus Theresienstadt war genau sechs Monate nach seiner Ankunft ins Gas gekommen. Dasselbe Schicksal war für die weiteren Transporte zu erwarten. Doch dann entstand etwas, das Kulka bis heute schwer verständlich erscheint. Wie verwundert erklärte er dem Gericht, dass er genau in dieser Zeit Bildung erworben habe. Er lernte damals die Geschichte der Thermophylen und der Makkabäer und sang in einem Chor mit, der Beethovens „Ode an die Freude“ einstudierte.

Aber der Zeuge erinnerte sich noch an eine andere Art von Gesängen. Im Juli 1944 wurde er zusammen mit 70 Kindern in den Lagerabschnitt B [II d] verlegt.[73] Dort verlangte der Blockälteste Bednarek von den jüdischen Jugendlichen, dass sie Nazi-Lieder sangen wie z. B. „Wenn das Judenblut vom Messer spritzt“, was höchst unangenehm für sie war. Generell bezeichnete er Bednarek als relativ anständig. „Er hat uns wohl geschlagen, aber es waren keine Misshandlungen.“

„Wir Kinder“, sagte Kulka einige Male im Laufe seiner Zeugenaussage und fühlte sich dabei zweifellos irgendwie zurückversetzt in jene Zeit. „Wir Kinder standen am Stacheldrahtzaun auf unserem sogenannten Spielplatz und beobachteten, was an der Rampe geschah. Als Mutprobe berührten wir den Draht, der normalerweise tagsüber nicht geladen war.“ Er erinnerte sich an die Zeit des „Hochbetriebs“ an der Rampe im Frühjahr und Sommer 1944, als die Transporte aus Ungarn eintrafen. „Ich sah Mengele selektieren. Er machte das mit schnellen, lässigen Handbewegungen. Der zweite Lagerarzt [gemeint ist Dr. Lucas] machte das langsamer, mit weniger schnellen Reaktionen; Baretzki machte es grob und mit Gebrüll.“

Den Angeklagten Baretzki kannte der Zeuge Kulka, weil er sich an eine spezielle Szene eines Morgens im Spätsommer 1944 während eines Appells erinnerte: „Ein Häftling wurde auf der Latrine gefunden und vor die SS gebracht. Baretzki hat ihn mit seinem Stock auf den kahlen Kopf geschlagen. Ich hatte die Schläge nicht gehört, aber das Blut gesehen. Der Häftling ist liegen geblieben.“

73 Die Zurückgebliebenen wurden vergast.

Kulka hatte zweimal versucht, zusammen mit anderen Kindern weggefahren zu werden, weil er glaubte, man würde sie zur Arbeit bringen. Einmal habe er sich an Mengele gewandt, er solle ihm erlauben, mit den anderen zu gehen. Aber der habe ihn nur getreten. Kulka hatte es noch geschafft, sich in die Reihe zu schleichen, wurde aber bemerkt und zurückgeschickt. Beim nächsten Mal erwischte ihn Rapportführer Buntrock in einer Gruppe selektierter Kinder und schrie ihn an, er solle verschwinden. Damit hatte er Kulka vor der Gaskammer gerettet.

Die Verteidiger brachten ihre Zweifel zum Ausdruck und spielten darauf an, dass der Zeuge erst elf Jahre alt war, als er diese Beobachtung machte. Auf die Frage, ob er möglicherweise seine Studien mit seinen Erinnerungen vermischt habe, erwiderte ihnen Kulka klar und vernehmlich: „Ich forsche prinzipiell nicht über die Auschwitz-Periode, weil ich glaube, dass ein Betroffener nicht in der Lage ist, objektiv zu sein." Diese Frage ist wieder in der typischen Art der Nazi-Anwälte gestellt worden, was den Nebenklagevertreter Kaul und den Staatsanwalt veranlasste, sich empört dagegen zu verwahren. Sie nannten eine solche Art „absolut abstoßend", was den Beifall der Zuhörer hervorrief. Für einige Minuten entstand ein riesiger Tumult; der Vorsitzende konnte sich kaum verständlich machen. Er ordnete dann an, dass eine Frau, die sich beim Beifallklatschen besonders hervortat, des Saales verwiesen wurde.

Kulka seinerseits war verwirrt. Auf meine Frage, was er fühlte, vor früheren SS-Männern zu stehen, sagte er ganz leidenschaftslos zu mir: „Sie waren wie Gespenster für mich. Ich fand es abstoßend, Lucas zitternd und stammelnd zu erleben, als ich ihn wiedererkannt habe. Das war mein einziges Gefühl dabei. Der Prozess selbst erschien mir wie ein gewöhnliches Strafverfahren, und das steht in einem seltsamen Kontrast zu den Ereignissen im Lager, die Teil eines größeren Geschehens waren." Kulka beklagte sich, dass die Staatsanwaltschaft, die er als eher faul und desinteressiert bezeichnete, ihm nicht erlaubte, über die Kooperation des Deutschen Roten Kreuzes mit der SS zu sprechen mit der Begründung, dies sei heute nicht Verhandlungssache.

Einen ersten Eindruck vom Nachkriegsdeutschland hat Kulka durch ein Gespräch mit einem gewöhnlichen Deutschen auf der Straße gewonnen. Als Kulka sagte, er sei kein Tabakhändler, sondern Israeli, war dieser Deutsche ziemlich erstaunt. Dann deutete der Mann auf ein Pelzgeschäft in der Nähe des Frankfurter Hauptbahnhofs und sagte: „Schauen Sie, die sind alle wieder in jüdischer Hand. Millionen von ihnen sind wieder da."

Bericht über den 72. Verhandlungstag am 31. Juli 1964

Nein, er konnte diese deutschen Richter nicht verstehen, die ihn, David Schmidt, einen Juden aus einem polnischen Ghetto, jetzt in Jazur (Israel) wohnhaft, fragten, ob er mit einem der Angeklagten verwandt sei, weil dies das deutsche Strafgesetzbuch verlangt: „Ich, ein Jud, verwandt mit diesen Volksdeutschen?", fragte der Zeuge völlig verwirrt im Singsang seiner jiddischen Muttersprache. Und diese deutschen Richter in ihren vornehmen schwarzen Roben verstanden ihrerseits David Schmidt nicht, einen Menschen, der grauenvoll gelitten hatte, wie sein zerfurchtes Gesicht und die angsterfüllten Augen verrieten. Sie war doch sein Schatz, diese Karikatur von Kaduk, dem Mann, der seine Frau und seine drei Kinder bei ihrer Ankunft in Auschwitz im November 1942 aus einem Transport von 1800 Menschen zusammen mit 1500 anderen selektiert hatte.

Die Karikatur war sein einziges Erinnerungsstück, das ihn gewissermaßen noch mit seinen Liebsten verband, von dem er sich auf keinen Fall trennen wollte, nicht einmal für ein paar Minuten. Die Richter lächelten darüber. Sie hielten es wohl für kindisch, als der alte Mann zögernd erklärte: „Aber ich muss sie zurückbekommen", bat er dringend. Er bekam sie zurück, aber es gab noch so viel mehr, was ihn verwirrte, wie etwa die Frage, ob er gesehen habe, wie die Menschen in die Gaskammern hineingingen. „Gesehen?", fragte er fassungslos, „aber ich würde doch gar nicht hier sitzen, wenn ich das gesehen hätte." Und mit erhobener Stimme: „Aber es ist alles wahr." Seine Stimme klang hilflos. „Ich habe ihn nie wieder gesehen, meinen Cousin Leiser, und alle anderen. Ich war noch nicht in der anderen Welt, wo ich sie wiedersehen könnte." Sein Gesicht verzog sich zu einer Grimasse, wie ein Kind in Schwierigkeiten, das gleich zu weinen beginnt. Als die Verhandlung unterbrochen wurde, sank Schmidt in die Arme eines kanadischen Rabbiners, der zufällig unter den Zuhörern anwesend war und spontan nach vorne kam, als er einen Menschen in Not sah.

Trotz aller Belastungen beschuldigte Schmidt Kaduk sehr entschieden mehrerer Selektionen für die Gaskammern. Er sprach von 170 Häftlingen, die aussortiert wurden und stundenlang zwischen den Blöcken stehen mussten, bis Kaduk sie zu den Gaskammern führte. „Was ich sage, ist heilig", beschwor er. „Im September 1944", Schmidt riss seine Arme in die Höhe und rief aus „es war Yom Kippur, als Kaduk 200 Personen selektierte. Ich war unter ihnen. Wir wurden ins Bad gebracht. Dort arbeitete mein Neffe. Als er mich sah, schüttete er aus einer Wanne das Wasser aus, stülpte die Wanne über mich und schob sie an die Wand." Das war David Schmidts Rettung gewesen, um an diesem Freitag mit all seinen Erinnerungen an das Leiden einsam und verlassen in dieser Welt zu stehen.

Fortsetzung des Berichts über den 72. Verhandlungstag

Was David Schmidt nicht ausdrücken konnte, formulierte Raya Kagan im Anschluss an ihre Zeugenaussage in klaren Worten: „Dieser Prozess wird nach einer veralteten Strafprozessordnung geführt, die für Verbrechen dieser Art untauglich ist." Die heute 54-jährige Dame aus Jerusalem war im Juni 1942 nach Auschwitz gekommen, „zusammen mit 67 anderen Frauen, von denen nur vier überlebten". Von Anfang an war sie als Häftlingsschreiberin im Standesamt [der Politischen Abteilung] eingesetzt. „Jedes Standesamt hatte drei Funktionen", sagte sie, als doziere sie, und sie sah geradeaus, ohne sich jemals zu den Angeklagten umzudrehen. „Die Aufzeichnungen der Geburten, der Hochzeiten und der Todesfälle." Sie erinnerte sich an etwa 20 Geburten [von nichtjüdischen Frauen]. [...] Zu den Todesfällen berichtete sie, dass es so viele gewesen seien, dass zwei Städte, aus dem Oldenburgischen und aus Thüringen, einmal nachgefragt hätten, wie es sein könne, dass eine so kleine Stadt wie Auschwitz so viele Todesfälle habe. Infolge dieser Erkundigung wurden künftig 180 Todesfälle wie einer gezählt, berichtete Kagan. Die Karteikarten für die Eintragungen unterschieden sich: In denen für Polen stand „Rückkehr unerwünscht"; bei den Russen „Vereinfachtes Verfahren", für Juden gab es nur ein Formblatt mit persönlichen Daten. Die angegebenen Todesursachen entsprachen nie der Wahrheit, als Beweis erwähnte Kagan, dass Todesfälle wegen grassierender Fleckfieberepidemien nie in die Todesurkunden eingetragen wurden. Als Todesort wurde stets Auschwitz, Kasernenstraße angegeben, und auch das Todesdatum wurde willkürlich vermerkt. 1942 hatte die Zeugin 47 000 bis 50 000 Todesfälle registriert. Ihr unmittelbarer Vorgesetzter war der Angeklagte Schoberth, einer der primitivsten Männer unter den Angeklagten. Sie erinnerte sich, wie er einmal von der Rampe zurückgekommen war: „Eines sehr frühen Morgens kam er mit schwerem Schritt ins Standesamt, seine Augen blutunterlaufen, mit schmutzigen Kleidern. Er ließ sich auf den Stuhl fallen wie ein Sack, und es bestand kein Zweifel, von wo er zurückkam."

An Pery Broad erinnerte sich Kagan als Mitglied der Politischen Abteilung. Er sei ein seltsamer Typ gewesen: intelligent, Musik liebend und gleichzeitig grausam. Einmal hatte Kagans Freundin ihr von einem Jugendlichen erzählt, der zur Vergasung bestimmt worden sei und Broad angefleht habe, er solle ihn retten, aber dieser habe nur gesagt, weg mit ihm.

Der Horror von Auschwitz sei Boger gewesen. Kagan berichtete erneut all die grausamen Geschichten, die das Gericht schon in den ersten Prozessphasen gehört hatte: „Einmal betrat ich die Schreibstube. Plötzlich wurde die Tür aufgerissen und ein Körper fiel mir buchstäblich vor die Füße." Kagan stöhnte vernehmlich, als sie diese Szene wieder heraufbeschwor. „Er war nur noch ein Sack, ich erinnere mich, er war nackt, und durch die offene Tür sah ich die Schaukel", stieß Kagan hervor.

Einmal schien es, als hörte man eine Spur Belustigung durch ihre Geschichte hindurch, als sie sich an einen ihrer Chefs, den SS-Offizier Kristan erinnerte. Er zog immer weiße Handschuhe an, wenn er zum „Piff-Paff" hinausging, und öffnete Türklinken nur mit den Ellbogen, „er wollte nicht wie wir das Metall berühren, weil wir ja infiziert waren, wir waren ja Jüdinnen." Ihr Gesicht war nach der Vernehmung einige Minuten grau vor Anspannung, und sie klagte: „Ich habe mich nur auf meine Verwaltungsarbeit in Auschwitz beschränkt und so wenig über das große Leiden unseres Volkes gesagt." Der Kommentar von Nebenklagevertreter Ormond lautete: „Sie haben unserer Sache einen großen Dienst erwiesen."

Bericht über den 73. Verhandlungstag am 3. August 1964

Otto Küsel, ein 55-jähriger Verkaufsfahrer aus Schwarzhofen, wies den Vorwurf, er sei ein Gestapo-Lockvogel gewesen, komplett zurück. „Fragen Sie meinen Freund Cyrankiewicz, der jetzt der Premierminister von Polen ist. Ich stand Schulter an Schulter mit ihm in der Stehzelle.“ Küsel mit der Häftlingsnummer 2, der im Mai 1940 als politischer Häftling nach Auschwitz gekommen und beim Aufbau des Lagers eingesetzt worden war, erkannte den Angeklagten Hans Stark. Nach Küsels Aussage habe Stark im Sommer 1942 eine 18-jährige Polin sowie die Frau eines deutschen Offiziers mit ihrem Kind erschossen, weil deren Mann aus der Wehrmacht desertiert sei. „Er erschoss das Kind vor den Augen der Mutter, ehe er auch sie tötete. Bei der Polin misslang sein erster Schießversuch, sodass er sie warten ließ, bis man ihm eine andere Pistole brachte.“ Der Zeuge war sich dann aber nicht sicher, ob es wirklich Stark gewesen war, auf dessen Konto diese Verbrechen gingen. Er wurde aufgefordert, denjenigen, der geschossen hatte, unter den Angeklagten zu finden. Der Zeuge ging langsam zwischen den Reihen der Angeklagten auf und ab, dann wies er mit seinem Zeigefinger auf Stark und sagte: „Das ist er. Er hat geschossen.“

Bericht über den 75. Verhandlungstag am 7. August 1964

„Unter keinen Umständen“, platzte der Angeklagte Boger heraus und sprang mit einem einzigen Ruck auf, als der Vorsitzende Hofmeyer auf Verlangen des Bonner Justizministeriums fragte, wer von den Angeklagten eine Reise nach Auschwitz ablehnen würde, falls das Schwurgericht beschließen würde, das Vernichtungslager „in Augenschein zu nehmen", wie der Nebenklagevertreter Henry Ormond beantragt hatte. Nach deutschem Recht konnten die Angeklagten dies ablehnen. Einer nach dem anderen erhob sich, acht der übelsten Täter – Kaduk, Klehr, Scherpe, Hofmann, Hantl, Stark, Boger und Schoberth –, um die Teilnahme an der Exkursion zu verweigern, nur Mulka äußerte, er werde es sich überlegen. Auch die Verteidiger stimmten zu, darüber nachzudenken, ob das geforderte sichere Geleit für sie selbst von den polnischen Behörden gewährleistet werde. Sobald diese Formalitäten erledigt sind, wird die Sache an das Auswärtige Amt zurückgegeben, um mit der polnischen Regierung die praktischen Voraussetzungen für die Tatortbesichtigung des Gerichts zu treffen, die jetzt Wirklichkeit zu werden scheint; sie wird aber nicht vor Oktober stattfinden.

Zur versuchsweisen Verbesserung kündigte die Staatsanwaltschaft in den letzten Verhandlungstagen an, auf die rund 60 Zeugen zu verzichten, forderte jedoch zusammen mit Nebenklagevertreter Ormond 40 neue Zeugen, die besonders über Verbrechen von Mitgliedern der Politischen Abteilung wie Broad und Dylewski sowie über die Zahnärzte Schatz und Frank aussagen sollen, die bisher kaum belastet wurden. Dies war außerdem notwendig, weil zahlreiche Zeugen vor Gericht die Staatsanwaltschaft im Stich ließen. Ein offensichtlicher Grund war, was die Staatsanwaltschaft übersehen hatte, dass ein früherer Kapo oder „Funktionshäftling", wenn er als Lockvogel der Gestapo agiert oder selbst Verbrechen begangen hatte, damit oft das eigene Leben gerettet hat, was ihn jetzt zu einer leichten Beute der Verteidiger macht, wenn er die Angeklagten belastet. Wie viel Druck die Verteidigung auf diese Zeugen vor ihrem Erscheinen vor Gericht ausgeübt hat, ist das große Rätsel.

Friedrich Hirsch, ein 52-jähriger Fahrer aus Fellbach, war ein solcher Fall. 1937 war er aus politischen Gründen verhaftet und 1941 nach Auschwitz deportiert worden. Seine Zeugenaussage war voller Widersprüche, und er bemühte sich, die Angeklagten nur bis zu dem Punkt zu belasten, an dem eine Bestrafung nicht mehr möglich ist. Auf seinem Stuhl herumrutschend, sprach der ehemalige Kapo einer Strafeinheit von „einer Person in der Politischen Abteilung“ und behauptete, sich nicht an den Namen desjenigen erinnern zu können, der ihn dort verhört hatte, einmal wegen Diebstahls von Brot und einmal, weil er mit einem weiblichen Häftling gesprochen hatte. Er erinnerte sich auch, wie ein Häftling, der von Boger auf der Schaukel gefoltert worden war, in seine Zelle gebracht worden sei, „seine Kleidung war Blut durchtränkt und Fleisch hing in Fetzen herunter“, aber der Zeuge wusste nicht zu sagen, ob der Häftling an den Folgen der Folter gestorben war, was ein weiteres Verbrechen auf Bogers Konto gewesen wäre. Oft hatte er gesehen, wie Boger mit einer Pistole in Richtung von Block 11 ging, wo Erschießungen stattfanden. Er habe Boger gekannt, da dieser einmal bei einem Zusammentreffen gesagt habe: „Kennst du mich? Ich bin der Teufel“, aber er habe ihn nie schießen gesehen.

Eine ähnliche Beschuldigung brachte er gegen Broad vor, der „ein freundlicher Mann war, aber seine Freundlichkeit war nicht echt“. Einmal glaubte er, Broad an der Rampe und auf dem Trittbrett eines Lastwagens voll mit Menschen auf dem Weg in die Gaskammern gesehen zu haben. „Kein SS-Mann ließ eine solche Gelegenheit aus“, womit der Zeuge auf die Extra-Zuteilung von Essen und Schnaps für den Dienst an der Rampe anspielte. Ob Broad Menschen für das Gas selektiert hatte, wusste er aber angeblich nicht. Einmal hätten 300 Polen uriniert, als sie in Richtung eines Transports verwundeter Wehrmachtsoldaten standen, was als Beleidigung aufgefasst wurde und ihre sofortige Erschießung nach sich zog. Er erinnerte sich auch, dass er bei der Arbeit in der Nähe der Rampe die Ankunft „eines Transportes von 30 bis 40 jüdischen Mädchen zwischen 8 und 10 Jahren“ gesehen hatte. Als sie auf die Lastwagen geladen werden sollten, habe sich nur eines der Mädchen ein wenig gesträubt. Niemand habe gewusst, dass die Mädchen vergast werden sollten. Er selbst habe beim Aufladen geholfen. Diese Aussage veranlasste das Gericht, Hirsch nicht unter Eid zu nehmen, weil er damit Teil des Verbrechens wäre.

Der Zeuge Hubert Christoph, ein 55-jähriger Angestellter aus Villingen, war seit 1934 in der SS und seit 1942 in Auschwitz gewesen, erst als Wachmann, dann als Fahrer. Seine Aussage war so schwammig wie die aller früheren SS-Leute heutzutage. Als Mitglied des Transportkommandos in Auschwitz fuhr er Lastwagen mit Kranken „von der Rampe zu den Gaskammern". Wurde er zur Rampe gerufen, „war alles schon vorbei", d. h. die Selektionen, daher könne er sich nicht erinnern, wer von seinen Kollegen es getan hatte. Ungefähr zehn Lastwagen standen bereit und warteten, dass 50 Personen pro Wagen aufgeladen wurden. Einige hätten sich gewehrt. „In diesem Fall wurde nachgeholfen", sagte Christoph. Darauf fragte der Vorsitzende Hofmeyer, ob damit Schläge gemeint seien. Der hochgewachsene, grobschlächtige SS-Kerl stotterte. Er behauptete, er habe von dem, was mit den Häftlingen geschah, nachdem sie für die Gaskammern verladen worden waren, keine Kenntnis gehabt. „Ich bin sofort weggegangen von dort." Der Zeuge wurde nicht vereidigt, weil das Gericht auch in seinem Fall die Möglichkeit seiner Beteiligung an Verbrechen nicht ausschloss.

Bericht über den 76. Verhandlungstag am 13. August 1964

SS-Männer unter sich – so könnte der Titel der letzten Verhandlungstage des Auschwitz-Prozesses lauten. Der 43-jährige Kraftfahrer Helmut Pomreinke, ein SS-Mann mit einer Fußfehlstellung, daher

„ungeeignet für die Wachmannschaft", bat während seiner Aussage darum, dem Angeklagten Mulka, dem früheren Adjutanten von Höß, eine Frage stellen zu können. Dem wurde stattgegeben. Er wandte sich an Mulka mit dem Raubvogelkopf: „Was haben Sie mit meiner Braut gemacht?" Pomreinke behauptete, seine Braut sei damals nach Auschwitz gekommen, um ihn zu heiraten. Als er alle Papiere für die Eheschließung beisammen hatte, habe er Mulka über seine Absicht informiert. Aber Mulka habe nichts von Heirat hören wollen. Er habe die Heiratsdokumente zerrissen und erklärt: „Für euch Hottentotten wird es hier keine Heirat geben", womit er auf Pomreinkes rumänische Herkunft anspielte. Dann sagte Pomreinke in jämmerlichem Ton: „Und dann hat er sie als Dienstmädchen in seinen Haushalt nach Hamburg geschickt." Mulka erinnerte sich tatsächlich daran und stellte trocken fest, die Aufenthaltserlaubnis des Mädchens in Auschwitz sei ungültig gewesen, und übrigens „brauchten wir eine Dienstbotin". Gespielt gekränkt fügte Mulka hinzu, er sei viel zu sehr Familienmensch gewesen, um Heiratspapiere zu zerreißen, „ich wäre nur zu froh gewesen über eine Heirat meiner Männer".

Davor hatte Pomreinke, der in Auschwitz Lastwagen gefahren hatte, und zwar „nur mit Essen und Material", Mulka belastet, für das Transportkommando zuständig gewesen zu sein, was Mulka bisher erfolgreich bestritten und auf einen untergebenen, bereits verstorbenen SS-Mann geschoben hatte. Darüber hinaus soll Mulka befohlen haben, die Leiche eines 23-jährigen SS-Mannes zu begraben wie einen Hund, weil er Selbstmord begangen hatte, da er den Tod einiger Kameraden durch einen Unfall auf dem Gewissen hatte. Es war klar, dass Pomreinke, anders als seine SS-Kameraden vor ihm, eine alte Rechnung mit Mulka zu begleichen hatte.

Eine Aussage ließ den Angeklagten Baretzki plötzlich aufspringen, was seine Polizeibewacher aufschreckte: „Dazu muss ich etwas sagen", rief er aus, „Walter ist ein Lügner. Ich habe ihn selbst auf der Rampe gesehen. Ich erinnere mich an seinen Motorradtyp." Aber trotz dieses Aufschreis der Empörung behauptete der 53-jährige Filmvorführer Bernhard Walter aus Fürth immer wieder, er sei nicht an der Rampe gewesen und könne nicht verstehen, weshalb Baretzki es nötig habe, ihn in eine peinliche Lage zu bringen. Baretzki war aber nicht der einzige Angeklagte, der über Walters Verhalten vor Gericht belustigt war. Alle 20 Angeklagten hatten ein angewidertes Lächeln im Gesicht, was die Staatsanwaltschaft veranlasste, den Zeugen darauf hinzuweisen und ihn aufzufordern, seine Aussagen sorgfältiger zu überdenken – jedoch ohne Erfolg. Walter behauptete, er sei 1940 auf spezielle Anforderung von Höß nach Auschwitz gekommen, um den Erkennungsdienst zu organisieren. Walter war fünf Jahre in Auschwitz gewesen, will aber niemals Grausamkeiten gegen Häftlinge gesehen haben. Nach seiner [falschen] Aussage wurde er als zweiter Zeuge noch im Gerichtssaal verhaftet. Es scheint, dass die Staatsanwaltschaft auf lange Sicht härtere Maßnahmen ergreift hinsichtlich der SS-Zeugen, die bisher lügen konnten, wie es ihnen passte.

Bericht über den 77. Verhandlungstag am 14. August 1964

Am nächsten Morgen war der Zeuge Bernhard Walter zu Eingeständnissen bereit. Ja, er war an der Rampe gewesen, wenn Häftlinge eintrafen, aber nur, um zu fotografieren. Ja, er wisse, dass Höcker, der frühere Adjutant von Baer, alle SS-Abteilungen in Auschwitz telefonisch über die Ankunft eines Transportes verständigt hatte. Ja, dem Adjutanten wurden alle Fernschreiben über die Vernichtung und andere Vorgänge in Auschwitz vorgelegt. Beide Adjutanten, Mulka und Höcker, hatten bisher kategorisch jedes Wissen über Transporte oder Vernichtung geleugnet. Die Verteidiger, die sich durch den Zeugen getäuscht sahen, ließen keinen Zweifel daran, dass sie glaubten, die Staatsanwaltschaft hätte über Nacht Druck ausgeübt, um Walter gefügig zu machen. Aber der Zeuge sagte klar aus, dass er eine Falschaussage gemacht hatte, weil er für sich selbst fürchtete. Zwar habe er nie selbst ein Verbrechen begangen, doch wegen seiner Partei- und SS-Mitgliedschaft sei er kompromittiert – sagte er, denn er wusste, dass er nun der öffentlichen Kritik ausgesetzt war. [...]

Die Atmosphäre änderte sich völlig, als hätte sich ein raues Militärlager in einen Vorlesungssaal verwandelt, als der Sachverständige Dr. Hans-Adolf Jacobsen, Historiker an der Universität Bonn, sein Gutachten über den sogenannten Kommissarbefehl von 1941[74] und andere Befehle dieser Art, die die Ermordung von Hunderttausenden Russen und Juden rechtfertigen sollten, vor Gericht darlegte. Schon im Juli 1940 hatte Hitler vor den führenden Generälen erklärt, dass es nicht genüge, den Osten zu erobern, sondern dass der sowjetische Staat zerstört werden müsse, deshalb hatte Hitler immer wieder gefordert, „die jüdische bolschewistische Intelligenz" zu liquidieren, und zwar mit „äußerster Härte". Obwohl einige Generäle versuchten, den „Kommissarbefehl", bei dem es hauptsächlich um die Ermordung der russischen Politoffiziere ging, abzuschwächen, konnten die deutschen „Buchhalter" am 1. Mai 1944 stolz verkünden, dass über

74 Der verbrecherische Kommissarbefehl wurde am 6. Juni 1941 auf Weisung Hitlers vom Oberkommando der Wehrmacht erlassen. Er ordnete die (völkerrechtswidrige) Erschießung aller gefangen genommenen „politischen Kommissare" der Roten Armee an. Am meisten bedroht waren Juden. Hans Adolf Jacobsens Sachverständigengutachten „Kommissarbefehl und Massenexekutionen sowjetischer Kriegsgefangener" erschien in: Buchheim/Broszat/Jacobsen/Krausnick, Anatomie des NS-Staates, 2005, S. 449–544.

fünf Millionen Sowjets in ihrer Hand waren. Zwei Millionen wurden für tot erklärt, 280 000 waren in Transitlagern gestorben oder verschwunden, und eine Million wurde auf der Flucht erschossen oder durch die Gestapo bzw. in Konzentrationslagern liquidiert. Jacobsen: „Die Zahl von 3,3 Millionen getöteten Sowjets mag noch zu niedrig angesetzt sein, da bis 1945 5,7 Millionen Sowjets Kriegsgefangene gefangen genommen wurden, von denen nur eine Million überlebte. Ich habe dazu nichts hinzuzufügen." Der Historiker äußerte schließlich, er überlasse es den Zuhörern, über diese Zahlen nachzudenken. Ein Radiokommentator sagte, als hätte er plötzlich die volle Tragweite erfasst: „Jetzt brauchen wir uns über den Argwohn der Russen uns gegenüber nicht zu wundern".

Bericht über den 78. Verhandlungstag am 17. August 1964

Minutenlang schaute der Vorsitzende nicht auf. Offensichtlich war er tief bewegt, als der Israeli Dr. Mauritius Berner, praktischer Arzt in Jerusalem, ihm Fotografien seiner Familie vorlegte, seine damals 38-jährige Frau mit seiner Tochter Susi, zwölfeinhalb Jahre, und seine Zwillinge Elga und Nora, neuneinhalb Jahre. Sie alle hat er nie wieder gesehen. Auf die Frage des Verteidigers Laternser, ob er damals gewusst habe, was mit seiner Familie nach der Ankunft in Auschwitz geschehen würde, antwortete Berner: „Nein. Wenn ich das gewusst hätte, wäre ich mit meiner Frau und meinen Kindern gegangen." Der 62-jährige Arzt im dunklen Anzug, mit schwarzgerahmter Brille und weichen Gesichtszügen, war nach der Besetzung Ungarns durch die Deutschen mit seiner Familie festgenommen und in ein Ghetto [in Siebenbürgen] gesperrt worden. „Vom 3. bis 25. Mai 1944 befanden wir uns ungeschützt im Freien", berichtete er. Am 25. Mai begann der Transport nach Auschwitz, „im Viehwaggon", auf dessen Tür mit Kreide „71 Stück" geschrieben war. „Auf der Fahrt blieben wir ohne Wasser und Verpflegung. Es war schrecklich."

Nach der Ankunft: „Wir sollten unser Gepäck neben dem Waggon abstellen, das Letzte, was wir noch besaßen, denn uns wurde buchstäblich der letzte Keks weggenommen, den wir für unsere Kinder aufgehoben hatten. Zuerst haben wir uns geweigert, aber wir hatten keine Möglichkeiten, irgendetwas zu behalten. Ich sagte zu meiner Frau und den Kindern: ‚Tut nichts, die Hauptsache ist, wir bleiben beisammen.'" Aber kaum hatte Berner das ausgesprochen, wurde er von seiner Familie getrennt. „Meine Frau mit der besonderen weiblichen Intuition rief noch: Komm, küsse uns! Und ich wollte zu ihnen laufen. Doch dann wurden die Ärzte und Apotheker aufgefordert, sich zu sammeln; es waren 50, 60 oder gar 70." Dr. Mengele und ein anderer SS-Offizier, in dem der Zeuge Capesius wiedererkannte, weil dieser als Vertreter der IG Farben oft die Ärzte in Berners Heimatstadt besucht hatte, unterhielten sich mit den angekommenen Ärzten über ihre Studienorte. Das Gespräch sei so freundlich gewesen, dass Berner sogar um Erlaubnis fragte, sein Diplom aus seinem Gepäck holen zu dürfen. Mengele habe mit den Worten zugestimmt: „Sie können es noch gebrauchen." Berner holte daraufhin das Diplom und jene Familienfotos, die er heute dem Gerichtsvorsitzenden zeigte.

Mit fester Stimme, die nie auch nur ausnahmsweise bebte, fuhr Berner auf seine präzise Art fort, er habe plötzlich seine Familie wiedergesehen und Capesius um einen Gefallen gebeten. „Herr Hauptmann", habe er gesagt, „meine Zwillinge brauchen größere Schonung, ich bin zu jeder Arbeit bereit, aber gestatten Sie, dass die Familie zusammenbleibt." Als Capesius von Berners Zwillingen erfuhr, führte er sie Mengele zu, der sich gerade mitten in einer Selektion befand. Mengele habe geantwortet: „Ich habe jetzt keine Zeit." Die Kinder mussten daraufhin zu der anderen Gruppe zurückgehen. Als Berner zu weinen begann, habe Capesius zu ihm gesagt: „Weinen Sie nicht, die gehen ja nur baden. In einer Stunde werden Sie sie wiedersehen." Berner erinnerte sich, dass er in dieser Minute gedacht hatte, er müsse Capesius dankbar sein, „erst später habe ich erfahren, was es bedeutete, wenn Mengele Zwillinge für seine Experimente bekam." Und Berner verstand auch, weshalb dieser seine Kinder nicht brauchen konnte: Sie waren keine eineiigen Zwillinge und daher für seine Untersuchungen nicht von Wert.

Der Angeklagte Capesius bestand darauf, zu Pfingsten 1944 nicht in Auschwitz gewesen zu sein, war aber bisher nicht in der Lage, dies zu beweisen. Das war alles, was er zu der stärksten Beschuldigung gegen ihn im gesamten Prozess zu sagen hatte.

Der 66-jährige Albert Ehrenfeld, einer der Nebenkläger, der seine Frau, seinen elfjährigen Jungen und seine sechsjährige Tochter in Auschwitz verloren hatte, fügte dieser Anschuldigung hinzu, er habe bei seiner Ankunft Capesius an der Rampe gesehen, „er war der einzige SS-Mann dort, daneben stand ein Motorrad, und er selektierte." Als sich ein Freund des Zeugen – Ehrenfeld kam ursprünglich aus Klausenburg und lebt heute in Stockholm – an Capesius wandte, den er ebenfalls aus Klausenburg kannte, habe dieser, indem er weiter nach rechts und nach links deutete, geantwortet, dass die auf der linken Seite leichtere Arbeit und allgemein bessere Lebensbedingungen bekämen. Der Zeuge erfuhr später, dass sie vergast wurden – „wie recht er damit hatte, dass sie bessere Bedingungen bekamen."

Ehrenfeld erinnerte sich sehr gut an Capesius wegen dessen Tätigkeit als IG-Farben-Vertreter in Klausenburg, wo Capesius damals schon seinen Kunden riet, nicht bei jüdischen Firmen zu kaufen. Dies betraf Ehrenfeld als Direktor und Aktionär einer pharmazeutischen

Fabrik mit hundert Mitarbeitern. Ehrenfelds Zeugenaussage mangelte es, auch wegen der schlechten Übersetzung aus dem Ungarischen, an Genauigkeit, wohingegen Berner, der Deutsch sprach, in der Lage war, alle Versuche der Verteidiger, seine Aussage zu erschüttern, mit einem Schlag zu kontern. Da er nicht die geringsten Ungenauigkeiten aufkommen ließ, gaben die Nazi-Verteidiger ihre Bemühungen bald auf. „Es war leicht für mich", sagte er anschließend mit seinem freundlichen Lächeln, „aber ich habe es mit schwerem Herzen getan." Als Berner den Gerichtssaal verließ, kam eine Gruppe junger Deutscher auf ihn zu. Sie dankten ihm für seine so objektive Zeugenaussage, die frei von Hass war. Sie hatten alle Tränen in den Augen, als sie ihm die Hand schüttelten. Er stellte fest: „Es ist gut, dass die deutsche Jugend von diesen Dingen erfährt, damit sie sich nie wieder an solchen Verbrechen beteiligen." Als die jungen Leute im Alter von 18 bis 30 Jahren von Berner weggingen, sagte er: „Vielleicht trägt meine Zeugenaussage Früchte. Das war eigentlich der Grund, weshalb ich gekommen bin."

Bericht über den 79. Verhandlungstag am 20. August 1964

Es geschah an Rosh Hashanah 1944:[75] 1200 gesunde jüdische Jungen zwischen 16 und 18 Jahren, die meisten aus Ungarn, waren dazu bestimmt worden, an diesem Tag zu sterben. Josef Glück, ein Geschäftsmann aus Kiriat Bialik in der Nähe von Haifa, hob seinen Arm und zeigte dem Frankfurter Gericht das Foto seines Neffen. Er sagte mit durchdringender Stimme unter Tränen: „Das ist Andreas Rapaport, der seinen Namen mit der Bemerkung ‚lebte 16 Jahre' mit

75 Rosh Hashanah, das Jüdische Neujahrsfest, fiel 1944 auf den 13. Oktober.

Blut an die Barackenwand geschrieben hat." Der 66-jährige Glück, ursprünglich aus Klausenburg, hatte damals gesehen, was in und vor dem Block 11 vor sich gegangen war. Er war schrecklich aufgeregt, als er darüber im Auschwitz-Prozess aussagte. Mengele und drei andere SS-Offiziere, unter ihnen Capesius, waren erschienen und hatten die Kinder in die Baracken gebracht. Einige von ihnen fühlten die Gefahr und versteckten sich, aber die SS-Hunde spürten sie sofort auf. Sie blieben zwei Tage lang im Block 11. Dann fuhren Lastwagen vor, und die Jungen wurden darauf verladen. „Dann hörte ich meinen Neffen schreien: ‚Onkel, ich weiß, dass ich sterben muss. Sag meiner Mutter, dass ich bis zum letzten Moment an sie gedacht habe.'"

Glück, der durch diese Erinnerung schrecklich erschüttert war und in Tränen ausbrach, fügte hinzu: „Diese Leute", und er deutete schluchzend auf die Angeklagten, „behaupten heute, nichts über die Bedeutung von Auschwitz gewusst zu haben. Aber man sieht, ein 16-jähriger Junge wusste es genau." Auf die Frage des Vorsitzenden berichtete Josef Glück, aus dessen zerfurchtem Gesicht kein einziges Mal die Traurigkeit wich, dass er im Mai 1944 verhaftet worden war. „Weil ich Jude bin", antwortete er auf die Nachfrage des Vorsitzenden. Er fuhr zusammen mit seiner Frau, seinen neun und fünf Jahre alten Kindern Daniel und Andras, seiner Schwiegermutter, seinem Bruder, seiner Schwester und deren Kindern – keiner von ihnen kehrte mehr zurück – in einem Transport von 2800 Menschen nach Auschwitz. „Bei der Ankunft wurden sofort 2400 ins Gas selektiert. Es war der Apotheker Capesius, der einzige SS-Mann an der Rampe, der sie selektierte. Er fragte meinen Freund: ‚Willst du arbeiten?' Dieser verneinte, und Capesius schickte ihn auf die rechte Seite. Als er mich fragte, sagte ich Ja, und er schickte mich auf die linke Seite."

Der Zeuge Glück kannte Capesius aus Klausenburg, „er war sogar zweimal in meiner Textilfabrik gewesen", und er versicherte, dass er Capesius nie mit jemand anderem verwechseln würde. Heute hat Capesius sogar versucht, die Bekanntschaft mit Glück aufzufrischen. Als der Zeuge das deutsche Wort „Pfingsten" nicht verstand – er hatte allgemein Schwierigkeiten mit der deutschen Sprache –, half Capesius aus und nannte ihm das entsprechende ungarische Wort, wofür Glück sich beim Angeklagten mit einer Verbeugung bedankte.

Glück hatte Capesius am 13. Oktober 1944 auch zusammen mit Mengele gesehen, als er seine Frau im Krankenbau für Frauen besuchte. Als der Ruf „Mengele in Sicht" ertönte, sei er aus dem Fenster gesprungen, habe einen Schuss gehört, der für ihn bestimmt war, und dann habe er gesehen, wie 85 nackte Frauen aus dem Block geführt wurden, darunter seine Frau, und er wusste, dass sie ins Gas gebracht würden. Zweimal war es dem Zeugen Glück, der jetzt wie ein gebrechlicher Mann wirkt, gelungen, dem Tod zu entkommen: „Mengele betrat den Block, verlangte, dass sich hundertprozentige Juden melden sollten, weil er sie für Experimente wollte. Ich regte mich nicht. 30 andere wurden ausgewählt. Beim nächsten Mal wählte Mengele schon mich, aber ich sagte: ‚Schauen Sie, ich bin doch noch arbeitsfähig', worauf er mir auf den Mund schlug, sodass ich meine goldene Brücke verlor. Ich wurde für die Vergasung selektiert, versteckte mich aber unter einem Bettgestell. Um die Zahl von 43, die Mengele ursprünglich ausgewählt hatte, vollzählig zu machen, musste ein anderer an meiner Stelle sterben." Glück hatte fünfeinhalb Monate in Auschwitz[-Birkenau] verbracht – bis zur Auflösung. Als ihm bei seiner früheren Vernehmung Capesius gegenübergestellt worden war, hatte der Angeklagte dies bezweifelt: „Niemand hat es so lange in Auschwitz ausgehalten."

Es war zu Rosh Hashanah 1944. Auch Abraham Tamir aus Givat Beit HaKerem bei Jerusalem erinnerte sich an dieses Datum. Auf sehr ruhige Art sprach der 37-jährige Angestellte beim Sozialministerium über die an diesem Tag von Mengele durchgeführten Selektionen: „Wir bekamen den Befehl, uns zu entkleiden. Ein Mann wickelte seinen Körper in ein Leintuch. Der Blockälteste, der Angeklagte Bednarek, sah dies und schickte diesen Mann zur Gruppe der Selektierten."

Tamir wirkte so ruhig und selbstbewusst, weil er, wie er mir später sagte, Beruhigungsmittel genommen hatte. Er war im Juli 1944 in Auschwitz angekommen, nach vier Jahren im Ghetto Litzmannstadt (Łódź). „Schon als ich den Waggon verließ, verlor ich meine Mutter aus den Augen", und er fügte hinzu, dass niemand aus seiner Familie Auschwitz überlebt hatte. Tamir erinnerte sich besonders an die Grausamkeiten des Blockältesten Bednarek. „Ich wurde schon bei der Ankunft gewarnt, ihm aus dem Weg zu gehen." Einmal wurden Tamir und sein Freund Pines geschickt, um das Essen zu holen. „Es war Sonntag. Ich weiß das, weil wir Suppe und Kartoffeln in der Schale bekamen, und auf dem Rückweg zum Block versuchten wir, so viele wie möglich in die Hosentaschen zu stecken. Unglücklicherweise verlor Pines einige. Bednarek, der das sah, sagte: ‚Du bekommst so viele Hiebe, wie du Kartoffeln gestohlen hast.'" Der Zeuge erinnerte sich, dass Pines sich über einen Ofen legen musste mit dem Gesicht in der Öffnung, sodass der Körper angespannt war. „Ich konnte nach ein paar Schlägen weglaufen. Aber ich sah Pines schrecklich misshandelt wieder, neben der Baracke liegend, und am nächsten Tag starb er im Krankenbau." Bednarek hatte zwei Stunden gebraucht, um auch einem ungarischen Häftling tödliche Wunden zuzufügen, der sich bei der SS beschwert hatte, dass er vom Blockältesten geschlagen worden war. „Er war so schlimm zugerichtet, dass ihm das Fleisch in Fetzen herunterhing, als er aus dem Raum des Blockältesten hinausgetragen wurde. Dann sagte Bednarek zu uns, auf dem Ofen stehend: ‚Damit ihr es wisst. Dem Befehl nach gibt es keine Schläge mehr in Auschwitz.'"

Als der Zeuge Dr. Rudolf von Sebestyén aus einem Ort bei Haifa im Juni 1944 aus Klausenburg nach Auschwitz deportiert wurde, habe ein SS-Mann zu dem 1000 Personen starken Transport gesagt: „Ich werde euch zu einem sehr schönen Ort bringen. Ihr werdet dort sehr froh und gut leben." Der 73-jährige Ingenieur, ein Mann von kräftiger Statur, erweckt mit seinem freundlichen Gesicht den Eindruck, als habe er es geschafft, seine Leiden zu verkraften. Gleichzeitig ließ er seine österreichisch-ungarische Offiziersausbildung erkennen. Auch er war von Capesius, den er ebenfalls von Klausenburg her kannte, selektiert worden – zum Leben.

Auch Mengeles Selektion hatte er überlebt: „Ich habe sogar mit Mengele gestritten, der zu mir sagte: ‚Sie haben eine Herzerkrankung.' Ich sagte, ‚Sie sind der Arzt, Sie müssen es herausfinden, aber ich bin gesund.'" Mengele erlaubte ihm zu überleben. Sebestyéns Frau und Sohn überlebten Auschwitz ebenfalls, aber die Frau verhungerte kurz vor Kriegsende in Bergen-Belsen, und der Sohn starb nach Kriegsende an Polio.

Dr. Walter Löbner, Gynäkologe aus Haifa, war in Auschwitz als Häftlingsarzt im Außenlager Budy gewesen. Einmal begegnete er Capesius, als er versuchte, 1000 Chinintabletten aus der Lagerapotheke zu bekommen, um eine Malariaepidemie zu bekämpfen. „Selbstverständlich habe ich mich gehütet, etwas von Malariaerkrankungen zu sagen. Es war bekannt, dass solche Epidemien mit Vergasung bekämpft wurden", berichtete der kleine Dr. Löbner mit der beschwichtigenden Stimme des Arztes. Capesius habe zu ihm gesagt: „Sie brauchen das Chinin doch nur für die Huren von Harmense[76]

76 Harmense (poln. Harmęże) war ein etwa sieben Kilometer vom Stammlager Auschwitz entfernt gelegenes Dorf. Es lag im sogenannten SS-Interessengebiet. Die Bewohner wurden im April 1941 ausgesiedelt, damit auf diesem Gebiet eine landwirtschaftliche Versuchsstation errichtet werden konnte.

zur Abtreibung." Obwohl Löbner damals erklärte, dass die Medikamente gegen Erkältungskrankheiten eingesetzt werden sollten, lehnte Capesius dies kategorisch ab, sodass nach Aussagen des Zeugen mindestens 30 bis 50 erkrankte Häftlinge starben. [...]

Capesius hatte zu all diesen Anschuldigungen nicht viel mehr zu sagen, als dass sie Lügen seien. Und er beschuldigte Löbner, seine Zeugenaussage gegenüber der früheren geändert zu haben. Er hätte wenigstens bei seiner Aussage bleiben können, sagte Capesius dreist.

Alle israelischen Zeugen stimmten darin überein, dass das Gericht fair und objektiv wirke. Löbner fügte hinzu, er sei im Gedenken an die Opfer zum Prozess gekommen, und Tamir betonte, dass er es für seine ermordete Mutter getan habe. Er habe eigentlich nicht kommen wollen. Das Erste, was er dann in Deutschland sah, war ein Bus der Firma Büssing, in der er vor Kriegsende Zwangsarbeit verrichtet hatte. Er habe sich fast gefühlt, als würde er zurückkehren. „Es war wirklich schwer für mich, nach Deutschland zu kommen", sagte dieser stark aussehende Mann mit Tränen in den Augen.

Bericht über den 80. Verhandlungstag am 21. August 1964

Er hastete aus dem Gerichtssaal und ließ sogar seinen Hut liegen. Der Zeuge Ludwig Damm hatte es zweifellos eilig. Weshalb? Vielleicht, um schnellstens in seine Gemeinde Morlautern bei Kaiserslautern zurückzukehren, deren Bürgermeister er seit 1952 ist. Wir glauben, er hatte verschiedene Gründe, um der unangenehmen Szenerie zu entkommen, die der Auschwitz-Prozess für ihn darstellte. Der große, drahtige Mann war früher schon einmal Bürgermeister seiner Kleinstadt gewesen, genauer gesagt, er war 1936 dazu gewählt worden, zur gleichen Zeit, als er zum SS-Scharführer befördert wurde. Er war 1931 in die NSDAP und 1933 in die SS eingetreten, da sein Freund ihm gesagt habe, es sei eine große, ehrliche und saubere Bewegung. „Ich war ein wirklicher Idealist, als ich eintrat." 1942 kam der jetzt 53-jährige frühere SS-Offizier nach Auschwitz, und es war kein Zufall, dass der Vorsitzende Richter ihn darauf hinwies, dass er nach der deutschen Strafprozessordnung die Aussage verweigern könne, wenn er sich damit selbst belasten würde. Aber der Bürgermeister von Morlautern war der Auffassung, er könne aussagen, da er „nur mit zivilen Angelegenheiten" befasst gewesen sei, obwohl er etwas verlegen hinzufügte, dass er einige Monate auch in der sogenannten Häftlingsbank in Auschwitz beschäftigt war. Einmal im Monat habe er das Lager betreten, um den [nichtjüdischen] Häftlingsfrauen Gutscheine entsprechend ihrem Konto auszugeben. „Ich war erschüttert, bewegt, empört, schockiert" – der Zeuge suchte nach Worten, um dem Gericht seine Gefühle beim Anblick der Frauen in Häftlingskleidung verständlich zu machen. „Ich hatte nie gewusst, dass auch Frauen verhaftet worden waren", erklärte er. Und er betonte, er habe alles getan, um von Auschwitz wegzukommen. Als er für zwei Monate beurlaubt war, habe er den Leuten berichtet, was er in Auschwitz gesehen hatte. Was das war, wurde er gefragt. Morde? Vergasungen? Krematorien? „Nein, von diesen Dingen habe ich nichts gesehen", antwortete er und ließ offen, worüber er zu Hause gesprochen hatte.

„Ich war denunziert worden, dass ich die Kriegsbegeisterung untergraben hätte, und Mulka, der Adjutant von Höß, empfing mich in Auschwitz mit den Worten: ‚Sie sind ein Verräter und müssen vor das Kriegsgericht'", berichtete Damm. Aber letztendlich habe er so gute Kontakte zur Wehrmachtjustiz gehabt, dass ihm der Lagerkommandant Höß lediglich einen Verweis erteilte und er von da an bis zur Auflösung des Lagers in der Kommandantur-Verwaltung beschäftigt war. Der Zeuge redete ausführlich über seine Verhandlung und alle Begleitumstände, rutschte aber auf dem Stuhl hin und her, womit er sein Unbehagen deutlich zeigte, als Staatsanwalt Kügler ihm einige Dokumente vorlegte, die seine Unterschrift trugen. Eines davon sagt aus, dass er absolutes Stillschweigen über Maßnahmen gegen Juden sowie seine Hilfe bei deren Umsetzung gelobt hatte, was der Aussage des Bürgermeisters von Morlautern vollkommen widersprach, obwohl nicht daraus hervorging, welche Maßnahmen gegen Juden gemeint waren. Eigentlich war dieser Bürgermeister einer Kleinstadt, der stolz erwähnte, dass er 1952 mit 12 von 15 Stimmen aus allen Parteien in sein Amt gewählt worden war, ein typisches Exemplar eines Deutschen. Er hatte die Nazi-Bewegung für großartig und die antijüdische Politik, die sich gegen geschäftliche und berufliche Konkurrenten richtete, für akzeptabel gehalten, dann aber gefunden, dass der Judenmord doch zu weit ging und im Widerspruch zu seiner christlichen Erziehung stand. Deshalb erinnern sie sich an nichts anderes als die Verbrechen, die sie gesehen haben mussten, wie es bei unserem Bürgermeister von Morlautern der Fall war.

Aber was dieser SS-Offizier tunlichst vergessen hatte, konnte Hersz Kugelmann, der aus Będzin stammt und heute in Frankfurt lebt, nicht aus seinem Gedächtnis löschen. Der kleine 52-jährige Kaufmann weinte herzerweichend, als er berichtete, dass seine beiden Kinder, geboren 1935 und 1938, unter den 50 Personen seiner eigenen Familie waren, die bei der Ankunft in Birkenau selektiert wurden. Erst im August 1943 waren sie in Waggons, „in denen wir so eingepfercht waren, dass das Kind meiner Schwägerin erstickt ist", nach Auschwitz deportiert worden.

Kugelmann fügte Baretzkis Anklageschrift weitere Anschuldigungen hinzu. „Er machte Sport mit uns und gab die Kommandos so schnell, dass sie niemand ausführen konnte. Dann schlug er uns mit dem Stiel einer Picke und trat uns mit seinen Stiefeln. Ich habe immer noch Verwundungen am Körper, die er mir zugefügt hat; andere, die unglücklicherweise diese Schläge auf die Nieren bekamen, starben früher oder später." Baretzki sei stets betrunken gewesen, sagte der Zeuge aus, worauf dieser dem Gericht versicherte, dass er in Auschwitz nur Bier getrunken habe, aber der Zeuge insistierte: „Er hat gerochen wie zehn Brauereien zusammen." Auf die Frage des Staatsanwalts, ob der Zeuge sich an Baretzkis Sprache erinnere, sagte er: „Sprache? Er hat nie wie ein normaler Mensch zu uns gesprochen. Er hat immer nur gebellt."

Samuel Lubowski aus Weiden, früher Warschau, kannte Kaduk ebenso gut. „Ich kenne ihn besser als meine Brüder, die ich schon vergessen habe." In einer Mischung aus Deutsch und Jiddisch beschuldigte er Kaduk, dass er Selektionen durchgeführt hatte. Der 61-jährige Kaufmann, der aus dem Warschauer Ghetto zuerst nach Majdanek („dort wurde meine Wirbelsäule gebrochen") und im August 1943 nach Auschwitz deportiert worden war, antwortete auf die übliche Frage, ob er mit dem Angeklagten verwandt sei, „Gott sei Dank habe ich nicht solche Verwandte", eine Aussage, die man auch auf den Bürgermeister von Morlautern anwenden sollte.

Bericht über den 81. Verhandlungstag am 24. August 1964

Es war eine der seltenen Situationen, bei denen der vorsitzende Richter Hofmeyer die Geduld mit einem Angeklagten verlor. „Sie wagen es, der Zeugin zu unterstellen, es sei ein Komplott gegen Sie geschmiedet worden. [...] Das ist unerhört. Ich muss das ganz entschieden zurückweisen", sagte er in sehr scharfem Ton zum Angeklagten Capesius, der auf seine arrogante Art, die Hand in der Hosentasche, die äußerst schweren Beschuldigungen der rumänischen Zeugin Magda Szabo aus Sighişoara gegen ihn zurückwies, als wäre das nie geschehen. Ganz offensichtlich ungerührt von allem, was er gehört hat, sagte er, die Zeugin komme aus derselben Stadt, in der er früher gelebt hatte und in der seine Familie noch bis zum vergangenen Jahr wohnte. Ihr und anderen Zeugen seien Dinge über ihn erzählt worden, und man habe sie angewiesen, was sie hier auszusagen habe. Erneut wärmte Capesius seine alte Geschichte auf, dass man ihn mit dem SS-Arzt Klein verwechsle, der ebenfalls Rumänisch und Ungarisch gesprochen hatte und der von den Polen bereits für alle die Verbrechen, deren er (Capesius) angeklagt wurde, hingerichtet worden war.

Aber die Lehrerin Magda Szabo, eine Frau mittleren Alters, hochintelligent, die auf angemessene und wirksame Art aussagte, war der festen Überzeugung, dass es sich bei Capesius keineswegs um eine Verwechslung handelte: „Er [Klein] hatte ein eigenartiges Gesicht, das man nicht so leicht vergessen konnte, es sah aus wie das von einem aufgedunsenen Mops. Wir haben ihn das Mopsgesicht genannt." Frau Szabo brauchte nur einen kurzen Blick auf die Angeklagten zu werfen, um Capesius zu identifizieren. Sie hatte Capesius bereits an der Rampe kennengelernt, wo sie Ende Mai oder Anfang Juni 1944 eintraf. „Ich weiß das so gut, weil meine kleine Nichte auf dem Weg nach Auschwitz im Waggon ihren zweiten Geburtstag hatte." Familie Szabo war aus einem Ghetto in Ungarn nach Auschwitz deportiert worden. „Wir versuchten, Regenwasser aufzufangen, um unseren Kindern etwas zu trinken geben zu können, denn während der Fahrt bekamen wir weder Essen noch etwas zu trinken." Bei der Ankunft nahm Frau Szabo, die sich stärker fühlte als ihre Schwägerin, das Kind bei der Hand, bis ein Häftling ihr riet, das Mädchen der Mutter zu übergeben. Dies hat ihr das Leben gerettet. Denn sie wurde nun zusammen mit 150 oder 200 anderen Frauen auf die rechte Seite geschickt, d. h. zur Arbeit ins Lager.

Der an der Rampe selektierende SS-Offizier „hat uns so nett und freundlich sogar auf Ungarisch angesprochen, dass ich tatsächlich dachte, die alten Leute und Kinder würden an einen Ort gebracht werden, wo es bequemer für sie wäre. Aber natürlich habe ich sie nie wieder gesehen." Magda Szabo lernte diesen „freundlichen" SS-Offizier namentlich kennen, als er sich den Frauen mit den Worten vorstellte: „Ich bin Capesius aus Siebenbürgen. Mit mir werdet ihr den Teufel kennenlernen."

Einmal mussten die Frauen, die in der Küche arbeiteten, antreten, weil eine von ihnen, die für eine Verwandte ein Stückchen Margarine aus der Küche mitgenommen hatte, erwischt worden war. „Er befahl uns, große Steinplatten aufzuheben und sie vor unsere Brust zu halten und damit im Kreis zu laufen, wobei Capesius uns mit seiner Lederpeitsche antrieb. Ich fiel auf meinen Stein, eine andere Frau fiel mit ihrem Stein über mich, und ich wurde schlimm verletzt. Eine der Frauen zog mich hoch, obwohl ich nicht mehr wollte." Die Zeugin musste später, nach der Befreiung, wegen dieser Verletzung operiert werden.

Danach gehörte sie zum Weichsel-Kommando. Ungefähr 1000 Frauen wurden gezwungen, bei Nacht aufzustehen und ohne Frühstück einige Kilometer zum Fluss zu marschieren. Dort mussten sie Grasballen zur Regulierung des Flusses vorbereiten. „Alles, was wir bekamen, war eine Flüssigkeit, die wie Tee aussah. Zu essen bekamen wir erst am Abend nach der Rückkehr ins Lager." Anfang Januar 1945 wurde Magda Szabo mit dem letzten Bahn-Transport nach Bergen-Belsen gebracht. Als Capesius' Verteidiger Laternser alles tat, um Widersprüche in der Aussage der Zeugin finden, kam ihr der Vorsitzende wieder zu Hilfe: „Aber Herr Verteidiger, verstehen Sie nicht, was für eine Aufregung im Augenblick der Ankunft in Auschwitz herrschte? Ich halte es für ein Wunder, dass es Menschen gibt, die trotz dieser Aufregung noch so viel erzählen können, und jede Ungenauigkeit ist durchaus möglich und verständlich."

Zwei weitere Zeugen aus Rumänien, die heute vernommen werden sollten, sind wegen Passproblemen nicht erschienen.

Bericht über den 82. Verhandlungstag am 27. August 1964

„Schließlich waren es nur zwei Mordfälle", antwortete der polnische Ingenieur Erwin Bartel auf die überraschte Frage des Vorsitzenden, weshalb er diese in den Vorvernehmungen nicht erwähnt habe. Tatsächlich hatte Bartel, der 1940 als Soldat einer polnischen Einheit von den Deutschen in Frankreich gefangen genommen worden war, viel gesehen in Auschwitz, wo er von Juni 1941 bis Oktober 1944 unter dem SS-Mann Stark in der Aufnahme der Politischen Abteilung als Häftlingsschreiber gearbeitet hatte. „Im Frühjahr 1942 befahl er mir, ihn nach Birkenau zu begleiten. Wir betraten einen Block. Er suchte willkürlich zwei Juden heraus, befahl ihnen, sich hinzuknien und ihre Fingerspitzen auf den Boden zu legen, dann verlangte er vom Stubenältesten, sie zu töten. Aber dieser wusste nicht, wie er das machen sollte. Daraufhin verlangte Stark einen Hocker und riss diesem ein Bein heraus. Dann schlug er die beiden Juden damit tot, wandte sich an den Stubenältesten und sagte: ‚Jetzt habe ich dir gezeigt, wie man das macht. Wenn du in Zukunft immer noch nicht weißt, wie man das macht, töte ich dich auch.'"

Stark war, als er „auf seine zynische Art" seine Verbrechen beging, kaum älter als der Zeuge, der vor 41 Jahren in der Stadt Oświęcim

[Auschwitz] geboren wurde. Einmal hatte er [am Lagertor von Birkenau] sinngemäß zum Zeugen gesagt: „Sie sehen die Ziegelsteine in diesem schönen Tor. Da werden die Namen von denen eingeschrieben, die umkamen oder getötet wurden. Vielleicht werden es nicht genug sein, aber für Ihre Familie werden sie reichen." Der Zeuge, der jetzt als Ingenieur in Kabul arbeitet, blieb bei seiner Aussage sehr ruhig, obwohl es seiner Ausdrucksweise nicht an einer gewissen Aggressivität mangelte. „Ich habe keine Erschießungen gesehen, aber ich habe die Leichen gesehen, und das sollte genügen." Übrigens fügte er auf Nachfrage hinzu, dass Stark, Boger und Kaduk gewöhnlich den Block 11 mit 22-Kaliber-Gewehren betreten hätten, während sie normalerweise nur Pistolen trugen. Stark sei von Erschießungen immer sehr aufgewühlt zurückkehrt und habe oft gerufen: „Bartel, bring mir eine Schüssel Wasser, damit ich meine Hände in Unschuld waschen kann." Einmal sei Stark noch aufgeregter als üblich gewesen und habe dem Zeugen gestanden, dass er jemanden versehentlich erschossen habe. „Um Himmels willen, was wird Grabner sagen." [...]

Bericht über den 83. Verhandlungstag am 28. August 1964

„Ein SS-Mann gerecht?", erwiderte Dr. Aron Bejlin erstaunt zum Ruf des Angeklagten Broad. „Wie konnte ein SS-Mann in Auschwitz gerecht sein?", rief der 55-jährige Arzt aus Israel, Angestellter des Gesundheitsministeriums, vor dem Frankfurter Schwurgericht völlig überrascht aus. „Wäre er gerecht gewesen, wäre er ja nicht in Auschwitz gewesen. Er wohnte in der Nähe der Krematorien und wusste ganz genau, was vor sich ging. Wochenlang konnte er Tag für Tag diese schwarzen Warteschlangen der ungarischen Juden vor den

Krematorien sehen." Bejlins Überraschung war deutlich zu spüren. Die Frage des Vorsitzenden machte wieder einmal deutlich: Er hatte noch nicht verstanden, was Auschwitz war. Er fragte Bejlin auch danach, welcher Arzt die Häftlinge behandelt habe. Wieder musste Bejlin, der im Februar 1943 aus dem Ghetto Białystok nach Auschwitz deportiert worden war, nachhaken, weil er die Frage des Vorsitzenden in Verbindung mit Auschwitz nicht verstehen konnte. Hier bemerkte der Vorsitzende offenbar seinen Missgriff und korrigierte sich. Es ging ihm um den Namen eines Lagerarztes.

„O ja, Dr. Rohde", erinnerte sich Bejlin schnell. „Er war derjenige, der uns bei der Ankunft selektierte. Er pfiff dabei die Melodie von ‚Donna è mobile' aus dem Rigoletto, während er sich nur um die ersten paar Waggons aus unserem Transport kümmerte, der aus mehr als 2000 Personen bestand." Auch Bejlins Mutter war unter diesen gewesen. „Was ich noch von ihr gesehen habe, als ich lange Zeit mit einem violetten Kreuz auf einer Binde an der Rampe stand – jüdischen Ärzten wurde nicht die ‚Ehre' zuteil, ein rotes Kreuz zu tragen –, das war ihr graugrüner Mantel. Ihr Mantel befand sich auf einem Lastwagen, der mit der gesamten Kleidung aus dem Krematorium zurückkehrte." Da gab es für Bejlin keinen Zweifel, dass die Menschen bereits vergast wurden, wie es die polnische Widerstandsbewegung, lange bevor die Juden aus Białystok deportiert wurden, den Ghettoinsassen offenbart hatte. Der israelische Arzt sprach sehr lebendig und machte den Eindruck, als könnte er endlos über Auschwitz reden. Er berichtete von der medizinischen Maßnahme seines „Arztkollegen" zur Bekämpfung von Epidemien wie Fleckfieber: „Jeder, dessen Temperatur über 37,5 stieg, musste sich entkleiden und in ein Tuch hüllen; danach war klar, dass er vergast würde."

Im Zigeunerlager, wo Bejlin im Häftlingskrankenbau eingesetzt war, war die Todesrate immens hoch, weil dort niemand desinfiziert wurde. „Hierher kamen die Zigeuner in ihren bunten Kleidern, mit ihren Massen von Kindern. Ihre Zahl wurde in kürzester Zeit reduziert.“ Sogar Epidemien wie Windpocken, normale Kinderkrankheiten, führten zum gewünschten Ergebnis. In diesem Zigeunerlager hatte Bejlin Pery Broad als Chef der Politischen Abteilung kennengelernt. „Lagergespenst“ hatten sie Broad genannt, und Bejlin deutete mit dem Finger auf den Angeklagten, der nur zwei Meter entfernt von ihm saß. Bejlin machte diesen verantwortlich für den Tod eines polnischen Freundes, der eines Tages zur Vernehmung durch Broad befohlen wurde. „Er kam zu mir und sagte, er werde wahrscheinlich nicht mehr zurückkehren, und wir küssten uns.“ Als Bejlin den polnischen Häftling wiedersah, lag er schrecklich zerschlagen auf eine Bahre und war unfähig zu sprechen. „Das hat Broad gemacht“, habe ein „Zigeuner“ ihm zugeflüstert. Broad war es auch gewesen, der eine russische Häftlingsfrau in eine Strafeinheit schicken ließ, weil sie eine Affäre mit einem deutschen „Berufsverbrecher“ hatte. Sie wurde dort erschossen.

Bejlin berichtete auch über die Auflösung des Zigeunerlagers am 31. Juli 1944. Am Morgen wurden die Arbeitsfähigen ausgesondert. Am Abend fuhr ein Lastwagen den Rest in die Gaskammern. Mengele habe ihnen eine ermutigende Rede gehalten, „bevor ihr alle zur Arbeit geht“. Dann wurden zuerst die Kinder auf die Lastwagen geworfen. Als der Kinderblock geleert war, brannte dort noch Licht. „Ein SS-Mann befahl mir, das Licht auszuschalten. Danach war es stockdunkel. Ich fühlte eine Hand auf meiner Schulter und jemand sagte: ‚Rauf mit dir auf den Lastwagen!‘ Aber ich sagte, ich sei Jude, und der SS-Mann: ‚Ach ja, ich sehe es. Du hast noch ein paar Wochen, bis du gehst.‘“ Beim Verlassen des geleerten Lagers habe Mengele bedauert: „Schade, dass das romantische Zigeunerlager weg ist.“ Dr. Bejlin kannte auch [Dr.] Lucas aus Auschwitz, hatte aber nur gute Erinnerungen an ihn:

„Wie ich gehört habe, half er, er gab Extrarationen an Juden und stoppte die Selektionen im Häftlingskrankenbau.“ […]

Der große schlanke Heinz Herrmann, ein Fabrikbesitzer aus Haifa, veranlasste den Angeklagten Kaduk zu einer erstaunlichen Bemerkung. Herrmann war am 18. Januar 1945 auf den Todesmarsch geschickt worden und sah dort, dass Kaduk geschwächte Häftlinge, die nicht mehr gehen konnten, erschossen hatte. Kaduk ergriff daraufhin das Mikrofon und sagte sehr ruhig, wobei er sich offenbar besonders schlau vorkam: „Wenn ich auf dem Todesmarsch gewesen sein sollte, wie konnte ich dann am 19. oder 20. Januar den Häftling Ackermann erschossen haben, wie ein anderer Zeuge uns hier gesagt hat?“ Der jugendlich aussehende 43-jährige Herrmann bestand darauf, dass er Kaduk gesehen hatte, und er fügte hinzu: „Er konnte doch mit dem Auto vom Todesmarsch wieder nach Auschwitz zurückgekehrt und am 19. oder 20. Januar dort gewesen sein.“

Aber Kaduk hatte noch etwas Interessanteres mitzuteilen: „Muselmänner wurden sicherlich in die Gaskammern geschickt.“ Das sagte er als Erwiderung auf die Anschuldigung des jüdischen Zeugen Jonas Friedrich aus Düsseldorf. Dieser sah in seinem Alter von erst 60 Jahren alt und gebrechlich aus. Laut Friedrich hatte Kaduk im April und Mai in der alten Wäscherei Häftlinge für das Gas selektiert. „Ich habe Leute nur zu Arbeit selektiert“, erwiderte Kaduk. Aber Friedrich behauptete, Kaduk habe die Namen derer notiert, deren Nase ihm nicht gepasst habe. Die seien dann „auf die Bratpfanne“ gekommen, d. h. ins Gas. Der Zeuge war von Kaduk schwer geschlagen worden, „so sehr, dass ich fünf Purzelbäume schlug und dem Gericht noch meine Narben zeigen kann“. Nachdem man Kaduk acht Monate lang auf der Anklagebank beobachtet hat, kommt man zu dem Schluss, dass Herrmanns Aussage, der Angeklagte sei stets betrunken gewesen und habe immer mit der Schnapsflasche im Arm selektierte, nicht als Schuldminderung herangezogen werden kann. Heinz Herrmann war zuversichtlich, dass Kaduk das Urteil bekommen werde, das er verdiene, „das Gericht erscheint höchst objektiv".

Über seine Reise nach Deutschland insgesamt war Herrmann nicht so froh: „Ich habe vor dem Gerichtssaal mit jemandem ein Gespräch angefangen und dann festgestellt, dass er einer der SS-Männer in Auschwitz war. Das war am unangenehmsten." Bejlin, der die Aussage „Ich erinnere mich nicht" eines SS-Mannes, der vier Jahre in Auschwitz gewesen war, hörte, sagte, „das ist typisch für die Deutschen. Sie wollen alle nichts wissen. Vielleicht ist es ihr Schuldgefühl. Im Innersten wissen sie sehr genau, dass die Dinge so waren, wie die Opfer sie berichten, und dass es ein Genozid war. Jemand muss ihn ja begangen habe."

Bericht über den 85. Verhandlungstag am 3. September 1964

Wie ein Männerchor standen sie um Helen Goldmann herum, die so krank ist, dass sie nicht ohne Hilfe gehen kann. Diese Mörder und „Selektierer" aus Auschwitz wurden zum ersten Mal aufgefordert, ihre Plätze zu verlassen und sich im Halbkreis vor der Zeugin aufstellen, um ihr die Identifizierung zu erleichtern, was wegen ungünstiger Lichtverhältnisse oft schwierig war. Während die Frankfurter Polizisten in blauer Uniform einen zweiten Kreis bildeten und jede Bewegung im Auge behielten, erhob sich langsam die 39-jährige Frau. Sie war groß und mager, sah doppelt so alt aus, ihr rotes Haar umrahmte ihr schneeweißes Gesicht. Ihre lebendigen, aber melancholischen Augen blickten auf die Männer vor ihr. Dann hob sie ihren Arm, deutete auf den Angeklagten Lucas und sagte mit tonloser Stimme:

„Das ist Lucas. Ich habe 20 Jahre darauf gewartet, ihn wiederzusehen. Er ist verantwortlich für den Tod meiner Mutter, meiner Brüder und Schwestern." Goldmann erinnerte sich an ihre Ankunft in Auschwitz im Mai 1944, bei der Lucas selektiert hatte. „Er war jung und schlank; er nahm mir meine zweijährige Schwester vom Arm und warf sie meiner Mutter zu." Gerüchte hatten verbreitet, dass Mütter mit Kindern ein besseres Leben bekommen würden; daher hatte Helen Goldmanns Mutter sie so gekleidet, dass sie älter aussah, und ihr das zweitjüngste Kind gegeben, während sie den älteren Bruder an der Hand hielt. Doch Lucas hatte bemerkt, dass es nicht ihr Baby war.

Als sie später in der Küche arbeitete [Häftlingsküche von Birkenau], habe ihr eine boshafte SS-Frau den Rauch aus den Schornsteinen der Krematorien gezeigt und gesagt: „Schau, da sind deine Brüder und Schwestern und deine Mutter, bald wirst du auch dort sein." Die Zeugin bestand darauf, dass sie von Dr. Lucas ermordet worden waren. Über sich selbst sagte sie: „Ich verbrachte die meiste Zeit im Bett, das ist auch seine Schuld."

Damit wurde der Mythos um Lucas, der stets behauptete, Leuten nur geholfen zu haben, und Beweise dafür anführte, zum zweiten Mal zerstört. Jetzt wird deutlich, dass er dann zu helfen begonnen hatte, als ihm klar wurde, dass er auf der falschen Seite stand, da der Krieg als verloren galt. Lucas streitet aber immer noch die Beschuldigungen ab: „Ich war nicht auf der Rampe. Ich habe immer vorgegeben, krank zu sein, wenn ich zum Dienst dort eingeteilt wurde."

Lucas geriet ins Stottern, und ihm stieg sogar die Röte ins Gesicht, als der Nebenklagevertreter Ormond an ihn appellierte, wahrheitsgemäß zuzugeben, dass er bei seiner Selektion die Zeugin zur Arbeit bestimmt hatte, „weil sie damals jung und schön war". Der Angeklagte schaffte es, mit schwacher Stimme hervorzubringen: „Die

Zeugin irrt sich.“ Man konnte unschwer von Lucas’ Gesicht ablesen, dass er sein Schicksal verfluchte und ebenso die Zeugin.

Der primitive Kaduk hatte es 1960 klar ausgesprochen, sogar als er dem ehemaligen jüdischen Lagerfriseur Nathan Jakubowitz aus Antwerpen, früher Polen, gegenübergestellt wurde, „Sie Jude hätten mir damals die Kehle durchschneiden sollen“, womit er sagen wollte, dass er dann heute nicht diesen Problemen gegenüberstehen würde. Der 65-jährige Jakubowitz erinnerte sich, dass er sich stets vor Kaduk versteckt hatte, „auch heute noch möchte ich ihn nicht ansehen, weil seine Lieblingsbeschäftigung Mord ist“. Eines Tages hatte man Jakubowitz zu Kaduk geholt, um ihn zu rasieren. Dieser sagte zu ihm: „Wenn du den kleinsten Schnitt machst, wenn ich Blut sehe, werde ich dich in den Nacken schießen.“ Hätte Jakubowitz Kaduk wirklich verletzt, hätte er ihm wohl die Kehle durchgeschnitten. „Vielleicht wäre das besser gewesen, weil ich dann Tausenden das Leben gerettet hätte, aber Gott wollte es anders, und ich machte eine schöne Rasur“, sagte der kleine Mann, der mit viel Pathos redete und offensichtlich begierig war, alles, was sich seit Jahren angestaut hat, loszuwerden. Er verglich Kaduk mit „Iwan dem Schrecklichen“ und beschuldigte ihn, zwei seiner Freunde ermordet zu haben, indem er Ochsenziemer über ihre Kehle legte und darauf trat. Besonderen Spaß machten ihm Selektionen an jüdischen Feiertagen. „Einmal wählte er zwei Freunde zum Töten aus, weil sie zu mager waren.“

Der polnische Journalist Mieczysław Kieta aus Krakau fügte Kaduks Schuldkonto ebenfalls einige Morde hinzu, doch die schrecklichsten Dinge sagte er über Klehr aus.[77] Dieser hatte manchmal bei seinen Phenolinjektionen das Herz verfehlt und nur die Lunge

77 Der Zeuge Mieczysław Kieta sagte am 84. Verhandlungstag (31. 8. 1964) aus.

getroffen. Einmal sah der Zeuge eine Lastwagenladung mit Leichen, aus denen sich plötzlich ein Häftling erhob, denn nach einer solchen Injektion war er bewusstlos gewesen und später wieder zu sich gekommen. In diesem Fall erledigte ein Wachposten den Häftling mit einer Kugel. Einmal war auch die Spritze gebrochen, und Klehr tötete sein Opfer mit einem eisernen Pickel. Der 44-jährige Kieta, seit 1942 als politischer Häftling in Auschwitz, ist ein großer, kräftiger Mann. Er sprach sanft, was für sein Erscheinungsbild ungewöhnlich wirkte. „Als ich gerade das Lager betrat, nachdem alle Formalitäten geschafft waren, sah ich einen um einen Block herumfahrenden Lastwagen. Aus allen Seiten lief Blut herauslief, als käme es aus Körpern nach der Erschießung." Auch Kieta konnte Geschichten über Geschichten von dem Leid in Auschwitz erzählen.

Bericht über den 86. Verhandlungstag am 4. September 1964

Anders verhielt es sich mit dem Hamburger Arzt Dr. Kurt Uhlenbrook, der während des Prozesses des Öfteren als SS-Standortarzt in Auschwitz im Jahre 1942 erwähnt wurde. „Ich Standortarzt? Ich kann mich wirklich nicht erinnern", behauptete er trotz der von der Staatsanwaltschaft präsentierten Dokumente, die keinen Zweifel zuließen. „Bin ich hier Angeklagter oder Zeuge?", fragte Uhlenbrook auftrumpfend, gegen den alle Ermittlungen bisher nichts erbracht hatten. Tatsächlich war er von Klehrs Verteidiger als Zeuge aufgeboten worden, um zu beweisen, dass der Angeklagte nicht ohne Befehl getötet habe, aber er kam dem nicht nach. Uhlenbrook wusste absolut nichts über Auschwitz. Sein schlechtes Gedächtnis begründete er mit Krankheit. Drei andere SS-Männer behaupteten ebenfalls, weder über Vernichtung etwas gewusst noch Krematorien gesehen zu haben. Der Staatsanwalt: „Was haben Sie in Auschwitz gemacht?" Der Zeuge: „Ich bin nur rumgestanden und habe nichts gemacht." Wieder erhebt sich die Frage, wann die Staatsanwaltschaft in Frankfurt damit aufhört, diese SS-Gangster zu befragen, die derart hinter ihren früheren Kollegen stehen, dass Hitler seine Freude gehabt hätte im Sinne seiner Losung „Eure Ehre ist Treue".

Bericht über den 98. Verhandlungstag am 8. Oktober 1964

Beide Angeklagten wurden bleich, als heute Dov Paisikovic, ein 40-jähriger Fleischereiinhaber aus Chedera (Israel), kühl und klar sagte: „Ich kenne Sie. Ich habe Sie oft bei den Krematorien gesehen." Der kleine, aber robuste Paisikovic ist einer der wenigen überlebenden Leichenträger des Sonderkommandos. Er berichtete, eines Tages sei der Angeklagte Capesius (er deutete auf ihn, da er seinen Namen nicht kannte) mit einem Rotkreuzlastwagen zum Krematorium gekommen. Die Menschen befanden sich bereits in der Gaskammer, ein Zyklon-B-Behälter war schon hineingeschüttet worden, als Capesius bemerkte, dass ein Behälter nicht reichen würde. „Sie müssen schnell einen anderen bringen", habe Capesius dem Fahrer zugerufen. Während der Fahrer zurückeilte, starben die Menschen in der Gaskammer an diesem Tag einen sehr langsamen Tod. „Es hat dann sehr lange gedauert", sagte der Zeuge in seiner feierlichen Art.

Paisikovic machte den Eindruck, als könnte ihn nicht mehr viel im Leben bewegen. Wie man einen Arbeitsplatz beschreibt, führte er aus: „Wenn die Gaskammern vollgestopft waren, kam der Tod schneller, es dauerte 5 oder 6 Minuten. Wenn es nicht so voll war, dauerte es 20 Minuten." Kinder wurden, so der Zeuge, oft noch hineingeworfen auf die Köpfe der Erwachsenen, wenn die Gaskammer schon voll war. Es war der Arzt, der entschied, wann die Gaskammer geöffnet werden sollte. „Er schaute durch ein Guckloch und gab diese Befehle. Aber manchmal waren einige Menschen noch nicht tot nach der Vergasung. Die wurden dann auf der Stelle erschossen." Als einen dieser Ärzte erkannte er Dr. Lucas, der bisher erfolgreich jeglichen Dienst am Krematorium geleugnet hatte. Der Zeuge konnte den Namen von Lucas nicht nennen, aber er deutete auf ihn, und Lucas wurde bleich, was mehr als ein Eingeständnis seiner Schuld war. Doch der Zeuge erkannte einige weitere SS-Männer, sogar ohne ihre Namen zu wissen, und er kannte ihre Tätigkeiten. „Ich habe sie oft gesehen", sagte er.

Vielleicht wird Paisikovic in Kürze detailliertere Informationen geben können. Denn vor zwei Monaten hatte er in Auschwitz nach seinem Tagebuch gegraben, es aber nicht finden können, weil „sich seitdem so viel in Auschwitz verändert hat". Doch die polnischen Behörden haben inzwischen die Suche danach übernommen. Finanziert wurde dieses Vorhaben von der (west)deutschen Illustrierten *Revue*, da die Staatsanwaltschaft kein Interesse an diesem Tagebuch zeigte, obwohl man sie darüber informiert hat, dass es viel Material über Nazi-Verbrechen enthalten soll. Sie wollten Paisikovic nicht einmal als Zeugen auftreten lassen. Es war der Nebenklagevertreter Ormond, der sein Erscheinen vor Gericht beantragt hatte.

Wie viel hatte Paisikovic, der in seiner lakonischen Ausdrucksweise auf Jiddisch sprach (der Vorsitzende Hofmeyer nannte es in Nazi-Art „Jargon"), zu sagen, was das Gericht bisher noch nicht gehört hatte! „Meine Aufgaben? Zuerst holten wir die Kleidung der Häftlinge aus dem Raum, wo sich die Häftlinge ausgezogen hatten. Nach der Vergasung trugen wir dann die Leichen aus den Gaskammern und stapelten sie auf Karren, mit denen sie zu den Öfen gezogen wurden. Wir beobachteten das Feuer und reinigten die Öfen von Asche." Für diese Aufgaben waren nach Paisikovics Ankunft in Auschwitz im Mai 1944 aus dem Ghetto Munkács [heute ukrain. Mukatschewo] 250 Männer selektiert worden. „Viele unserer Leute liefen aus Verzweiflung ins Feuer, weil sie nicht ertragen konnten, was sie erlebten", sagte er aus. Aber 200 Männer von dieser Gruppe wurden im August 1944 ohnehin vergast, weil es nicht mehr genug „Arbeit" für sie gab, denn die Ungarn-Aktion wurde gestoppt.

Wie sie die Leichen getragen hätten, wurde Paisikovic gefragt. „Zuerst trugen vier Häftlinge eine Leiche. Doch dann sagte ein SS-Mann, ein Mann könne eine Leiche tragen, wenn man den Griff eines Stockes um den Hals der Leichen legte." Manchmal wurden die Leichen hoch aufgestapelt, weil die Öfen nicht so schnell wie die Gaskammern arbeiteten. „3000 Menschen konnten in zwei Stunden vergast werden, aber in 24 Stunden konnten nur 3000 verbrannt werden", sagte Paisikovic als „Experte" nach einigen Minuten des Nachdenkens. Als er den Gerichtssaal verließ, wirkte er ausgelaugt und gealtert. Er war fast genauso bleich wie jene Angeklagten, für die die heutige Zeugenaussage das Urteil „lebenslänglich" bedeuten könnte.

Bericht über den 99. Verhandlungstag am 9. Oktober 1964

Der 99. Verhandlungstag des Auschwitz-Prozesses gab polnischen Antisemiten Gelegenheit zur Aussage. Zwar gaben sie ihre Haltung nicht offen zu erkennen, aber sie kamen dem Angeklagten Emil Bednarek, dem ehemaligen Kapo, zu Hilfe, dem vorgeworfen wird, Mithäftlinge, die ausnahmslos Juden waren, geschlagen und getötet zu haben. Bednarek konnte kaum die Tränen der Rührung zurückhalten, als er zum ersten Mal in diesem Gerichtssaal Worte hörte, die ihn als „guten, freundlichen Menschen" charakterisierten, der Mithäftlingen zu leichter Arbeit verholfen und einen von ihnen in einem riskanten Versuch vor dem sicheren Tode bewahrt habe. Bisher wurde er als bösartiger Kapo beschrieben, der mit Stuhlbeinen tötete und Pseudo-Gerichtsverhandlungen durchführte, in denen er als Richter Häftlinge für Brotdiebstahl zu Schlägen verurteilte, die ausnahmslos zum Tode führten.

Als der 51-jährige polnische Ökonom Jerzy Pozimski aus Tarnowskie Góry vom Richter gefragt wurde, wie er sich erkläre, dass andere Zeugen nichts Gutes über Bednarek zu sagen hatten, lautete Pozimskis Aussage, er habe niemals, weder im Lager noch danach, etwas Schlechtes über Bednarek gehört, er bemitleide ihn vielmehr, dass er zusammen mit SS-Mördern im Gericht sitzen müsse. „Unter den Bedingungen von Auschwitz waren Schläge und Töten eine normale Sache. Es war das Verschulden des Systems", sagte Pozimski mit dramatischer Stimme. Als Staatsanwalt Kügler sich erkundigte, ob der Zeuge jemals mit Juden über Bednarek gesprochen habe, sagte der Zeuge hastig: „Mit Juden? Nein, nie", als wolle er das Thema schnell loswerden.

Józef Gabis, ein 54-jähriger Kaufmann aus Krakau, erinnerte sich ebenfalls an Bednarek. „Was Schlechtes über Bednarek? Nein, ich kenne ihn nur als freundlichen Mann." Vor dieser Aussage war es zu einer amüsanten Situation gekommen. Gabis glaubte, der Herr, der sich erhob, um ihn über Bednarek zu befragen, sei dieser selbst. „Aber das ist er nicht", rief er aus, und der Vorsitzende beeilte sich zu erklären, dass es sich um Rechtsanwalt Stolting und nicht um einen Angeklagten handele, worauf Stolting hinzufügte „noch nicht". Wie recht er hatte! Die Polen waren gerade dabei, gegen ihn Material zu sammeln, da er im besetzten Bromberg als Hitlers Staatsanwalt eine Anzahl Todesurteile gegen polnische Patrioten verhängt haben soll.

Józef Gabis wurde nach Frankfurt geladen, um die Todesumstände der jüdischen Slowakin Lily Tofler aufzuklären, über die bisher bekannt ist, dass Boger sie erschossen hatte, weil sie einen Liebesbrief an Gabis geschrieben hatte und entdeckt worden war. Gabis bemühte sich, dem Gericht verständlich zu machen, dass er nie Liebesabsichten hatte und den Kontakt zu Lily Tofler nur wollte, weil sie in [der Gärtnerei des Außenlagers] Rajsko arbeitete, wo sich auch Zivilisten befanden, die er zu kennen glaubte. Gabis war schon verheiratet gewesen, als er nach Auschwitz kam; möglicherweise resultierte sein Zögern, die Wahrheit zu sagen, aus dieser Tatsache. [...] Er erzählte seine Geschichte aber auf eine Art, dass man den Gedanken nicht loswerden konnte, dass es ihn immer noch quälte, Toflers Tod verursacht zu haben. Denn es war auch naheliegend, danach zu fragen, weshalb er am Leben geblieben war. Nach seinen Angaben war es ein außerordentlicher Glücksfall, dass er aus zwei Bunkerselektionen gerettet wurde. Einmal hatte er sich, obwohl bereits zum Tode bestimmt, unter diejenigen gemischt, die für die Rückkehr ins Lager ausgewählt worden waren. Beim zweiten Mal habe er den SS-Mann Lachmann an seine Heimatstadt und gemeinsame Bekannte dort erinnert. Alles klang ziemlich fantastisch; es war schon die dritte Version dieser Geschichte, wie der Vorsitzende feststellte. Aber Gabis schwor einen Eid darauf. Obwohl sich die Prozessbeobachter darin einig waren, dass Gabis' Version nicht glaubwürdig ist, bleibt die Tatsache bestehen, dass auch er Boger nicht von der Erschießung Toflers entlastete. Es mag als interessantes Charakteristikum für den Zeugen dienen, dass er es ablehnte, seine Aussage auf Tonband aufzeichnen zu lassen oder gar die Angeklagten für eine Identifizierung anzusehen. Er verließ den Gerichtssaal in großer Eile.

Die Zeugenaussage des Tschechen Artur Radvanský sollte zum Höhepunkt des 99. Verhandlungstages werden. Der 42-jährige Chemiker, der [als jüdischer Häftling] in Auschwitz beim Standortarzt eingesetzt gewesen war, sagte aus: „Ich habe Wasser gebracht, wenn sich die Ärzte trafen, nachdem Telegramme mit Transportankündigungen angekommen waren, die angaben, wie viele Personen für ‚Sonderbehandlung' vorgesehen waren und welche Art von Experten am Leben gelassen werden sollten." Durch das Schlüsselloch hatte Radvanský die Instruktionen des Standortarztes an seine Kollegen, unter ihnen die Angeklagten Schatz, Frank, Capesius und Lucas, mit angehört. Ob er sich an Einzelheiten erinnere, wurde er gefragt. „Nicht genau, es war alles so schrecklich. Die Zahlen derer, die sterben sollten, gingen immer in die Tausende." Dann brach Radvanský zusammen, als er an seine bedauernswerte Frau dachte, die sich nach Jahren in der Politischen Abteilung in Auschwitz heute in der Psychiatrie befindet.

Bericht über den 106. Verhandlungstag am 30. Oktober 1964

Ein Auschwitz-Kind machte seine Aussage. Sie nennen Jehuda Bacon immer noch „unser Kind", die früheren Insassen von Auschwitz, denn er war kaum 16 Jahre alt, als er 1945 befreit wurde. Heute ist er ein anerkannter Maler und Lehrer am Bezalel Institute in Jerusalem. Man konnte sich das kaum vorstellen, wenn man diesen bescheidenen jungen Mann mit seinem jungenhaft blond gelockten Haar vor dem Frankfurter Gericht erlebte. In seiner Zeugenaussage ging Bacon methodisch vor. Seine höchst präzise Sprache fiel besonders auf, als er vor der Lagerkarte von Auschwitz stand und dem Gericht die Örtlichkeiten erklärte: „Dies war Block 13 und dort Block 29, der Kinderblock…“ Jehuda Bacon kam im Dezember 1943 von Theresienstadt nach Auschwitz. Nach Theresienstadt war er 1942 mit seinen Eltern und zwei Schwestern von Mährisch-Ostrau aus deportiert worden. Er ist der einzige Überlebende seiner Familie, obwohl er bis zuletzt im Vernichtungslager [Auschwitz-Birkenau] gewesen und dann noch in das KZ Mauthausen gebracht worden war, wo er schließlich befreit wurde. War es einfach nur Glück, war es übernatürliche Widerstandskraft, war es eine katzenhafte Geschmeidigkeit, die man sich bei ihm als Jungen möglicherweise vorstellen kann? Da man immer noch versucht, einen Grund zu finden, weshalb diese oder jene Person überlebt hat, mögen diese Fragen erlaubt sein.

Jehuda Bacons Glück begann zweifellos, als er unter den 80 Kindern und Jugendlichen war, die im Juli 1944 die Liquidierung des Theresienstadtlagers überlebten. Warum? Bacon glaubt die Antwort zu kennen. „Sie brauchten Kinder, um sie den Rot-Kreuz-Delegationen zu zeigen, die ihrerseits besorgte Fragen aus dem Ausland über Auschwitz und seine Bedeutung beschwichtigten. Wo es Kinder gab, konnte es keine Vernichtung geben …“ Er und die anderen 80 Kinder entkamen auf diese Weise der Vergasung und wurden ins Männerlager gebracht. Seine Arbeit? „Ich war beim sogenannten Rollwagenkommando. Anstatt Pferde zogen 20 Jugendliche eine Karre.“ Seine Aufgaben? Er beschrieb sie ohne Pathos: „Wir sammelten Holz für die Öfen“, und er fügte hinzu, „für normales Heizen“. Sie durchsuchten Gepäckstücke, die Ankömmlinge auf der Rampe zurückgelassen hatten, nach Brot, ungeachtet des Schicksals der Besitzer, und brachten es in die Küche. „Wir haben auch Asche gestreut, wenn die Wege vereist waren, die Asche holten wir aus dem Krematorium.“ In einer Art Nebensatz erzählte Bacon, dass der Kapo den Kindern bei Kälte erlaubt habe, sich in den Gaskammern aufzuwärmen.

Ja, er erinnerte sich auch an Baretzki als den Einzigen von vielen Folterern, der nun auf der Anklagebank sitzt. „Baretzki war gefürchtet im Lager." Der Zeuge hatte gesehen, dass dieser einen Häftling mit einer Flasche auf den Kopf schlug, sodass der Mann zusammenbrach. „War der Häftling tot?", fragte der Vorsitzende, um ggf. Baretzkis Verbrechensliste ein weiteres Opfer hinzufügen zu können, da der Vorfall sonst nur als ein Charakteristikum von Baretzki dienen kann. Bacon wusste es nicht, er konnte es nur vermuten. So war es auch mit den anderen Fällen. Baretzki hatte einen Häftling mit der Faust niedergeschlagen, sodass sich dieser nicht mehr erheben konnte. Baretzki hatte einen Häftling mit dem Stock geschlagen, sodass Blut floss, weil dieser „an einem nebligen Morgen, an dem jeder versuchte, sich vor der Arbeit zu drücken", nicht angetreten war. Man fand ihn auf der Latrine.

„Aber zu uns war er nett", sagte Bacon. Baretzki spielte Tischtennis mit den Jugendlichen. „Er durchsuchte andere Häftlinge nach Essen und Zahnbürsten, um sie uns Kindern zu geben; einmal suchte er zehn von uns aus, ich war auch dabei, nahm uns mit in die Blockführerstube, schnitt eine Wurst in zehn Scheiben und verteilte sie an uns." Das war der andere Baretzki. Litt er unter einer gespaltenen Persönlichkeit? Sicher nicht. Es war einfach diese spezielle Art von „Schizophrenie", wie sie unter Nazi-Mördern verbreitet war. Sie mordeten kaltblütig oder folterten Menschen, und zu Hause kümmerten sie sich liebevoll um ihren Hund oder Vogel. Baretzki hatte keine Haustiere, er wählte daher die Kinder in Auschwitz als Ventil. Aber viel öfter machte er Gebrauch von seinen schrecklich starken Händen…

Jehuda Bacon hat seine Eindrücke von Auschwitz in Zeichnungen festgehalten, die er dem Gericht zeigte. Sie schockieren, da sie von einem fünfzehnjährigen Jungen angefertigt wurden, um weit mehr auszudrücken, als es ihm über die Sprache möglich gewesen wäre, die ganz offensichtlich nicht sein Ausdrucksmittel ist.

Zusammenfassende Artikel

Grauenvolle Geschichten unvorstellbaren Leidens, 9. Dezember 1964

Die Besichtigung des ehemaligen Lagers Auschwitz durch einen Richter im Auftrag des Frankfurter Schwurgerichts fällt beinahe mit dem Jahrestag des Beginns des Auschwitz-Prozesses am 20. Dezember 1963 zusammen. Seit diesem Datum haben 121 Verhandlungstage stattgefunden, und es besteht die Annahme, dass weitere 30 benötigt werden, um den Prozess abzuschließen. Ursprünglich sollten 23 Angeklagte auf der Anklagebank sitzen. Einer von ihnen, Hans Nierzwicki, ein Krankenpfleger, erkrankte an TBC und fiel schon aus, ehe der Prozess überhaupt begann. Der zweite Mann, der nicht auf der Anklagebank erschien, ist Heinrich Bischoff, ehemaliges Mitglied der Wachmannschaft in Auschwitz, der an einer Herzerkrankung starb. Als dritter Angeklagter nimmt Gerhard Neubert wegen eines Nierenleidens nicht mehr am Prozess teil. Demnach gibt es jetzt nur noch 20 Angeklagte, von denen 15 in Untersuchungshaft sitzen. Zu Beginn des Prozesses waren es nur neun. Sechs der Angeklagten wurden erst während des Prozesses verhaftet, wenn dem Gericht durch Zeugenaussagen weitere Verbrechen, die sie begangen hatten, bekannt wurden.

Am Anfang hatte das Gericht angekündigt, dass etwa 250 Zeugen vernommen werden sollten. Allerdings wurde diese Zahl bereits

Anfang Dezember überschritten; weitere 60 Zeugen, die noch gehört werden sollen, stehen auf der Liste. Das bedeutet nicht, dass das Gericht an der ursprünglich erstellten Liste festhält. Im Gegenteil: Es wurden Namen von der Liste gestrichen und fortwährend andere hinzugefügt. Bisher kann man sagen, dass die Auswahl der Zeugen nicht schlecht war; sie haben ihren Beitrag geleistet, dass ein anschauliches Bild von den Bedingungen in Auschwitz entstand. Eine Ausnahme machten die ehemaligen SS-Angehörigen, die in den Vorvernehmungen noch einiges gewusst hatten, als sie aber in den öffentlichen Verhandlungen auftraten, fast nichts mehr. Insgesamt kann man sagen, dass man sich vielleicht vier Wochen des Prozesses hätte sparen können, wenn diese Zeugen nicht erschienen wären. Diese Feststellung könnte man auch auf einige Täter anwenden, deren Aussagen sich als sehr vage und völlig wertlos herausstellten.

Was die Zeugen [ehemalige Häftlinge] zu berichten hatten, waren meist grauenvolle Geschichten unvorstellbarer Leiden und Folter. Mehrmals brachen Schöffinnen in Tränen aus. Die Richter konnten oft kaum sprechen, und die Atmosphäre war so gespannt, dass man in dem riesigen Saal, wo einige Hundert Personen im Publikum saßen, eine Stecknadel hätte fallen hören können. Der einzige Angeklagte, gegen den bisher nichts Definitives ausgesagt wurde, ist Johann Schoberth, der in Auschwitz im Standesamt [der Politischen Abteilung] tätig gewesen war. Zwei seiner früheren Schreiber berichteten jedoch, er sei mehrmals mit dem Gewehr über der Schulter und blutunterlaufenen Augen in die Schreibstube gekommen. Aber niemand konnte nachweisen, dass er an Exekutionen teilgenommen hatte. Wenn in den nächsten Wochen kein solcher Beweis erbracht werden kann, wird er zweifellos freigelassen werden. Der meistumstrittene Angeklagte ist aber der frühere Lagerarzt Dr. Franz Lucas. Mehrere Zeugen haben erklärt, er habe sich in Auschwitz menschlich verhalten und sogar geholfen, wo er konnte. Andere dagegen sagten aus, er habe an der Rampe selektiert, und zwar häufig und effizient. Auch zu Karl Höcker, dem früheren Adjutanten des Lagerkommandanten Baer, gab es nur wenige Hinweise darauf, dass auch er der Beihilfe zum Mord schuldig geworden war. Sein Fall und sein weiteres Schicksal werden in hohem Maße davon abhängen, wie das Gericht seine Funktion einschätzen wird, d. h. welche Aufgaben mit seinem Büro verbunden waren. In allen anderen Fällen gibt es Gewissheit darüber, dass die Angeklagten schuldig geworden waren, einige mehr, andere weniger. Klehr, der „Abspritzer", Kaduk, der Rapportführer, und Boger, der Vertreter des Chefs der Politischen Polizei haben das Urteil „lebenslänglich" zu erwarten, denn ihre Verbrechen sind so vielfach und grausam, dass die in Deutschland geltende Höchststrafe angewandt werden muss.

Man könnte argumentieren – und das geschieht oft in Deutschland –, dass der Prozess zu lange dauert. Dies mag im Hinblick auf das öffentliche Interesse der Fall sein, aber sicher nicht im Hinblick auf den Prozessverlauf. Am Anfang des Strafverfahrens hatten die Zeugenaussagen so unglaublich geklungen und die geschilderten Zustände das Maß des Erträglichen so sehr überschritten, dass eine lange Phase notwendig wurde, in der das Gericht allmählich verstehen musste, was Auschwitz in allen Einzelheiten bedeutet hatte. Es ist sicher nicht falsch zu sagen, dass, falls die früheren Mitglieder des „Sonderkommandos" ihre Aussagen am Prozessbeginn gemacht hätten, niemand ihren abscheulichen Geschichten geglaubt hätte. Daher war der lang andauernde Prozess unverzichtbar. Die Tatsache, dass sogar die Verteidiger der Angeklagten der Tiraden des Nazi-Anwalts Laternser, der fünf der Angeklagten verteidigt, überdrüssig sind, belegt diese These zweifelsfrei. Daher stört Laternser das Gerichtsverfahren heute nicht mehr so sehr, wie er es am Beginn tat, einfach, weil er nicht mehr das entsprechende Echo hat. Immer mehr von den 18 Verteidigern lehnen sich sogar offen gegen Laternsers „Führung" auf.

Auch unter den Angeklagten wird die „Kameraderie" brüchig. Der Erste, der die Nerven verlor, war Stefan Baretzki, der Mann, der mit einem Handschlag einen Menschen töten konnte. Zuweilen sprudelt er vor Aufregung über und erzählt dem Gericht mehr über Auschwitz, als seinem Verteidiger lieb war. Und es gab zahlreiche Fälle, in denen sich die Angeklagten völlig bewusst gegenseitig widersprachen. Das genügt natürlich nicht, und das eigentliche Schuldeingeständnis steht noch aus, wenn es denn je kommen wird. In diesem Zusammenhang ist darauf hinzuweisen, dass das deutsche Strafgesetzbuch keine Kreuzverhöre vorsieht, sodass es für einen Angeklagten ziemlich leicht ist, sich durch den Prozess hindurchzulügen, indem die Beweislast weit mehr bei der Staatsanwaltschaft liegt. Mithilfe der Zeugenaussagen sollte dies im Auschwitz-Prozess nicht zu schwierig sein. Andererseits gibt es nicht allzu viele noch lebende Menschen, um die in Auschwitz begangenen Verbrechen in all ihrer Scheußlichkeit zu beweisen.

Tagebuch einer außergewöhnlichen Reise, 21. Dezember 1964

Frankfurt, 12. Dezember 1964

In der Halle des Frankfurter Flughafens steht eine Gruppe von 22 Männern herum. Mit ihrer warmen sportlichen Kleidung machen sie den Eindruck, als brächen sie zu einem Skiausflug auf. Sie lachen, scherzen und hören geduldig die Wetterberichte an, die den Abflug für Stunden unmöglich machen. Von Zeit zu Zeit versuchen sie, mit einem strahlenden Lächeln in die Fernsehkameras zu sehen, auch wenn sie wissen, dass sie eigentlich nicht gemeint sind. Der Star der Gruppe, der sich wie der Kapitän einer Fußballmannschaft auf dem Weg zu neuen Siegen im Ausland gebärdet, ist Dr. Franz Bernhard Lucas, ehemaliger Lagerarzt im Konzentrationslager Auschwitz und der einzige Angeklagte, der sich bereit erklärt hat, an der Reise zu seinem früheren „Arbeitsplatz" teilzunehmen. Da das Frankfurter Schwurgericht beschlossen hatte, keine reguläre Sitzung im früheren Konzentrationslager abzuhalten, sondern nur einen Richter mit der Inspektion und der Dokumentation seiner Untersuchungsergebnisse zu beauftragen, konnten weder die 20 Angeklagten zur Teilnahme an der Reise nach Auschwitz gezwungen werden noch ihre Verteidiger.

Aber immerhin 11 der 18 Verteidiger hielten es für lohnend, wenn auch nur, um die Neugierde zu befriedigen. Die drei Staatsanwälte, von der Wirkung von Auschwitz auf alle Besucher völlig überzeugt, hatten sich ohne Einschränkung dafür ausgesprochen. Ob sie mit Lucas über Auschwitz gesprochen haben? Dessen Gründe für die Teilnahme an der Reise waren nicht ganz klar; er war schließlich angeklagt, an der Rampe selektiert zu haben. Es sah nicht danach aus. Zu munter war die Atmosphäre am Frankfurter Flughafen, und Dr. Lucas war in die Gruppe der 22 Männer integriert, als sei er froh, für eine Zeitlang von zu Hause weg zu sein. Als die österreichische Fluggesellschaft ankündigte, dass sie einen Bus bereitstellen würde, um die Gruppe nach Stuttgart zu befördern, der ersten Station auf dem Weg nach Auschwitz, entstand ein ungewöhnlicher Ansturm auf den Schalter. „Kaduk wird gebraucht, um hier Ordnung zu schaffen", sagte einer der Verteidiger und erntete für diesen makabren Scherz das Gelächter seiner Kollegen.

Die Dunkelheit im Bus macht die Herren schläfrig. Nur einmal werden sie mit einem Ruck munter. Ein amerikanischer Lastwagenfahrer hätte beinahe eine Kollision mit dem Bus verursacht. „Dreckiges Amischwein", ruft einer der Verteidiger, als ob er endlich öffentlich zum Ausdruck bringen könnte, was er im tiefsten Herzen über Amerikaner denkt. Niemand reagiert. Im Stuttgarter Flughafen schien wieder Leben in die Gruppe einzukehren. Die Männer erfahren, dass sie auf Kosten der Fluggesellschaft so viel essen und trinken können, wie sie wollen. Und weiß Gott, sie tun es auch.

Wien, 13. Dezember 1964

Als die Gesellschaft um Mitternacht Wien erreicht, freuen sich die meisten über diese unverhoffte Reiseunterbrechung. Hier erscheint es ihnen gar nicht schlecht, dem Gebot der Hallstein-Doktrin Genüge zu tun, auch wenn es sehr viel einfacher gewesen wäre, anstatt über die Route Frankfurt–Stuttgart–Wien–Warschau direkt von Ostberlin aus nach Polen zu fliegen. Keine Frage, diese 22 Männer genossen das Wiener Nachtleben. Lucas bestreitet, dass er ausgegangen ist, aber jemand schwört darauf, ihn um zwei Uhr nachts in einer Bar gesehen zu haben. Jedenfalls sind die Herren am Sonntagmorgen müde, und als sie nicht sogleich einer Aufforderung folgten, sich zu sammeln, ruft jemand „Auf zum Appell!" Es ist eine müde Gruppe, die das bekannte Intercontinental Hotel verlässt, um zum Wiener Flughafen zu fahren. „Sind Sie müde?" fragt ein Verteidiger den anderen. „Wenn Klehr hier wäre, würde er Ihnen die richtige Spritze verabreichen." Und während es vorbeigeht am Friedhof und den Hunderten von Grabsteinen in den Steinmetz-Gärten, fragt man sich, ob dies einfach Zynismus ist oder vielleicht eine Art von Abwehr gegen etwas, wovor man Angst hat.

Warschau, 13. Dezember 1964

An der Gangway des Warschauer Flughafens steht Professor Dr. Jan Sehn, Direktor des Kriminologischen Instituts der Universität Krakau und früherer Untersuchungsrichter im ersten Auschwitz-Prozess in Krakau 1945. Er schüttelt jedem Ankömmling zur Begrüßung die Hand, auch dem Angeklagten Lucas. Alles verläuft sehr freundlich und herzlich, und man kann spüren, wie wachsam die 22 Herren die Atmosphäre aufnehmen, die sie empfängt. Der Anblick der noch vom Krieg zerstörten Warschauer Straßen ließ die Gruppe dann in vollkommenes Schweigen versinken. Im modernen Hotel Europejski machen sie die erste Bekanntschaft mit dem polnischen Amtsschimmel. Sie erhalten ein Formular zur Bestätigung ihrer Ankunft, ein Formular zur Bestätigung, dass sie ausländische Währung haben, ein Formular für die Busfahrt, ein Formular, das Einzelheiten zum Aufenthalt in Polen erklärt.

Hier wird das Pressekontingent, inzwischen auf etwa 200 Journalisten aus aller Welt angewachsen, auf Bitte der deutschen Seite von der Gruppe getrennt, da man fürchtet, dass die Gerichtsdelegation ihre Arbeit nicht ungestört verrichten kann, wenn sie von Pressevertretern umgeben ist. Zwei Busse bringen die Gruppe nach Krakau. Während der sechsstündigen Fahrt serviert eine Bedienung Speisen und Getränke, und mancher Deutsche macht hier seine erste Bekanntschaft mit echtem Wodka. In Krakau sind zwei Hotels für die Gruppe und die Presse reserviert. Zwei bzw. drei Verteidiger müssen sich die Zimmer teilen. Lucas schläft im selben Raum wie sein Verteidiger. Draußen sorgen einhundert Sicherheitskräfte für den Schutz der Gruppe.

Auschwitz, 14. Dezember 1964

Es ist noch dunkel, als die Gruppe um 7 Uhr morgens nach Auschwitz aufbricht. Während der zweistündigen Busfahrt erklärt der Reiseleiter der polnischen Reiseagentur („Ich hoffe, Sie haben einen angenehmen Aufenthalt in Polen"), was die auf dem Weg gelegenen Fabriken produzieren. Niemand hört zu, teils aus Müdigkeit, teils aus Besorgnis über das Bevorstehende. In der früheren SS-Krankenbaracke, noch vor dem Eintritt ins Lager, überträgt Professor Sehn als Vertreter des polnischen Justizministers für die Zeit des Aufenthalts auf dem Territorium von Auschwitz dem deutschen Richter Walter Hotz die Rechtsausübung.[78] Dann wird eine Schweigeminute im Gedenken an die Ermordeten an der Schwarzen Wand eingelegt. Auch Lucas nahm seinen Hut ab. Danach besteigt die Gruppe den Bus nach Birkenau.

Genau an der Stelle, wo die SS ihre Opfer einst zur Arbeit oder in den Tod selektierte, steigt die Gerichtsgruppe aus, um ihre Arbeit zu beginnen. Die erste Aufgabe besteht darin festzustellen, aus welchem Blickwinkel man die Rampe sehen und das Geschehen dort mitverfolgen konnte. Messungen werden vorgenommen, Fotografien aufgenommen, und in den Ruinen der Waschräume wurden die Wasserleitungen untersucht, um herauszufinden, ob Zeugenaussagen den Tatsachen entsprachen. Alles wird mit der den Deutschen eigenen Sorgfalt durchgeführt. Irgendwie kann man sich des Eindrucks nicht erwehren, dass es einen Zusammenhang gibt zwischen der technischen Perfektion, mit der der Massenmord ausgeführt wurde, wovon noch die von der SS vor ihrem Verlassen gesprengten Ruinen der Krematorien und Gaskammern zeugen, und der Genauigkeit, mit

78 Am 14. Dezember 1964 trafen Richter Walter Hotz, drei Staatsanwälte, alle Nebenklagevertreter, elf Verteidiger, eine Dolmetscherin und ein Polizeifotograf in Auschwitz ein.

der dieser Ort des Massenmords nun inspiziert wird. Man will sicher sein, dass der Massenmord wirklich und wahrhaftig stattgefunden hat, obwohl allgemein bekannt ist, dass 2 ½ bis 4 Millionen Menschen in Auschwitz umgekommen waren.[79]

Dr. Lucas zeichnet sich auch hier durch sein schlechtes Gedächtnis aus. Auf die Frage des Richters, woher die Züge an der Rampe ankamen, sagt er zögernd: „Ich kann mich nicht erinnern, wirklich, es ist so lange her …" Möglicherweise hätte er gesprochen, wenn ihn sein Verteidiger nicht an ihre „Vereinbarung" erinnert hätte. Die Verteidiger sind nicht besonders berührt von Birkenau, jedenfalls zeigen sie es nicht. Diejenigen, die schon in Frankfurt ihr Bestes getan haben, den Prozess zu stören, tun sich auch hier am Ort des Massenmords mit ihrer Skepsis hervor. Als der Richter diktiert: „Die Gerichtsgruppe steht gerade vor dem Löschteich, der gefüllt ist mit der Asche verbrannter Menschen …", korrigiert ein Verteidiger: „… der mit der Asche verbrannter Menschen gefüllt sein soll …" Und er fügt hinzu, er sei nur dann bereit, dies als Tatsache anzuerkennen, wenn es von einem Experten bestätigt wird. Als ein Baum die Sicht nimmt, triumphiert einer der Nazi-Verteidiger (Laternsers Partner): „Von hier aus kann man überhaupt nichts sehen." Erst als man ihn darauf aufmerksam macht, dass der Baum vor 20 Jahren wohl kleiner war, gibt er unter Protest nach. Hätte er nicht sogar bei seinen Kollegen Widerstand gegen seine Forderung gespürt, hätte er einen Experten verlangt, um auch dies für zutreffend erklären zu lassen.

Während die Gruppe zwischen den Schornsteinen umherging, den einzigen Überresten der meisten Baracken von Birkenau, starrt Richter Hotz für einige Minuten gedankenverloren auf eine bescheidene Blume, als könne er nicht glauben, dass sie hier gedeihen kann,

79 Siehe Anmerkung 55.

in dieser Atmosphäre des Todes. Mit Tränen in den Augen hebt eine schwedische Journalistin eine 5-Pfennig-Münze mit der Prägung von 1940 und dem Hakenkreuz auf, die keinen Zweifel lässt, aus welchem Land sie stammt.

Auschwitz, 15. Dezember 1964

In Block 11 von Auschwitz I stellte sich einer der beiden Frankfurter Justizbeamten in die Stehzelle mit einer Fläche von 90 auf 95 cm und ihrer Öffnung von 50 auf 78 cm. Er singt „Sah ein Knab ein Röslein stehn“. Mit diesen Worten Goethes soll versucht werden, ob ihr Klang die Gerichtsdelegation überzeugen kann, dass das Geschehen in der Stehzelle von der Nachbarzelle aus wahrgenommen werden konnte. Die meisten Verteidiger zeigten sich peinlich berührt. Sie wurden sogar unwillig, als bestimmte Verteidiger verlangten, in Block 20, wo Klehr die Phenolspritzen verabreichte, die Türfüllungen zu messen und festzustellen, zu welcher Seite die Tür geöffnet wurde. Kindisch nannten einige das Verhalten ihrer Kollegen, die noch auf „Präzisionsarbeit“ beharren. „Für mich war der Job in dem Moment beendet, als ich das Lager betrat und es so überfüllt vor mir sah, sodass es ganz leicht gewesen sein musste, die Geschehnisse mit zu verfolgen, wo immer sie stattfanden“, sagte einer. Aber einige sind immer noch nicht bereit, das zu glauben. Während sich Nebel über dem Gelände ausbreitet, flüstert ein Anwalt neben mir: „Ich hätte es hier nicht einmal drei Tage ausgehalten.“ Am Abschluss dieses dritten Tages der Augenscheinnahme des Konzentrationslagers Auschwitz haben sich die Verteidiger in zwei Gruppen gespalten: Diejenigen, die das Lager begriffen haben, und diejenigen, die es immer noch nicht verstehen wollen. An diesem Abend kehrt eine sehr nachdenkliche Gruppe nach Krakau ins Hotel zurück.

Auschwitz, 16. Dezember 1964

Ein weiteres Mal wurden Messungen durchgeführt und Fotos aufgenommen: die Entfernung von Mulkas Schreibstube zum Lager, der Blick vom Registrierungsbüro zum Krematorium I. Wieder wird alles präzise ausgeführt. Aber nur wenige Anwälte verfolgen diese Vorgänge. Nach 15 Arbeitsstunden beendet die Gerichtsdelegation einen Tag früher als geplant ihre Tätigkeit. In einer kurzen Zeremonie gibt Richter Hotz die Rechtsausübung („right of legal actions") im Lager Auschwitz wieder an die polnischen Behörden zurück. Die Polen schlagen vor, das Museum der Gedenkstätte Auschwitz zu besuchen und den Film über die Befreiung von Auschwitz anzusehen. Keiner der Deutschen wagt es, diese Einladung abzulehnen. Und hier geschieht endlich etwas. Der Anblick des Frauenhaars, der Krücken, Kinderschuhe, Koffer und Brillen in der Ausstellung reißt denjenigen die Maske herunter, die nicht glauben wollten, was Auschwitz, Majdanek und Treblinka bedeuteten, oder denen, die es aus Bequemlichkeit verdrängt hatten. Kaduks Anwalt Dr. Reiners weint wie ein kleiner Junge. Richter Hotz ist nicht fähig zu sprechen; seine Augen scheinen nach einem Hoffnungsschimmer in der Finsternis zu suchen. Am späten Abend löst sich die Anspannung auf. Rechtsanwalt Steinacker gibt mir gegenüber zu, dass dieser Besuch in Auschwitz bei ihm viele Zweifel beseitigt habe. Er zeigt, wie peinlich es ihm ist, dass er einer von denen war, die heftig gegen den Besuch in Auschwitz gekämpft hatten. „Es war nur aus formalen Gründen", sagt er und verschwindet. Ein anderer Anwalt entschuldigt sich bei einem Zeugen, den er zufällig in Krakau trifft, für die dummen Fragen, die er ihm im Prozess gestellt hat. Zum ersten Mal hat der Angeklagte Lucas keine Gesellschaft um sich.

picture alliance / dpa

Die Gerichtskommission zur Augenscheinname am Haupttor
des ehemaligen KZ Auschwitz, Dezember 1964

ap/dpa/picture alliance/Süddeutsche Zeitung Photo

Besichtigung von einem der Schächte auf dem Dach
der Gaskammer von Krematorium I, 16. Dezember 1964

ap/dpa/picture alliance/Süddeutsche Zeitung Photo

Mitglieder der Gerichtsdelegation messen die Entfernung von einem Gebäude im Hintergrund bis zur „Schwarzen Wand“, Dezember 1964

Warschau, 17. Dezember 1964

Es ist tatsächlich eine veränderte Gruppe, die auf der Rückreise nach Deutschland in Warschau eintrifft. Die meisten schweigen, schauen in die Landschaft hinaus, die wirklich nichts zu bieten hat. Etwas scheint in diesen Menschen zerbrochen zu sein. Ist es das Nazi-Rückgrat? Das mühsam errichtete Lügengerüst?

Während an diesem Abend die meisten der 22 Herren in ihre Zimmer verschwinden, wird Henry Ormond, Vertreter von 15 Nebenklägern, auf dessen Initiative der Besuch in Auschwitz zustande kam, vom polnischen Premierminister Cyrankiewicz empfangen, der ihm für seine Arbeit im Auschwitz-Prozess seinen Dank ausspricht. Er werde die anderen Mitglieder des Gerichts unmittelbar nach Prozessende einladen, sodass sie sehen können, ob ihr Urteil der Realität von Auschwitz entspricht. Cyrankiewicz war selbst Häftling in Auschwitz.

Fazit zum Ortstermin in Auschwitz, 25. Dezember 1964

Die mit Spannung erwartete Augenscheinnahme des ehemaligen Konzentrationslagers Auschwitz durch einen Richter des Frankfurter Schwurgerichts, das gegen 20 Angeklagte verhandelt, die mit den in diesem Vernichtungslager begangenen Morden und Verbrechen in Verbindung standen, ist beendet. Obwohl diese Inspektion nicht das war, wofür sich Henry Ormond im Juni eingesetzt hatte – sein Antrag, dass alle Prozessbeteiligten einschließlich der Angeklagten eine Sitzungsperiode in Auschwitz abhalten sollten, wurde wegen politischer und organisatorischer Probleme abgelehnt –, kann man mit Fug und Recht feststellen, dass sich Mühe und Anstrengung dieser Reise aus der Sicht des Prozesses gelohnt haben.

Der Richter hatte eine Liste mit 32 strittigen Punkten vorbereitet, die während des Prozesses aufgekommen waren und nach Meinung des Gerichts der Klärung bedurften. Sie betrafen hauptsächlich Aussagen von Zeugen, die beobachtet hatten, wie ein bestimmter Angeklagter ein Verbrechen beging, während der Angeklagte zu seiner Verteidigung behauptete, dass vom Standort des Zeugen aus das Geschehen überhaupt nicht beobachtet werden konnte. Obwohl in vielen Fällen mehrere Zeugen die Aussage anderer Angeklagter bestätigten, schien das Gericht es für lohnend gehalten zu haben, diese Feststellungen an Ort und Stelle zu überprüfen. Die elf Verteidiger, die den Richter nach Auschwitz begleiteten, waren genauso erpicht darauf, diese Punkte geklärt zu haben. Darüber hinaus reisten einige dieser Verteidiger natürlich nach Auschwitz mit, um ihre Neugierde zu befriedigen.

Sogleich beim Betreten des Lagers konnten einige Fragen direkt geklärt werden: Das Stammlager (Auschwitz I) war so klein und die Entfernung zwischen den Baracken so gering, dass es leicht gewesen sein musste, die Geschehnisse auf dem Gelände zu beobachten. Bedenkt man die offensichtliche Begier der Häftlinge, zu wissen, was geschah, um in der Lage zu sein, selbst einem solchen Schicksal zu entkommen, wird klar, dass die meisten der Beschuldigungen der Wahrheit entsprachen. Dies zumindest wurde offenbar, was jene Verteidiger, die gutwillig waren, geradewegs zugaben. Die Tatsache, dass Tausende Menschen in dieses Lager gepfercht worden waren, war einer der Gründe, weshalb man glaubte, das Lager sei eigentlich größer gewesen. Die Aussagen der Angeklagten, dass man beispielsweise vom Registrierungsbüro nicht das Krematorium I hatte sehen können, scheint dazu beigetragen haben. Und es ist interessant zu bemerken, dass auch Fotografien die wirklichen Ausmaße nicht erkennen lassen.

Mit [dem Vernichtungslager] Birkenau war es nicht anders. Obwohl dieses Lager viel größer war, ist es überraschend, die schmale Rampe zu sehen und sich Tausende Menschen darauf vorzustellen, mitsamt ihrem Gepäck. Dies wirft allerdings die Frage auf, ob die Staatsanwaltschaft im Laufe des Prozesses tatsächlich alles getan hat, um die richtige Sicht auf den Ort des Verbrechens deutlich zu machen. Die Karten, die im Gerichtssaal auslagen, lassen die Ausmaße der Lager nicht erkennen.

In vielen Fällen war es eine bloße Formalität, die fraglichen Stellen zu vermessen und zu fotografieren. Es wurde gemacht, da einige Verteidiger darauf bestanden, nicht nur weil sie immer noch Argumente zugunsten ihrer Mandanten finden wollten, sondern weil sie sich, als sie bemerkten, dass dies eine vergebliche Anstrengung ihrerseits war, stur stellten. Mulkas Verteidiger weigerte sich geradezu, dessen früheres Büro zu besuchen. Er sehe keinen Grund dafür, sagte er. Kein Wunder, behauptete doch sein Mandant stets, dass er das Geschehen auf der Rampe überhaupt nicht hatte sehen können. Aber sein Büro befand sich, wie man sah und wie es vermessen wurde, in nur zehn Metern Entfernung von den ersten Baracken. Ebenso hoffte der Vertreter von Stark, mit der Aussage des Angeklagten durchzukommen, der Block 15 habe gar keine Fundamente gehabt, sodass er während des Baus gar keine Menschen darin hätte ertränken können, wie Zeugen behaupteten. Aber die polnischen Beamten erklärten sich trotz des gefrorenen Bodens bereit, soweit wie nötig zu graben, um nachzuweisen, dass dieser Block 15 tatsächlich Fundamente hatte. Praktisch im Dunkeln, nachdem die Gerichtsdelegation den Ort verlassen hatte, begann eine Gruppe zu graben, bis sie herausfand, dass die Fundamente sogar zwei Meter tief waren, was natürlich ausgereicht hatte, um einen Menschen darin ertrinken zu lassen.

Lediglich die Zeugenaussage von Petzold, einem früheren deutschen Häftling in Auschwitz, der Breitwieser beschuldigte, bei einem Vergasungsversuch von 200 Russen im Oktober 1941 Zyklon B in den Block 11 geschüttet zu haben, wird nach dieser Augenscheinnahme des Lagers abgewiesen. Es wurde festgestellt, dass er dies von dem von ihm angegebenen Block nicht beobachtet haben konnte. Bis jetzt verfügt die Staatsanwaltschaft über kein weiteres belastendes Material gegen Breitwieser, sodass er als einziger Angeklagter in diesem Prozess von der Besichtigung in Auschwitz profitiert. Das bedeutet aber nicht, dass die Staatsanwaltschaft keine Versuche mehr unternimmt, Beweise gegen Breitwieser zu finden, der im Krakauer Prozess von 1945 von den Polen zum Tode verurteilt worden war. Sein Urteil wurde dann umgewandelt, und er kam nach zehn Jahren frei. Tatsächlich fand die Staatsanwaltschaft jetzt neues Material im Archiv des Auschwitz-Museums, denn als sie 1960 danach gesucht hatte, waren die meisten verfügbaren Materialien noch nicht sortiert gewesen. Und da die überraschende Suche nach Material über die NS-Täter durch deutsche Beamte eingesetzt hat, besteht die Hoffnung, dass auch noch Material zum Auschwitz-Prozess gefunden werden kann.

Der Besuch im Lager Auschwitz hat dem Prozess und dem Morden der Nazis eine neue Perspektive gegeben. Auch wenn man die etwas abstrakten Zeugenaussagen geglaubt hat, gibt doch erst das tatsächliche Lagergelände den Rahmen, der das Bild zusammenfügt. Dies mag die bewusste oder unterbewusste Einsicht der Mitglieder des Gerichts sein. Diese mag auch die Anwälte und gleichermaßen die Prozessbeobachter beeinflussen. Das wird sich in den nächsten Verhandlungswochen herausstellen. Aber darüber hinaus blieb diese

Augenscheinnahme von Auschwitz, die bei allen Teilnehmern Spuren hinterlassen hat – einige Journalisten reisten frühzeitig ab, weil sie es nicht mehr ertragen konnten –, nicht unbemerkt von der Öffentlichkeit. Sie mag daher ein wichtiger Meilenstein sein für das Verständnis der deutschen Jugend, was der Nationalsozialismus bedeutet hat.

Man muss sich bei Henry Ormond bedanken, dem jüdischen Vertreter von 15 Nebenklägern, der dieses Unterfangen vorgeschlagen hat. Die Frankfurter Staatsanwaltschaft unterstützte diesen Antrag zwar, war zu Beginn aber nicht unbedingt glücklich darüber. Zweifellos brauchte man Mut dazu, eine konservative Institution wie ein deutsches Gericht dazu zu bewegen, etwas zu tun, was aus dem Rahmen fällt. Henry Ormond hatte diesen Mut.

Berichte vom August 1965

Bericht über den 182. Verhandlungstag am 19. August 1965

Das Frankfurter Schwurgericht, bestehend aus drei Richtern und sechs Schöffen, sprach heute 17 Angeklagte, frühere Angehörige der Mordmaschinerie von Auschwitz, schuldig an Verbrechen; drei Angeklagte wurden freigesprochen. Mit diesen Urteilen bewies das deutsche Gericht die Unzulänglichkeit des deutschen Strafrechts, um Verbrechen, wie sie in Auschwitz verübt worden waren, adäquat zu bestrafen.

In Fällen grausamer Morde, begangen von Sadisten wie Boger oder Kaduk, die Zeugen beobachtet hatten und über die sie ausgesagt haben, bestand für das Gericht keine Schwierigkeit, zu Urteilen zu kommen, wie sie auch gefällt worden wären, wenn sie sich im normalen Leben ereignet hätten. Es verhängte lebenslängliche Zuchthausstrafen für Angeklagte, denen solche Morde nachgewiesen werden konnten: für das frühere Mitglied der Politischen Abteilung von Auschwitz, SS-Oberscharführer Wilhelm Boger, 58 Jahre; für den früheren Schutzhaftlagerführer SS-Hauptsturmführer Franz Hofmann, 59 Jahre; für den früheren Rapportführer SS-Unterscharführer Oswald Kaduk, 59 Jahre; für den früheren Sanitätsdienstgrad SS-Oberscharführer Josef Klehr, 60 Jahre; für den früheren Blockführer SS-Rottenführer Stefan Baretzki; für den früheren Kapo Emil Bednarek, 58 Jahre alt.

Doch wo SS-Offiziere und -Ärzte selektiert und über Leben und Tod von Tausenden Menschen entschieden hatten, wo sie Menschen in den sicheren Tod in die Gaskammern geführt hatten, versagte das Gericht dabei, dies als Mord zu betrachten, und verhängte relativ milde Urteile. Der frühere Lagerapotheker Dr. Victor Capesius, SS-Sturmführer, 58 Jahre alt, berüchtigt für seine teuflischen Selektionen währen der Transporte aus Ungarn, der außerdem von vielen beschuldigt wurde, sich am Eigentum von Häftlingen bereichert zu haben, erhielt lediglich eine Zuchthausstrafe von neun Jahren. Der frühere Angehörige der Politischen Abteilung Pery Broad, 44 Jahre, wurde zu vier Jahren verurteilt; der frühere Angehörige der Politischen Abteilung, SS-Oberscharführer Klaus Dylewski, 49 Jahre, zu fünf Jahren; der frühere Lagerzahnarzt, SS-Hauptsturmführer Dr. Willy Frank, 62 Jahre, zu sieben Jahren; der frühere Lagerarzt, SS-Obersturmführer Dr. Franz Lucas zu nur drei Jahren und drei Monaten Zuchthaus.

Der ehemalige Lagerzahnarzt SS-Untersturmführer Dr. Willi Schatz, 61 Jahre, wurde schließlich freigesprochen, denn „es gab keinen Zeugen, der dem Gericht Schatz' Aktivitäten an der Rampe oder in der Nähe der Gaskammern beschreiben konnte", obwohl bewiesen wurde, dass er an diesen Orten gewesen war. Der Vorsitzende Richter Hofmeyer räumte ein, dass es nach stundenlangen Beratungen und schwierigen Abwägungen zu diesem Freispruch kam, der Verdacht seiner Mittäterschaft aber weiter bestehe. Das frühere Mitglied der Politischen Abteilung, SS-Unterscharführer Johann Schoberth, 42 Jahre, und der frühere Desinfektor SS-Rottenführer Arthur Breitwieser, 55 Jahre, wurden ebenfalls aus Mangel an Beweisen freigesprochen; in ihrem Fall erscheint ihre Schuld im Vergleich zu Schatz allerdings geringfügig, denn dieser war als Angehöriger der Ärztegruppe zweifellos bei den ankommenden Transporten postiert und sicher nicht ohne Funktion gewesen.

Ebenfalls unbefriedigend sind die Urteile gegen die beiden Adjutanten der Lagerkommandanten Höß und Baer, den früheren SS-Hauptsturmführer Robert Mulka, 70 Jahre, und den ehemaligen SS-Obersturmführer Karl Höcker, 53 Jahre, die mit ihren Befehlen und ihren Unterschriften, wie das Gericht bestätigte, die Mordmaschinerie am Laufen gehalten hatten. Die Zuchthausstrafe von 14 Jahren für Mulka, auch wenn sie angesichts seines Alters lebenslänglich bedeutet, und die nur sieben Jahre für Höcker („weil die Maschinerie schon vollkommen angelaufen war, als er nach Auschwitz kam") sind völlig ungeeignet, um die Verantwortung dieser Männer, von der der Vorsitzende selbst sprach, wirklich zu bestätigen.

Der frühere Chef des Standesamtes der Politischen Abteilung in Auschwitz, SS-Oberscharführer Hans Stark, wurde milder bestraft, da er teilweise schon im Alter von 16 Jahren in Nazi-Verbrechen verwickelt worden war. Er bekam zehn Jahre Gefängnis für die Erschießung von zwei Kindern und für Beihilfe bei der Vergasung von 300 Menschen, die Höchststrafe für Minderjährige, obwohl er einige dieser Verbrechen begangen hatte, als er schon über 21 Jahre alt war. Aber das Gericht ging davon aus, dass durch seine politische Verstrickung in einem so frühen Alter seine moralische und menschliche Entwicklung beeinträchtigt wurde.

Die beiden Sanitäter, der frühere SS-Oberscharführer Herbert Scherpe, 58 Jahre, und der ehemalige SS-Unterscharführer Emil Hantl, 62 Jahre, wurden zu 4 Jahren und 6 Monaten bzw. zu 3 Jahren und 6 Monaten verurteilt, obwohl sie als schuldig erklärt wurden, in 240 Fällen tödliche Injektionen verabreicht zu haben. Sie hätten ihre Arbeit bekanntermaßen mit Widerwillen ausgeführt. Der frühere

Wachmann im Arrestblock 11, wo viele Menschen starben, SS-Unterscharführer Bruno Schlage, 62 Jahre alt, wurde „wegen gemeinschaftlicher Beihilfe zum gemeinschaftlichen Mord in mindestens 80 Fällen“ zu sechs Jahren verurteilt.

Trotz der schrecklichen Verbrechen, die der frühere Kapo Emil Bednarek beging, könnte man denken, dass seine lebenslängliche Zuchthausstrafe in keinem Vergleich zu den Strafen der SS-Offiziere und Ärzte steht. Während er getötet hatte, um sein eigenes Leben zu retten, töteten die anderen aus Überzeugung und niedrigen Beweggründen. Hier sollte ein Unterschied gemacht werden zwischen einem Mann, der schuldig befunden wird, 14 Morde begangen zu haben, und jenen Männern, die selektiert haben, aber mit sehr geringen Strafen davonkommen.

Was die These „in dubio pro reo“ betrifft, habe er viel an den Zeugen auszusetzen. „Zeugenaussagen sind nicht die besten Beweise“, sagte Hofmeyer. Besonders bei einem zeitlichen Abstand von 21 Jahren nach den Ereignissen habe auch der idealste Zeuge Erinnerungslücken. Es habe die Gefahr bestanden, dass die Zeugen ihre eigenen Erinnerungen mit dem, was sie gelesen hatten, vermischten oder sich bezüglich Ort und Zeit irrten. Es sei immens schwierig gewesen nachzuprüfen, ob ihre Aussagen mit der Wahrheit übereinstimmten. Dieser Prozess sei im Grunde ein Strafverfahren „gegen Mulka und andere“ gewesen. Aufgabe des Gerichts war es, die Wahrheit über die Verbrechen, derer sie angeklagt wurden, herauszufinden. In anderen solchen Verfahren gebe es Leichen, Spuren, Hinweise, Fingerabdrücke – in diesem Strafprozess gab es nur die 360 Zeugenaussagen, und darin bestand die Schwierigkeit. Mit Nachdruck wies Hofmeyer darauf hin, dass dies weder ein Schauprozess oder politischer Prozess war, noch das Gericht dazu aufgerufen gewesen sei, die Vergangenheit zu bewältigen oder Studien zur Zeitgeschichte zu machen.

Er wandte sich gegen jene, die sich gegen den Prozess gestellt hatten, weil er sich nur gegen die „kleinen Verbrecher" richtete. Es sei aber falsch zu sagen, kleine Verbrecher hätten sich nicht schuldig gemacht, weil sie die Verbrechen nicht geplant hatten. „Sie waren genauso notwendig wie diejenigen, die ihnen die Pläne vorgelegt haben, denn sie haben sie ausgeführt." Die Endlösung sei auch dann illegal gewesen, rief Hofmeyer aus. Das habe sogar Himmler gewusst, und er zitierte aus einem Himmler-Dokument: „Ich habe unter diesem Befehl gelitten." Aber Hitler als höchste gesetzliche Autorität habe den Befehl Himmler und seiner SS erteilt, und diejenigen, die Verbrechen begingen, waren sicher, niemals dafür vor einem Gericht zur Verantwortung gezogen zu werden. Dennoch wurde der Mord unter äußerster Geheimhaltung begangen, aus Angst, dass die Öffentlichkeit und das Ausland davon erfahren könnten oder dass eintreten würde, was im Falle der „Euthanasie" geschehen war – hier hatten hohe kirchliche Würdenträger protestiert und den Abbruch der Aktion gefordert.

Möglicherweise war Herrn Hofmeyer nicht bewusst, dass er damit ein Verdikt über das deutsche Volk sprach, das entsprechend seiner Feststellung die Judenverfolgung hätte beenden können, es aber nicht getan hat. Er beschrieb Auschwitz als „eine Hölle, die sich ein normaler Mensch nicht vorstellen kann", und es gibt kaum Zweifel, dass er selbst dies erst während des Prozesses begriffen hat. Dass seine Angeklagten bis zum heutigen Tag überhaupt nichts gelernt haben, wurde klar, als sie die Urteilsverkündung ohne die geringste Gefühlsregung über sich ergehen ließen. Nur Mulkas Gesicht errötete etwas. Alle Verteidiger kündigten am Ende an, noch ehe die Staatsanwaltschaft ihr Plädoyer gehalten hatte, dass sie mit Sicherheit für ihre Mandanten in Revision gehen würden.

Die deutsche Öffentlich stand heute Schlange, um den Urteilsspruch zu hören; zahlreiche Menschen jeglichen Alters mussten abgewiesen werden. Sie diskutierten vor dem Römer heftig für oder gegen die Urteile und äußerten die verschiedensten Meinungen.

Henry Ormond, Vertreter von 15 Nebenklägern, war „grundsätzlich zufrieden" mit den Urteilen im Vergleich zu Urteilen anderer solcher Verfahren in Deutschland. Fünf Angeklagte verließen das Gericht heute auf freiem Fuß: Breitwieser, Schoberth und Dr. Schatz aus Mangel an Beweisen – sie waren auch während des Verfahrens zu keiner Zeit in Haft gewesen. Hantl hat seine drei Jahre und sechs Monate in Untersuchungshaft abgesessen, und Scherpe muss nur noch wenige Monate seiner Strafe von vier Jahren und sechs Monaten im Gefängnis verbringen, abzüglich der Zeit in Untersuchungshaft. Das Gericht glaubte in seinem Fall nicht an einen Fluchtversuch. Sie verließen das Gericht durch dieselbe Tür wie vier Nebenkläger, die der Vorsitzende Hofmeyer für die heutige Sitzung speziell eigeladen hatte. Sie hatten einen Ehrenplatz in der Mitte des Gerichtssaals bekommen. Sie konnten die Beweisführung des Gerichts nicht verstehen und brachten ihre Unzufriedenheit in der anschließenden Pressekonferenz des Internationalen Auschwitz Komitees zum Ausdruck. „Wir werden unsere Anstrengungen fortsetzen, Auschwitz-Verbrecher zu jagen, damit Vergleichbares nie wieder geschieht", sagten sie mit Pathos. Zweifellos dachten sie an ihre toten Kameraden, während der Angeklagte Mulka beim Verlassen des Gerichtssaals in Richtung Gefängniszelle seinen Angehörigen fröhlich zuwinkte und vielleicht an „bessere Zeiten" glaubte, so wie die ehemaligen Auschwitz-Häftlinge dies taten, aber in gegenteiliger Erwartung.

Bericht über den 183. Verhandlungstag am 20. August 1965

Überwältigt von seinen Gefühlen, konnte der Vorsitzende Hofmeyer kaum sprechen, als er am Freitag, den 20. August um 16.27 Uhr die letzten Worte in diesem 20-monatigen Prozess formulierte: „Sicher gibt es einige unter uns, die lange Zeit nicht in der Lage sein werden, in fröhliche und glückliche Kinderaugen zu schauen, ohne im Hintergrund die Augen von Kindern zu sehen, voller Angst, gleichzeitig vertrauensvoll und fragend, die ihren Weg in Auschwitz gegangen sind."

Mit diesem Satz machte er deutlich, dass auch seiner Auffassung nach keine wirkliche Sühne möglich war für das, was in Auschwitz geschehen war.

Dies kommt in fast allen heutigen Prozesskommentaren zum Ausdruck. Verbrechen im Konzentrationslager könnten nicht durch Gefängnisstrafen gesühnt werden, stellte der Sprecher der CDU fest. Das Gericht habe jedoch sein Bestes getan, „monströse Verbrechen zu bestrafen". Der Geschäftsführende CDU-Vorsitzende [Josef] Hermann Dufhues äußerte auch die Meinung, ein weltliches Gericht könne in Auschwitz begangene Verbrechen nicht wiedergutmachen. Im Leitartikel der FAZ heißt es: „Was für eine Kluft klafft zwischen dem grausamen Mord in den Gaskammern von Auschwitz und den Urteilen des Frankfurter Gerichts." Aber Deutschland verfüge über kein anderes Mittel als dieses unzulängliche Strafgesetz, das auf gewöhnliche Fälle anwendbar sei. „Auch für Auschwitz haben wir nichts anderes." Deutschland solle auch keine Änderung der Gesetzgebung anstreben, da sie die Wurzel für eine totalitäre Rechtsbeugung enthalte. Im Vergleich mit der Perfektion der Mordmaschinerie mag das Urteil verstörend erscheinen, so der Leitartikel der *Welt*.

Aber dann folgert sie, dass um der Menschlichkeit, der Gerechtigkeit und des Rechtes willen solche Prozesse streng mit der bestehenden Gesetzgebung übereinstimmen müssten. Die Hoffnung auf eine gerechte Sühne, d. h. gerecht in Relation zum Verbrechen, könne die Justiz nie erfüllen.

Süddeutsche Zeitung: „Sühne für Auschwitz? Nein, die kann es wirklich nicht geben, denn gegenüber jenen Massenverbrechen in Auschwitz versagten alle Mittel weltlicher Gerechtigkeit, und sie würden auch versagen, wenn es die Todesstrafe noch gäbe." Ein ganzes Volk, sogar die gesamte zivilisierte Menschheit bange, wenn ein Dutzend Bergleute in einer Grube eingeschlossen wurden. Im Falle von Auschwitz wisse niemand mit Sicherheit, wie viele Tausend, Zehntausend, Millionen unschuldiger Menschen Opfer des systematischen Massenmords wurden.

Seit Beginn der Verhandlungen stehe die Frage im Raum, ob das Frankfurter Gericht versuche, etwas Unmögliches zu vollbringen, heißt es in der *Stuttgarter Zeitung*. Das Frankfurter Schwurgericht sei sich völlig bewusst gewesen, dass mit der Verurteilung der Mörder von Auschwitz die Vergangenheit nicht ausgelöscht werden könne. Die Richter und Schöffen hätten ihr Bestes gegeben. Aber das deutsche Strafrecht kenne Völkermord nicht. Daher konnte sich das Gericht nur mit den Fällen befassen, für die konkrete Beweise vorlagen. Das sei nur mit der Hilfe von Zeugenaussagen möglich gewesen. Auch dieser Prozess habe, wie andere auch, gezeigt, dass Zeugen Erinnerungslücken aufwiesen. Aber auf jeden Fall gebe es eine große Kluft zwischen Verbrechen und Sühne, und man müsse über Fragen, die während dieses Verfahrens aufkamen, weiter nachdenken. Die *Frankfurter Rundschau* appellierte an die Opfer, für die die Gerichtsurteile unbefriedigend waren: „Gerade sie, die so viel unter der verbrecherischen Diktatur gelitten hatten, sollten froh sein, dass heute das Recht wieder die Oberhand gewonnen hat." Aber dieselbe Zeitung warnte auch, den Deutschen könnte es gelegen kommen, alle Schuld für die Verbrechen auf die abzuwälzen, die gerade zu Gefängnisstrafen verurteilt wurden. Und sie übte Kritik an dem Gericht, da es zu viel an Verantwortung allein der SS zugewiesen habe. Die FDP, die oft, aber besonders jetzt im Wahlkampf, für alte Nazis Partei ergriffen hat, sagte mit ihrem einzigen Kommentar zum Prozess genau das, was die Frankfurter Rundschau für gefährlich hält: „Der Prozess zeigt, dass die Verbrechen in Konzentrations- und Vernichtungslagern im demokratischen Staat ohne Pardon verfolgt werden. Es wäre gut, wenn die Hasstiraden gegen die Bundesrepublik Deutschland, nicht nur in östlichen, sondern auch in westlichen Ländern, die die Lüge verbreiteten, Nazi-Verbrechen würden in der Bundesrepublik nicht angemessen verfolgt werden, endlich aufhörten." Robert Kempner, der frühere US-amerikanische Ankläger in den Nürnberger Prozessen, bezeichnete das Verfahren als eines der am besten vorbereiteten seit Nürnberg und die Urteile als die fairsten und besten, die je gegen Nazi-Verbrecher gefällt wurden.

Zusammenfassender Artikel

Beobachtungen nach der Urteilsverkündung

Oswald Kaduk, Metzger und früherer Rapportführer im Konzentrationslager Auschwitz, wurde wegen Mordes in zehn Fällen und wegen Beihilfe zum Mord an mindestens 2000 Menschen zu einer lebenslänglichen Zuchthausstrafe verurteilt. Über das ganze Gesicht strahlend, ging dieser in der Pause nach der Urteilsverkündung auf seinen Mitangeklagten zu, den früheren Sanitäter und Weber Emil Hantl, der das Gefängnis sofort verlassen kann, da seine geringe Strafe von drei Jahren und sechs Monaten für etwa 200 tödliche Injektionen bereits durch die Untersuchungshaft abgegolten ist. Weder Kaduk noch irgendein anderer wegen Verbrechen in Auschwitz verurteilter Angeklagter zeigte die geringsten Emotionen oder auch nur Überraschung über sein Urteil. Zweifellos hatten sich weder Kaduk noch Klehr, nicht einmal Wilhelm Boger, der in 114 Fällen des Mordes und der Beihilfe zum Mord in mindestens 1000 Fällen schuldig gesprochen wurde, Illusionen gemacht, und ihre Haltung während des Prozesses hatte keinen Zweifel aufkommen lassen, dass sie auch heute noch sicher waren, damals das Richtige getan zu haben. Als Boger einmal seine „Behandlung“ von Häftlingen auf der sogenannten Boger-Schaukel vorgeworfen wurde, brachte er seine feste Überzeugung zum Ausdruck, „die heutige Jugend wäre besser, wenn man sie etwas härter behandeln würde“. Um sich nach der Urteilsverkündung bei seinem Verteidiger zu bedanken, prostete er diesem, mangels etwas Besserem in der Untersuchungshaft, lächelnd aus einer Coca-Cola-Flasche zu.

Die „Herren Angeklagten“ oder die „Bourgeois“, wie ein Verteidiger die SS-Offiziere mir gegenüber bezeichnete, kamen mit leichten Strafen davon. Gemeint sind der Apotheker Dr. Victor Capesius, die früheren Angehörigen der Politischen Abteilung Pery Broad und Klaus Dylewski, der frühere Lagerarzt Dr. Franz Lucas, der frühere Lagerzahnarzt Dr. Willy Frank – Männer, die mit einer Bewegung ihres Daumens Tausende Menschen in die Gaskammern geschickt hatten. Sie werden bald wieder Teil der deutschen Gesellschaft sein. Dr. Capesius, der bereits sechs Jahre in Untersuchungshaft verbracht hat und fast sicher sein kann, dass ihm die noch verbleibenden drei Jahre seiner neunjährigen Gefängnisstrafe wegen guter Führung erlassen werden, wird sich bald bei der Safari in Afrika erholen, die er wegen des Auschwitz-Prozesses vor sechs Jahren verlassen musste. Dank seiner Bereicherung an den Ermordeten, „in einem so undenkbaren Ausmaß, dass es selbst für Auschwitz ungewöhnlich war“, wie es der Vorsitzende Hofmeyer ausdrückte, kann er ein angenehmes Leben führen, und niemand in Deutschland wird sich darum kümmern. Mit der Bereicherung meinte Hofmeyer die den Leichen ausgebrochenen Goldzähne und die in Koffern entdeckten Dollarnoten, die Capesius später als Grundstock für seinen Kosmetiksalon und seine Apotheke in Göppingen und Reutlingen dienten. Während der Monate des Prozesses, die er wegen Fluchtgefahr in Haft verbracht hatte, hat er stets gelächelt, was immer Zeugen gegen die Angeklagten vorbrachten. An Auschwitz erinnerte er sich wenig, aber umso mehr, wenn er über die „Gefahr" sprach, der er wegen seiner Ehe mit einer „Halbjüdin" ausgesetzt war.

Eine ganze Zeitlang war es ein Nervenkitzel für die Zuschauer, ihr Mittagessen in der Nähe jener „Herren Angeklagten" einzunehmen, die viele Monate lang nicht in Untersuchungshaft waren, trotz der Anklageschrift, die bei jedem anderen Beschuldigten im normalen Leben dafür gesorgt hätte, bei ausreichendem Verdacht auf solche Verbrechen verhaftet zu werden. Sie brauchten die Öffentlichkeit nicht zu scheuen. Und sie hatten die Freiheit zu leben, wie es ihnen ihr Einkommen erlaubte, zum Beispiel mit dem Flugzeug zum Prozess zu fliegen, wie es Dr. Lucas mit seiner gut gehenden Frauenarztpraxis in Elmshorn zu tun pflegte, oder im Schnellzug erster Klasse anzureisen wie der Zahnarzt Dr. Frank, um Zeit für seine Praxis in Stuttgart zu sparen. Der frühere Häftling und Nebenkläger in Frankfurt, Mieczysław Kieta aus Polen, griff hastig nach seiner Mütze, um Robert Mulka, den ehemaligen Adjutanten von Höß, zu grüßen, den er im Aufzug zum Gerichtssaal traf. Dies blieb für einige Zeit Kietas Albtraum.

Anders als seine „Kollegen" gab sich der ehemalige Lagerarzt Dr. Franz Lucas denen gegenüber, die er als ehemalige NS-Opfer wahrnahm, unterwürfig. Eilig zog er seinen Hut und verbeugte sich tief, als er mich im Restaurant erblickte, obwohl ich ihn ignorierte. Je länger der Prozess dauerte, desto mehr nahmen seine Augen einen Mitleid heischenden Ausdruck an. Das wollte er auch bei den beiden israelischen Zeugen Dov Kulka und Yehuda Bacon aus Jerusalem erreichen, an die er sich wandte, um ihnen „Dinge zu erklären". Er war auch der Einzige der Angeklagten, der im vergangenen Dezember freiwillig an der Gerichtsdelegation nach Auschwitz teilgenommen hat. Zweifellos tat er dies, um seine Unschuld zu beweisen, indem er versuchte, das Gericht zu überzeugen, dass er sich nicht einmal daran erinnerte, woher damals die Züge an der Rampe von Birkenau gekommen waren. Aber dann verschwand auch er unter den Verhafteten, und in seinem Fall könnte man das wörtlich nehmen, denn kein anderer der Angeklagten zeigte irgendeine wirkliche Auswirkung des Gefängnislebens, außer dass sie wie Lucas ihren frischen Teint eingebüßt hatten. Heute ist er ein mickriger alter Mann mit dem Gesicht eines Menschen, der seine Bedeutung verloren hat. Dennoch kann er sich rühmen, mit drei Jahren und drei Monaten eine der niedrigsten Gefängnisstrafen erhalten zu haben. Es wurde nachgewiesen, dass er in Auschwitz nicht mit Pflichteifer gehandelt oder die Nazi-Befehle mit besonderer Beflissenheit ausgeführt habe. Das Gericht vergaß zu vermerken, dass dieser „Herr Angeklagte" mit der Behauptung, er habe nicht selektiert, es ein Jahr lang belogen hatte. Wahrhaftig hatten im Laufe des Prozesses „kleine Rädchen" wie der frühere Blockführer Stefan Baretzki oder der Rapportführer Oswald Kaduk ein- oder zweimal gegen „diese Herren", wie Kaduk es einmal sagte, die sich jetzt an nichts mehr erinnerten, aufbegehrt. Aber als sie aufgefordert wurden, dies genauer auszuführen, sanken sie auf ihre Stühle zurück und hüllten sich wieder in Schweigen. Vielleicht dachten sie an die Nazi-Parole „Unsere Ehre ist Treue", die sie als Kameraderie verstanden.

In diese Kameraderie bezogen sie im Laufe dieses Prozesses auch den früheren Kapo Emil Bednarek ein. Robert Mulka, früher in hoher Position in Auschwitz, stärkte dem einstigen Häftling den Rücken, der zu verzweifeln schien, als die Staatsanwaltschaft in seinem Fall für lebenslänglich plädierte. Dessen Verteidiger Hermann Stolting, während des Krieges Staatsanwalt am Sondergericht in Bromberg [Bydgoszcz], zeigte für den ehemaligen Häftling weniger Mitgefühl. Er hat sich für Bednarek mit Sicherheit nicht so eingesetzt, wie der Nazi-Verteidiger Laternser es für seine Mandanten tat, wenngleich es scheint, dass dies für die Beurteilung des Gerichts keine Rolle spielte. Bei der Urteilsverkündung wies der Vorsitzende Hofmeyer darauf hin, dass die Zeugenaussagen von größerer Bedeutung für die Urteilsfindung des Gerichts waren als alle Nazi-Interventionen der Verteidiger oder Versuche, das gesamte Verfahren zu sprengen, zusammengenommen. Hofmeyer würdigte umfangreich jede Zeugenaussage und erklärte die Einschätzung des Gerichts. Insgesamt habe das Gericht rund 60 Prozent der Zeugenaussagen zurückgewiesen, die sich nach Hofmeyer als widersprüchlich oder unwahrscheinlich herausgestellt hätten. Trotzdem werden die meisten der Zeugenberichte, unabhängig davon, wie sie vom Gericht beurteilt wurden, mit Sicherheit für alle, die sie gehört haben, unvergesslich sein. Es ist keineswegs nur eine Phrase, wenn Staatsanwälte, Journalisten und Richter nach diesem Prozess feststellten, dass sie nie mehr in ihrem Leben in der Lage sein würden, das grauenhafte Leiden von Menschen, wie es sich ihnen zwischen dem 20. Dezember 1963 und dem 20. August 1965 offenbart hat, aus ihrem Gedächtnis zu löschen.

Personenregister